刘宝存　主编

比较高等教育研究丛书

初编　第 **10** 册

荷兰高等教育质量保证政策研究

褚艾晶 著

花木兰文化事业有限公司

国家图书馆出版品预行编目资料

荷兰高等教育质量保证政策研究／褚艾晶 著 —— 初版 —— 新北
市：花木兰文化事业有限公司，2022〔民 111〕
目 4+238 面；19×26 公分
（比较高等教育研究丛书 初编 第 10 册）
ISBN 978-986-518-745-3（精装）
1.CST：教育政策 2.CST：高等教育 3.CST：荷兰

525.08   110022084

ISBN-978-986-518-745-3

比较高等教育研究丛书
初编 第 十 册   ISBN：978-986-518-745-3

荷兰高等教育质量保证政策研究

作　　者 褚艾晶
主　　编 刘宝存
企　　划 北京师范大学国际与比较教育研究院
总 编 辑 杜洁祥
副总编辑 杨嘉乐
编辑主任 许郁翎
编　　辑 张雅淋、潘玟静、刘子瑄　美术编辑 陈逸婷
出　　版 花木兰文化事业有限公司
发 行 人 高小娟
联络地址 台湾 235 新北市中和区中安街七二号十三楼
　　　　 电话：02-2923-1455／传真：02-2923-1452
网　　址 http://www.huamulan.tw 信箱 service@huamulans.com
印　　刷 普罗文化出版广告事业
初　　版 2022 年 3 月
定　　价 初编 14 册（精装）台币 38,000 元

荷兰高等教育质量保证政策研究

褚艾晶 著

作者简介

褚艾晶，2011 年取得北京师范大学比较教育学博士学位，并在美国范德堡大学进行博士后访学，现为高校教师，从事国际与比较教育、高等教育和教育政策研究。研究兴趣主要有欧洲国家和加拿大高等教育政策的改革和发展，高等职业教育的改革和发展，高等职业教育的国际比较研究，影响学生成绩的因素分析，以及利用教育统计对国际大规模评估数据，如国际学生评估计划 PISA 和国际数学和科学研究趋势 TIMSS 进行国际比较研究。

提　　要

　　高等教育质量保证是世界各国高等教育发展的重要议题。1985 年，荷兰政府发布了具有重大历史意义的政策白皮书《高等教育：自治与质量》，开启了荷兰高等教育质量保证之路。作为欧洲高等教育质量保证的先驱国家之一，荷兰以同行评审、质量提高为导向的"荷兰模式"受到各国的普遍赞誉。然而，在博洛尼亚进程的强大影响之下，提高高等教育系统的国际透明度与可比性，确保基本质量、实现绩效问责成为荷兰高等教育质量保证政策的根本价值诉求。由于对绩效问责的过分追求从而导致了质量保证背离了质量提高的政策目标，并最终动摇了其存在的合法性基础。2011 年开始之际，荷兰质量保证政策又重新努力在质量提高与绩效问责之间寻找平衡点，试图加强高校对质量保证系统的所有权。荷兰质量保证政策的演变在一定程度上反映了整个欧洲范围内可观察到的发展趋势，即国家高压控制型质量保证方法正明显向轻触型质量保证方法转型，质量保证的责任由外部机构转向高等教育机构自身。质量保证政策必须考虑并加强高等教育机构对质量保证系统的所有权，政府对高校绩效责任的诉求必须与高校的质量提高相互携手，而这只有通过学术界积极而主动地合作才能够有效地实现。

《比较高等教育研究丛书》总序

刘宝存

　　20 世纪 80 年代以来，科学技术突飞猛进，知识经济迅猛发展，国际竞争日趋激烈，经济全球化不断深入，文化多元化趋势增强……世界教育面临前所未有的新形势、新问题和新挑战。为了应对这些新形势、新问题和新挑战，以更好的姿态进入 21 世纪，世界各国无不把教育作为优先发展的战略领域，把教育改革与创新作为应对时代挑战和提高国际竞争力的重要举措，在全球范围内兴起了一场教育改革运动。在如火如荼的全球性教育改革中，世界各国都致力于建构世界一流的教育体系和教育标准，推动教育公平，提高教育质量，改进教学模式和方法，推动教育的国际化和信息化，促进教育治理体系和治理能力的现代化，提升教育为社会经济发展服务的能力，满足社会民众日益增长和个性化的教育需求。与以往的教育改革多聚焦于某一个层次或某一个领域的教育不同，世纪之交的教育改革运动涉及学前教育、基础教育、高等教育、职业教育、师范教育、教育管理、课程与教学等各级各类教育和教育的各个领域，是一场综合性的教育改革，而且迄今已经持续三十多年，但是仍然呈方兴未艾之势。

　　高等教育是一国教育体系中的最高层次，在培养高层次人才、开展科学研究和社会服务、推动国际合作与交流等方面发挥着至关重要的作用。从各国高等教育领域的教育改革看，新自由主义教育思潮成为占主导地位的教育思潮，新公共管理和治理理论被奉为圭臬，追求卓越和效率、倡导分权和扁平化管理、强调公民参与和公共责任，成为高等教育管理的价值取向。世界各国在高等教育中追求卓越，致力于创新人才的培养，特别是培养面向 21 世纪的教师、提高博士生培养的质量成为高等教育改革的重点。为了培养创新人才，各国高等学校在人才培养目标、课程设计、教学模式和方法、教学评价等方面进行改革，本科生科研、基于问题的学习、服务性学习、新生研讨课等以探究能力和实践能力为导向的教学模式和方法风行世界，建构高等教育质量保障体系成为各国的共同选择。在信息技术和全球经济一体化的推动下，各国致力于打造智能化校园，促进信息技术与教育教学、大学治理的融合；致力于发展跨境教育和学生流动，提升高等教育的国际竞争力和影响力。

北京师范大学国际与比较教育研究院是中国成立最早、规模和影响最大的比较教育研究机构，也是比较教育学科唯一的国家重点学科依托机构。该院 1999 年获批首批教育部普通高等学校人文社会科学重点研究基地，2012 年获批教育部国别和区域研究基地，2017 年成为教育部高校高端智库联盟成员单位。该院的使命是：（1）围绕世界和我国教育改革与发展的重大理论、政策和实践前沿问题开展研究，探索教育发展的规律，把握国际教育发展的趋势，为我国教育改革与发展提供理论支撑；（2）为文化教育部门和相关部门培养具有国际视野、通晓国际规则、能够参与国际事务与国际竞争的高层次国际化人才；（3）积极开展教育政策研究与咨询服务工作，为中央和地方政府的重大教育决策提供智力支撑，为区域教育创新和各级各类学校的改革试验提供咨询服务；（4）积极开展国际文化教育交流与合作，引进和传播国际先进理念和教育经验，把我国教育改革发展的先进经验和教育研究的新发现推向世界，成为中外文化教育交流的桥梁和平台。60 多年来，该院紧紧围绕国家战略，服务国家重大需求，密切跟踪国际学术前沿，着力进行学术创新，提升咨政建言水平，成为世界有重要影响的国际与比较教育理论创新中心和咨政服务基地；牢牢把握立德树人的育人方向，创新人才培养模式和方法，成为具有全球竞争力国际化人才的培养基地；充分发挥舆论引导和公共外交功能，深化国际交流与合作，成为中国教育经验国际传播中心和全球教育协同创新中心。

为了总结该院在比较高等教育领域的研究成果，我们以该院近年来的博士后报告和博士论文为基础，组织了这套《比较高等教育研究丛书》。《比较高等教育研究丛书》的各位作者现在已经在全国各地的高等学校工作，成为在比较教育领域崭露头角的新秀。首辑丛书包括十四部，具体如下：

黄海啸　美国大学治理的文化基础研究

陈　玥　中美研究型大学博士生教育质量保障体系的比较研究

翟　月　美国大学非营利管理教育课程设置研究

孙　珂　美国高校创新活动的风险治理机制研究

李丽洁　美国营利性高等教育机构的组织学分析

李　辉　美国联邦政府对外国留学生的监管研究

苏　洋　「一带一路」国家来华留学博士生教育质量监控体系研究

尤　铮　美国大学在亚洲的海外办学研究——基于对纽约大学的考察

肖　军　德国大学治理模式变迁研究

褚艾晶　荷兰高等教育质量保证政策研究

徐　娜　俄罗斯提升国家研究型大学国际竞争力的策略研究——以制度
　　　　变迁理论为视角

郑灵臆　芬兰「研究取向」的小学教师教育研究

朋　腾　俄罗斯高等师范教育人才培养模式变革研究

王　蓉　美国高校服务－学习实践的研究

根据我们的设想，《比较高等教育研究丛书》将不断推出新的著作。现在呈现在各位读者面前的只是丛书的第一辑，在条件成熟时我们陆续将推出第二辑、第三辑……。同时我们也希望在第二辑出版时不仅包括北京师范大学国际与比较教育研究院的研究成果，而且希望将国内外其他高等学校的研究成果纳入其中；不但出版基于博士后研究报告和博士论文修改而成的研究成果，而且希望出版高等学校和研究机构教学科研人员的研究成果，不断提高丛书的质量。同时，我们还希望聆听大家在选题方面的建议。

《比较高等教育研究丛书》的出版，得到花木兰文化事业有限公司的大力支持，特别是杨嘉乐女士为丛书的出版花费了许多心血，在此我谨代表各位作者向她们表示衷心的感谢。

刘宝存

2021 年 11 月 28 日

于北京师范大学国际与比较教育研究院

目

次

1 导 论

我们今天所说的关于质量保证和认证的行话无非是描述竞争的人类群体争夺对最持久的文明机构之一——大学进行控制的愿望和需要的最新话语形式而已。

——科林·布洛克[1]

1.1 问题的提出

现代大学诞生于中世纪的欧洲。从作为学者行会的中世纪大学，到作为精神修道院的古典大学，以至超越象牙塔，成为近代社会的轴心机构，大学已经走过了800多年的风雨旅程。

至1520年，西方世界仍然有大约85所机构以可以辨认的形式存在着。它们有着相似的职能和不曾间断的历史。这些机构包括罗马天主教教堂，马恩岛、冰岛和英国的议会，一些瑞士的州以及70所大学。治国的君主、封建的领主与诸侯、垄断的行会都不见了。但是，这70所大学仍然屹立在原来的位置，有着一些相同的建筑物，教授和学生们做着很相同的事情，而且进行着大致相同方式的治理。[2]

---

1 Global University Network for Innovation. Higher Education in the World 2007——Accreditation for Quality Assurance: What is at Stake? New York: Palgrave Macmilian, 2007.25.

2 Clark Kerr. The Uses of the University. Cambridge : Harvard University Press, 2001.152.

　　大学惊人的历史存在很大程度上归因于她能够把其内部质量——探求知识和真理——和外部质量——回应外部环境的需要——有机地统一起来。[3]在这个意义上,质量是欧洲高等教育的应有之意,孕育其中,相伴共生。正如尼夫(Guy Neave)所言,质量不是"在这里逗留(here to stay)",仅仅从几个世纪以来欧洲大学的历史存在这一不证自明的道理来看,它从来没有离开过。[4]当然,在传统大学里,大学的质量由大学自己来掌控。"大学和其他高等教育机构都拥有自己一套机制确保他们的工作质量。"[5]随着民族国家的兴起和教育功能的日益凸显,国家通过它的官僚体制对大学实施控制——政府制定高等教育的法律、法规,通过立法、行政、财政等工具调控高等教育的发展方向。事实上,在欧洲大陆国家,政府试图控制包括入学机会、课程学位要求、考试制度、教学人员的聘任以及报酬等高等教育系统的所有方面。这种控制方式被认为是相当成功的,直到上世纪 60 年代以至 70 年代,低质量的教育供给在欧洲高等教育系统中是闻所未闻的现象。[6]

　　然而,在 20 世纪 80 年代中期,质量一跃成为关键词并飙升至欧洲国家高等教育政策的焦点。1985 年前后,英国,法国和荷兰相继建立了正式的国家高等教育质量保证政策。1990 年,丹麦成为这些先驱国家的第一个追随者。此后"质量运动"辐射到西欧各国,质量评估的浪潮汹涌并呈燎原之势。[7]这常常被解释为"评估型国家的兴起"(the rise of the evaluative state)。两种鲜明的风景对照向我们提出了一个无法回避的问题:为什么高等教育质量保证成为西欧国家突出的问题?易言之,为什么高等教育质量保证政策被列为西欧国家的政治议程?尽管在不同的国家出现的时间先后有所不同。

　　20 世纪 90 年代末,欧洲高等教育质量保证的风景再一次发生了显著的

3　Don F. Westerheijden, John Brennan &Peter A.M Maassen. Changing Contexts of Quality Assessment: Recent Trends in West European Higher Education.GH Utrecht: The Netherlans, 1994.35.

4　Guy Neave. The politics of quality: developments in higher education in Western Europe 1992-1994. European Journal of Education, 1994,29 (2): 116.

5　约翰·布伦南:高等教育质量管理——一个关于高等院校评估和改革的国际性观点[M],上海:华东师范大学出版社,2005.2。

6　Stefanie Schwarz, Don F. Westerheijden. Accreditation and Evaluation in the European higher Education Area. Kluwer Academic Publishers, 2004. 5.

7　Don F. Westerheijden, John Brennan &Peter A.M Maassen. Changing Contexts of Quality Assessment: Recent Trends in West European Higher Education. GH Utrecht: The Netherlans, 1994.21.

改变。全球化、高等教育国际化、欧洲高等教育区域整合不断推进的浪潮使得西欧第一代高等教育质量保证政策继续存在的合法性受到质疑。1998 年的《索邦宣言》，特别是 1999 年 6 月欧洲 29 个国家的教育部长在意大利的博洛尼亚共同签署的《博洛尼亚宣言》，在这强大的外部统摄力之下，欧洲先前相当宁静的质量评估风景掀起了巨大的波澜。这标志着欧洲"评估型国家"迈入了以一个以质量透明度、可比度为诉求的新时代。

面对变换的背景，我们不由得思考这样一些问题：西欧各国如何应对这些挑战？他们形成了怎样的高等教育质量保证政策？荷兰是西欧最早建立高等教育质量保证的先锋国家之一，其质量保证模式——"荷兰模式"被多国誉为成功的典范。正如荷兰的经济从"荷兰病"成功迈向荷兰奇迹时国际社会对它的赞誉：

> 法国中央银行行长让-克劳德·特里谢（Jean-Claude Trichet）把由财政整顿、福利与劳动力市场改革、社会认同和就业增长所构成的荷兰奇迹推荐给自己的同胞。德国的政策顾问们已经被国内创纪录的失业、日益恶化的公共财政和福利改革的僵局搞得烦恼不已，现在他们把目光转向他们的"伟大的小邻居"，以寻找灵感。比利时政治家呼吁工会和雇主向他们的荷兰邻居所树立的工资节制和认同政策榜样学习。连英国的《经济学家》杂志也搜肠刮肚地寻找词汇，赞扬这个国家听上去奇特的左、右、中执政组合所体现的"通常亲密而默契的荷兰认同，这种认同促进了有效摆脱衰弱的大陆模式的过程……"8

荷兰高等教育质量保证在欧洲具有代表性，一方面，荷兰是 20 世纪 80 年代最早建立质量评估制度的欧洲国家之一；第二，在博洛尼亚进程的影响下，荷兰又率先引入了认证制度，荷兰不仅与博洛尼亚进程的发展保持同步，更重要的是荷兰高等教育质量保证政策生动地刻画了欧洲高等教育质量保证的发展动态。从这个意义上讲，荷兰是研究高等教育质量保证的一个不可忽视的重要案例。本文期望通过系统地梳理荷兰高等教育质量保证政策的历史演变，分析影响政策演变的关键因素、不同时期政策的价值诉求、政策面临的挑战等问题，为解决我国高等教育质量保证中出现的问题以及促进我国高

---

8 [荷]耶勒·费舍，安东·黑姆耶克：荷兰的奇迹：荷兰的就业增加、福利改革、法团主义[M]，重庆：重庆出版社，2008.2-3。

等教育质量保证的完善与发展提出政策建议。

1.2　研究意义

　　高等教育质量保证是世界高等教育发展的重要议题之一。我国正式提出高等教育质量保证是在 1985 年 5 月发表的《中共中央关于教育体制改革的决定》。《决定》明确指出，"国家及其教育管理部门要加强对高等教育的宏观指导和管理，教育管理部门还要组织教育界、知识界和用人部门定期对高等学校的办学水平进行评估。"[9]随着 1999 年我国实施高校扩招政策以来，高等教育事业取得了举世瞩目的辉煌成就。根据教育部公布的 2009 年全国教育事业发展统计公报显示，我国各类高等教育总规模达到 2979 万人，高等教育的毛入学率达到 24.2%。[10]作为高等教育大国，如何保证和提高高等教育质量愈益引起了社会各界的广泛关注，相关的研究也逐渐兴起。

　　观察世界范围内质量保证的发展，可以看到很多模式的跨国复制——美国的认证，英国的院校审核，荷兰的同行评估被"出口"到世界各地。质量保证政策的借鉴往往集中在更容易复制的程序性事宜上，而不是这些程序扎根于其中并获得意义的政策背景。因此，当一国质量保证的程序或模式被借鉴并移植到另一个不同的政策背景中，往往会产生无法预料的后果。[11]因为至少有两个方面决定着质量保证的影响力：一是所应用的质量保证方法；二是应用该方法的国家背景与院校背景。[12]正如弗雷泽（Malcolm Frazer）在对 24 个欧洲国家外部质量评估系统进行调查后得出了这样的结论，"一些国家正在采用其他国家使用的外部质量评估系统。而这两个国家高等教育机构的性质和自治的程度是根本不同。所以，对于前者所产生的后果是源自试图在本国强加一种不适当的质量保证系统而造成的混乱。"[13]世界高等教育质量保证著名

9　中发[1985] 12 号.《中共中央关于教育体制改革的决定》，1985 年 5 月 27 日。

10　全国各类高等教育总规模达 2979 万人，高等教育毛入学率达 24.2% [EB/OL]. http://www.legalinfo.gov.cn/index/content/2010-08/04/content_2222831.htm?node= 7932, 2011-04-16.

11　Don F. Westerheijden, John Brennan, Peter A.M.Maassen . Changing Contexts of Quality Assessment Recent Trends in West European Higher Education. 1994. 24.

12　约翰·布伦南，特拉·沙赫：高等教育质量管理——一个关于高等院校评估和改革的国际性观点[M]，上海：华东师范大学出版社，2005.9。

13　David Billing. International Comparisons and Trends in External Quality Assurance of Higher Education：Commonality or Diversity. Higher Education, 2004（47）：130.

学者凯尔斯（H. R. Kells）这样讲道，"在一些国家，让大学感到震惊的是，领导人不是努力解决国家教育战略投资和改革议程，而是反其道选择利用现有资金和人力试图去复制别国的认证制度——这实际上是试图用一把水枪去扑灭一场森林大火。还有一些邻国也正试着去移植一个著名欧洲国家实施的耗资巨大、且与本国情况根本不相干的质量保证系统。这个欧洲国家的官员以及教授们一直在兴味盎然地对周边国家和地区积极地'推销'本国非常独特的系统。这种疾病正在蔓延……我们需要一个更好的方式来支持国家质量评估系统的政策选择，这需要对此进行更加有力的研究。"[14]

本研究从政策研究的视角出发，以荷兰高等教育质量保证政策二十多年来年的历史变迁为主线，通过对一些基本问题的回答，如荷兰高等教育质量保证政策产生的背景是什么？政策目标是什么？采用怎样的政策工具来实现政策目标？政策目标经历了怎样的演变？政策工具是如何随之改变的？等等，以拓宽我国学界对世界高等教育质量保证领域的理解与研究。质量保证不仅仅是关于质量本身的话语，它涉及权威、权力与控制。高等教育质量保证的形成与发展，是国家政策选择的结果。质量保证制度的变迁具有鲜明的国家强制性政策变迁特征，是国家内部各种政治力量、利益集团，以及超国家的组织、机构共同博弈和决策的结果，并且在很大程度上反映了国家政策的价值取向。所以，以政策的视角对质量保证问题进行研究有助于透过纷繁复杂的质量保证方法、模式而真正理解国家质量保证问题的本质。

1.3 研究综述

1.3.1 国内相关研究综述

我国学者对高等教育质量保证的理论与实践的研究始于上世纪 90 年代初，1990-1999 十年间处于起步状态，2000-2009 十年间相关的研究文献有了相当大的增长。总的来说，国内学者对高等教育质量保证的研究更多地集中在对发达国家高等教育质量保证体系、评估内容及其院校内外质量保证经验的译介，相同性质的文章较多。如《关于美国高等教育质量保障体系的初步

---

14 H. R. Kells. National Higher Education Evaluation Systems: Methods for Analysis and Some Propositions for the Research and Policy Void. Higher Education, 1999,38（2）:210-211.

研究》、《英国高等教育质量保障体系发展研究》、《澳大利亚高等教育质量保障体系及其启示》、《波伦亚进程下的挪威高等教育质量保障体制改革》、《瑞典高校质量保障的特点及其运作》、《论新西兰的大学外部质量保障新机制》、《欧洲高等教育区的质量保障机构体系研究》等等，诸如此类的文章在期刊网上可以大量检索到。另一方面，一些学者开始从新的视角解读和分析高等教育质量保证，如 2006 年李雪飞在《清华大学教育研究》发表的《高等教育质量话语权变迁——从内部到外部的历史路径探析》中指出，世界高等教育质量话语权的发展经历了四个时期：质量最初完全由大学自身所控制，到了文艺复兴后，质量话语逐渐迈出大学内部；当 19 世纪民族国家建立时，质量话语不可避免地受到世俗政权的影响，自 20 世纪 60 年代以来，质量话语权已逐渐脱离了大学，转而由政府、市场及社会机构共同掌控。许杰 2007 年在《教育科学》上发表的《对西方国家加强高等教育质量监控的政策分析》中指出，加强质量监控是 20 世纪 80 年代以来西方国家高等教育政策所呈现的强势话语。从理论根基看，这是主导公共部门行政改革的新公共管理理论在高等教育领域的适用和体现；从政策的价值取向看，主要表现为竞争、效率、效益、效能以及绩效责任。

自 2002 年以来，我国开始出现关于高等教育质量保证的硕士和博士论文。总的说来，质量保证领域的论文主要分为两类，一类是专门针对我国高等教育质量保证的现状、问题与建构。华东师范大学韩映雄的博士论文《高等教育质量精细分析》（2003），把高等教育的质量分为教学质量、科学质量以及社会服务质量三个组成部分，并从利益相关人的角度对这三部分的质量进行了深入研究；中国科学院研究生院缪园的博士论文《基于学科的中国科学院研究生教育质量保障研究——以图书馆学情报学为例》（2003），以世界各国研究生教育质量保障的经验为基础，探讨了关于构建以学科为基础的中国科学院研究生教育质量的相关问题；华东师范大学潘武玲的博士论文《我国研究生教育质量评价体系研究》（2004），在探讨美国、英国以及法国研究生教育质量评价体系的基础上，试图构建一个适合我国国情的研究生教育质量评价体系，保障我国研究生教育质量；华东师范大学李正的博士论文《中国研究型大学本科教育质量研究》（2005），在比较分析世界发达国家研究型大学本科教育质量的基础上，提出我国研究型大学本科教育质量改进的策略与思路；华中科技大学田恩舜的博士论文《高等教育质量保证模式研究》

（2005），在对美国、英国、法国、荷兰等国高等教育质量保证模式进行分析的基础上，对我国高等教育质量保证模式的重构提出了政策建议。

另一类论文主要是针对国外高等教育质量保证的研究。北京师范大学王建成的博士论文《美国高等教育认证制度研究》（2005），对美国认证制度的正式规则、非正式规则以及实施机制进行了分析；华东师范大学丁丽军的博士论文《澳大利亚高等教育质量保障模式研究——以 AUQA 质量审核为例》（2010），主要对澳大利亚大学质量署（AUQA）及其实施的质量保障模式进行了研究；华东师范大学高迎爽的博士论文《法国高等教育质量保障历史研究——基于政府层面的分析》（2010），对 20 世纪 80 年代以来法国高等教育质量保障的历史发展进行了梳理。

与此同时，有关高等教育质量保证的专著也相继问世。陈玉琨等编著的《高等教育质量保障体系概论》（北京师范大学出版社，2004），在介绍英国、荷兰、美国等西方国家高等教育质量保障基本模式、价值取向的基础上，对建立我国高等教育质量保障体系的必要性与可行性等问题进行了探讨；范文曜、马陆亭主编的《国际视角下的高等教育质量评估与财政拨款》（教育科学出版社，2004），从高等教育的财政拨款与质量保证相联系的视角，在介绍法国、德国、英国、日本、美国等国质量保证与财政拨款的模式的基础上，对中国提出了相应的政策建议；许明主编的《高等教育质量保障体系的国际比较》（辽宁师范大学出版社，2004）较为系统地介绍了美国、英国、日本、俄罗斯、德国、印度、澳大利亚和新西兰的高等教育质量保障体系。张德才、陈虹岩主编的《比较与借鉴：中外高等教育评估体系研究》（哈尔滨工程大学出版社，2008）介绍了法国、德国、英国、日本以及美国的质量评估模式。比较全面的研究成果当数北京航空航天大学出版社在 2007 年出版的三册世界高等教育评估丛书——《北美地区高等教育质量保障体系研究》、《欧洲地区高等教育质量保障体系研究》和《亚太地区高等教育质量保障体系研究》。《北美地区高等教育质量保障体系研究》以美国为重点，分八章对北美高等教育质量保障体系的情况进行了介绍和分析，包括美国高等教育质量保障体系概述、美国高等教育质量保障体系政策和法规、美国高等院校认证的标准和程序、美国高等教育专业认证的标准、美国高等学校工程专业自评、美国教师教育的认证、美国其他类型高等教育质量保障体系和加拿大高等教育质量保障体系；《欧洲地区高等教育质量保障体系研究》以分别对英国、德国、意大利、法国、荷兰、北欧四国以及俄罗斯等国高等教育质量保障体系进行了详细地介绍；《亚太地区高等教育质量保障体系研究》主要涉及日本、印度、澳大利亚、马来西亚、新西兰、韩国等国高等教育质量保障体系的介绍。

1.3.2 国外研究综述

国外关于高等教育质量保证的文献极其丰富，仅利用 Google Scholar 搜索引擎就可以检索到关于高等教育质量保证（quality assurance in higher education）的 PDF 文件三百多万。仅从多伦多大学图书馆 ProQuest 数据库可以检索到的有关高等教育评估（assessment）、质量（quality）和认证（accreditation）的博士论文各自是 130、115 和 28 篇。面对这些纷繁复杂的研究成果，笔者按照欧洲尤其是西欧高等教育质量保证演进的大致顺序对一些较有影响的文献进行综述。

自 20 世纪 80 年代中期以来，质量保证成为西欧国家高等教育政策最显著的特点之一，这从而导致了该领域涌现出大量的论文以及著作。对这一时期西欧国家开展高等教育质量评估活动进行全面介绍的当数荷兰学者维斯特海伊登（Don F. Westerheijdent）等编著的《质量评估变换的背景：西欧高等教育的最新发展》（Changing Context of Quality Assessment: Recent Trends in West European Higher Education，1994）。书中在对丹麦、德国、荷兰、挪威、葡萄牙、瑞典和英国七国高等教育质量保证政策的最新发展进行全面介绍的基础上指出，各国质量评估运行的效果不仅仅取决于它所使用的质量评估程序，更重的是其存在的社会和政治环境；格德哥布雷（Goedegebuure）等编辑的论文集《同行评审和绩效指标：英国和荷兰高等教育的质量评估》（Peer Peview and Performance Indicators: Quality Assessment in British and Dutch Higher Education, 1990）分析了绩效指标和同行评审在英国和荷兰两个国家质量评估中的作用。当时欧洲高等教育面临的一个重要问题是如何评估教学以及科研的质量，而作为先驱者的英国和荷兰在这方面比其他国家取得了更大的进展，荷兰的质量评估是建立在同行评估的基础之上，而绩效指标却在英国大受推崇。文章中指出，绩效指标和同行评审在不同的质量评估体系中扮演不同的角色，不存在孰好孰劣的问题，关建是看它服务于什么样的目的。

许多专业人士指出，高等教育质量保证系统需要与其存在的国家环境相适应。凯尔斯（H. R. Kells）利用霍夫斯泰德（Geert Hofstede）提出的四大国家文化属性对不同国家建立的质量保证系统进行了分析。他指出，如果把像瑞典、丹麦这样的国家归为高度女性主义文化、不确定性规避程度以及权力距离较低的一类，那么正如预料中的那样，我们会发现这些国家建立了以质量改进为导向、以大学为基础的多样化的国家质量评估系统。没有绩效指标、没有任何一种模式是外部强加的、没有采纳中央政府统一规定的质量标准。其目的旨在通过持续不断的努力向公众确保一个良好的高等教育系统。在过去 20 年的时间里缓慢而持续培育起来的瑞典质量评估系统是与国家文化和环境相适应的一个极好案例。凯尔斯的分析还发现一些国家的政策决策者选择了与本国的文化特性根本不相容的质量保证系统。常见的例子是一个高度政治化的社会（通常政策决策中不存在共识、多样化的高等教育机构且质量参差不齐）选择了与其特性完全相反的国家（这些国家具有的特性是高度的共识文化、国民具有对所有工作能够仔细认真完成的倾向，拥有数量较小、选择性的高等教育系统且质量变化不大）发展起来的质量保证系统。

　　凯尔斯承认，霍夫斯泰德的国家文化属性分析框架是一个有用的分析工具，但决不是万能的，因为它无法对不同国家质量评估系统中所有的变异情况给予合理的解释。在其多年质量保证工作经验的基础之上，凯尔斯对国家质量保证系统提出了如下几条建议：第一，国家文化属性，即权力距离、不确定性规避、男性主义/女性主义、集体主义与个人主义，与国家建立的质量评估系统的性质有着相当强劲的联系。当然，除了国家文化属性外还有其它重要的因素，如高等教育系统的规模、复杂性、多样性等方面。国家文化属性与这些因素的综合权衡是对国家质量评估系统进行选择时需要考虑的重要维度；第二，国情与国家文化属性的相对影响力大概如下：国情影响质量评估目的初始声明、评估单元、评估机制的规模、与国家改革事项的关系、质量评估系统分阶段式发展是否必要等方面。而国家文化属性则可能会影响质量评估系统过程和程序的本质、其相对的开放性、灵活性、使用的标准、指标以及质量评估系统真正的重点以及目的等方面；第三，一个国家的高等教育系统越多样化、质量差异变化幅度越大，那么就越需要一个包括两部分的国家质量保证系统：一部分是基本的、责任制的、包含所有高校的、周期性的、国家严格强制执行的许可证制度，以此来决定哪些高校或学位项目可以存在或继续存在，哪些高校可以是大学等等，从而确保公众的利益；另一部分是在此基础之上确保高校运作良好并实现其预期的目的。第四，国家面临的基础性、系统性问题越多，那么在建立国家质量评估机制之前在这些问题领域进行全国范围内的改革就显得格外重要；第五，国家的质量评估文化层次越低，那么在尝试建立全国范围内的质量评估系统时开展一些试验项目、从做中学等措施就会显得额外重要；第六，在大多数情况下，重要的是让国家评估系统鼓励高校用边际资源来支付对其进行的评估和提出的质量改进建议；第七，从长远来看，对大多数国家而言，质量评估系统必须是高校整体的一部分，由高校所拥有、由高校负责设计并实施。如果能够实现这一点，那么国家的质量评估系统将会茁壮成长，而其所遭遇的阻力也会很小，并最终很容易地上升为元评估的角色。[15]

表 1 霍夫斯泰德的四大国家文化属性

权力距离（Power Distance）	机构或组织中不拥有强大权力的成员在何种程度上接受权力分配不均这一事实。涉及：角色；专制的价值观；组织内的薪资变化范围；集中，咨询和特权；平等；权力和地位；基于多数表决的多元主义；权力分享；员工的角色。
不确定性规避（Uncertainty Avoidance）	在何种程度上个人寻求避免不确定性；在社会里不能容忍的相对水平。在何种程度上，差异被看作是危险的、人权被视为是重要的、抗议是可以接受的。它涉及相对主义、经验主义、年青人的意见、组织观、歧义的容忍、区域主义、国际主义以及对政治进程的支持。
男性主义/女性主义（Masculinity/Feminity）	社会上性别角色差异显著的程度。主要反映在共识、谋生、工作生活的质量、谦虚、同情弱者、失败观等。
个人主义/集体主义（Individualism/Collectivism）	在何种程度上个人之间的联系是强大的，对集体的忠诚是否是强大的，是否集体的权力大于个人的权利。

资料来源：Geert Hofstede. Cultures and Organizations: Intercultural Cooperation and Its Importance for Survival. London: Harper Collins, 1991. In H.R. Kells. National Higher Education Evaluation Systems: Methods for Analysis and Some Propositions for the Research and Policy Void. Higher Education, 1999, 38（2）: 225.

---

15 H.R. Kells. National Higher Education Evaluation Systems: Methods for Analysis and Some Propositions for the Research and Policy Void. Higher Education, 1999, 38（2）: 228-231.

进入 20 世纪末、21 世纪初之际，一大批文章围绕着探讨欧洲高等教育质量保证如何应对新的时代。《应对变换环境的系统改造：走向质量保证模式的另一代》[16]（Systemic adaptation to a changing environment: Towards a next generation of quality assurance models）是最直白的宣言。文章指出，自 20 世纪 80 年代以来一直作为欧洲高等教育反馈机制一部分的质量评估系统在 90 年代后期其存在的合法性根基已经动摇了。这一部分是由于其运作效率低迷所导致，另一重要的原因在于外部环境的变化，尤其是博洛尼亚进程对国家质量保证提出了新的要求，设计新一代的质量保证系统势在必行。那么，什么样的质量保证系统才能与新的环境相匹配？《西欧的质量认证：回应博洛尼亚宣言和关贸总协定的足够反应？》（Accreditation in Western European: Adequate Reactions to Bologna Declaration and the General Agreement on Trade in Services?）、《柏林墙倒塌以及博洛尼亚宣言发表后欧洲的多种认证》（Ex Oriente Lux? National and multiple accreditation in Europe after the fall of the Wall and after Bologna）、《欧洲高等教育区日益崛起的认证：未来可能的风景？》（Quality Assurance/Accreditation in the Emerging European Higher Education Area: a possible scenario for the future）、《博洛尼亚宣言：提高欧洲高等教育的透明性与竞争力》（The Bologna Declaration: Enhancing the Transparency and Competitiveness of European Higher Education）、《质量保证的国际维度——聚焦欧洲高等教育》（International Aspects of Quality Assurance with a Special Focus on European Higher Education）等一系列文章对西欧高等教育引入认证制度的可行性与必要性进行了激烈的分析和论证。

认证是所有西欧国家唯一的选择吗？国家如何回应外部环境提出的挑战？在《同样的旅程，不同的航线：荷兰和丹麦选择欧洲模式质量保证的路径》（Same Voyage, Different Routes? The course of the Netherlands and Denmark to a 'European model' of quality assurance）中，作者指出尽管荷兰把认证看作解决高等教育面临的所有问题的一把良药，丹麦却另辟蹊径。因为丹麦与他的北欧邻国——瑞典、挪威和冰岛对认证持一种共同的怀疑态度。他们认为，认证过于强调质量控制，这无疑会严重影响它的质量提高功能。更糟糕的是，

---

16 Margarita Jeliazkova, Don F. Westerheijden. Systemic adaptation to a changing environment: Towards a next generation of quality assurance models. Higher Education, 2002,（44）.

认证会威胁到院校自治。基于这些考虑，所以北欧国家更推崇里斯本公约倡导的资格与学历互认，而非认证制度。2004 年，施瓦兹（Stefanie Schwarz）与维斯特海吉登共同编辑的《欧洲高等教育区的认证与评估》（Accreditation and Evaluation in the European Higher Education Area）比较详细地介绍了 20 个欧洲国家高等教育质量保证政策的最新发展动态。它们分别涉及：1. 认证与差异：澳大利亚建立新的高等教育提供者的政策；2. 捷克质量保证：认证和评估的责职；3. 丹麦：部长的批准与提高导向的质量评估；4. 认证的另一选择？芬兰高等教育三个回合的评估和认证的理想；5. 比利时佛兰德区的质量保证与认证；6. 法国高等教育中变换的政府角色：从课程控制到学位项目认证；7. 德国质量保证范式转移：多层质量评估换取更多的自治；8. 希腊国家高等教育：期待质量保证系统的到来；9. 变化之中的质量保证：体制改革后的匈牙利高等教育以及第一周期的认证；10. 爱尔兰共和国认证和评估的实践；11. 意大利：实施中的认证——自治、最低标准与质量保证；12. 拉脱维亚：完成认证的第一回合，下一步是什么？13. 立陶宛的多重目的认证：促进质量改进与走向双元高等教育体制；14. 荷兰：质量保证的领头羊紧跟着认证发展趋向；15. 认证和审计的模糊边界：挪威的案例；16. 波兰的认证与评估：概念、发展和走向；17. 葡萄牙：专业和学术认证——不可能的联姻？；18. 西班牙大学十年的质量保证；19. 从审计走向类认证的程序：瑞典的案例；20. 英国：认证与相关的管制。2006 年，荷兰特文特大学（University of Twente）维绨的博士论文《学位的改变与改变的学位：博洛尼亚进程中欧洲高等教育系统变化的比较研究》（Change of Degrees and Degrees of Change: Comparing Adaptations of European Higher Education Systems in the Context of the Bologna Process），采用了以行动者为中心的新制度主义框架（actor-centered institutionalism）对 1998-2004 年间德国、荷兰、法国、英国高等教育的学位结构、课程治理、招生入学、筹资以及学生就业等方面在博洛尼亚进程的影响下发生的变化进行了比较分析，其中也涵盖了对这四个国家质量保证改革问题的研究。2008 年经合组织 OECD 发表的《知识社会中的第三级教育——OECD 国家第三级教育专题回顾综合报告》（Tertiary Education for the Knowledge Society-OECD Thematic Review of Tertiary Education: Synthesis Report），全面总结了其 30 个成员国当前实施的质量保证系统、分析了各国面临的共同挑战并对未来的发展方向提出了政策建议。此外，欧洲高等教育质量保证协会（European Association for Quality Assurance in Higher Education, ENQA）、欧洲大学联合会（European University Association, EUA）等组织在此方面发表的关于高等教育质量的报告更是层出不穷，在此不再一一介绍。

1.3.3　高等教育质量保证研究的成就与存在的问题

　　总的说来，国内学者的研究涵盖了世界上大多数发达国家高等教育质量保证的模式、组织机构、体系、以及发展趋势等方面。这对于我国了解其它国家的高等教育质量保证打开了一扇窗口，但是质量保证研究仅仅停滞在这一层面是远远不够的。目前的研究主要呈现这样的状况：第一，介绍的多，分析的少，如果从质量保证的影响力由两个方面来决定，即所应用的质量保证方法及应用该方法时的国家背景和院校背景，那么我国学者当前的研究更多的是停滞在介绍国外的质量保证方法、模式这一方面，而对采纳该质量保证方法、机制的政策背景、政策价值取向等鲜有深入的挖掘；第二，研究的是静止的"点"，而不是流动的"线"。大多数的研究往往集中在对某一时期国外质量保证体系的述评，而对质量保证进行系统连贯的探讨较少；第三，赞扬的多，批判的少。我国学者往往对发达国家的质量保证模式、制度趋之若鹜。诚然，质量保证制度最早萌芽于西方国家，其多年的实践探索积累了丰富的经验，但是，适合一个国家或地区的模式对于另一个国家来说是否是最优还远远不能肯定。美国的认证是在美国高等教育系统以及美国文化中的历史培育。引进外国的质量保证体系而不考虑自身的国情可能会有"橘生淮南则为枳"的危险，并潜伏着文化"帝国主义"或"依赖主义"的忧患。[17]

　　国外学者对高等教育质量保证的研究积累了大量丰富的成果，在理论上有对质量、质量保证内涵的挖掘，对具体的质量保证机制——评估、认证、审核的探讨，对质量保证的目的——究竟是质量提高还是质量控制的论证，其研究触及质量领域的每一个细节；在实践上，对一国或多国的研究更是不胜枚举。但是，对某一国家和地区质量保证制度的演变进行系统、深入地分析并不多见。正如凯尔斯所指出的，"可以公平地说，这种（关于质量保证系

---

17 Dirk Van Damme. Trends and Models in International Quality Assurance and Accreditation in Higher Education in Relation to Trade in Education Services. OECD/US Forum on Trade in Educational Services 23-24 May 2002 [EB/OL]. http://www.oecd.org/dataoecd/51/29/2088479.pdf, 2010-2-26.

统的）文献绝大多数是描述性的，主要是由工作或政治利益与质量保证系统要传递的信息深深交织在一起的那些人撰写的故事。这些人本身也往往参与了质量保证系统的开发。当然，也不乏一些严肃的作品，它们常常是超出个人经验的种种反思，并伴随着一些警告、冥想或有趣的问题。如 1997 年鲍尔（M.Bauer）的《高等教育质量评估变换的背景：瑞典的案例》（Changing Contexts for Quality Assessment in Higher Education: the Swedish Case.）；1993 年克维（M.Cave）、汉尼（W.Hanney）和高根（M.Kogan）合著的《高等教育中绩效指标的使用》（The Use of Performance Indicators in Higher Education.）；1988 年范富格特（F.van Vught）的《高等教育的新自治》（New Autonomy in Higher Education）；1993 年范富格特和维斯特海吉登（Don F. Westerheijden）合著的《欧洲高等教育的质量管理和质量保证：方法与机制》（Quality Management and Quality Assurance in European Higher Education: Methods and Mechanisms）等等。然而，至今仍没有受到足够重视的是与国家质量保证系统相关的政策性研究，主要涉及这样一些问题：即政策选择的本质是什么；国家文化特征对使用某种质量保证方法的可能性造成的影响；与质量保证系统的存活相关的因素；在质量保证系统声明的目的下评估所产生的影响；意外产生的结果；在外部质量保证系统存在或不存在的条件下，高校内部评估实践和文化改变的程度……（然而）一直以来，我们能够读到的有关这方面的文章相对较少。"[18]

针对当前国内及国际上高等教育质量保证研究的现状，本文对荷兰高等教育质量保证的研究紧紧围绕着与质量保证相关的政策问题而展开，国家对质量保证政策目标的选择是重点，而质量保证的方法与模式等都是为实现政策目标而服务的。

1.4　研究方法

1.4.1　文献研究

文献研究是本文采用的主要研究方法。文献主要来源于多伦多大学图书

---

18 H. R. Kells. National Higher Education Evaluation Systems：Methods for Analysis and Some Propositions for the Research and Policy Void. Higher Education, 1999, 38（2）:213.

馆、数据库资源，Google Scholar 搜索引擎，中国知识资源总库（CNKI），北京师范大学图书馆数据库资源以及荷兰——佛兰德认证机构（the Accreditation Organization of The Netherlands and Flanders, NVAO）网站等。

1.4.2　政策研究

　　质量保证制度的形成与发展是国家政策强制性变迁的结果。本文运用哈佛大学教授、著名政治学家彼得·霍尔（Peter Hall）的"政策范式"（policy paradigm）理论分析荷兰高等教育质量保证政策的演变。"范式"（paradigm）这一概念最早由美国科学家托马斯·库恩（Thomas Kuhn）提出。所谓"范式"，就是指"特定社区成员所共同拥有的理念、价值以及技术的总和"。[19]在库恩范式的基础之上，霍尔率先把"政策范式"这一概念应用到公共政策研究领域。政策范式是指"一个由各种理念和标准组成的框架，这个框架不仅指明了政策目标以及实现这些政策目标的各种工具，而且还指明了它们意欲解决问题的本质。"[20]霍尔认为，"政策制定通常是一个涉及三个主要变量的过程，即指导特定领域政策的总体政策目标、实现这些政策目标的政策工具或各种技术以及对这些政策工具的精确设置（precise settings）。"[21]这三个变量共同构成了霍尔所说的一个政策范式。以这三个变量为基础，存在三种不同的政策变迁，第一种是总体政策目标和政策工具保持不变，只是对政策工具设置做出新的调整；第二种是总体政策目标不变，政策工具及其设置都发展了变化；第三种是政策目标、政策工具以及工具设置同时发生了变化。[22]当政策的三个变量都发生了根本性变化时，就意味着一个政策范式向另一个范式发生了转移。

1.4.3　历史研究

　　"真正的历史学并不是一味按年代顺序挖掘整理史实的一门学科，而是

19　岳经纶，郭巍青，《中国公共政策评论.第 1 卷》[M]，上海：上海人民出版社，2007.63。

20　Peter A. Hall. Policy Paradigms, Social Learning, and the State： The Case of Economic Policymaking in Britain. Comparative Politics, 1993, 25（3）：279.

21　Peter A. Hall. Policy Paradigms, Social Learning, and the State： The Case of Economic Policymaking in Britain. Comparative Politics, 1993, 25（3）：278.

22　岳经纶，郭巍青，《中国公共政策评论·第 1 卷》[M]，上海：上海人民出版社，2007.6-7。

一门解决问题的学科，它向现实世界提出问题，并努力寻求问题的答案。"[23]
本文运用历史研究的方法，以荷兰高等教育质量保证政策二十多年来的历史
变迁为主线，分析政策产生的背景以及历经的二次政策范式转型，以期从历
史的视角来全面考察荷兰高等教育质量保证政策的发展动态。

1.4.4 比较研究

比较法是比较教育研究中最常用的方法，也是本文采用的主要研究方法
之一。荷兰自 1988 年正式建立高等教育质量保证政策以来，共建立了三个政
策范式，本文要对这三个政策范式的政策目标、实现目标的工具以及工具的
设置进行比较，从而了解荷兰高等教育质量保证政策为什么要发生变化？又
是如何变化的？

1.5 研究的主要问题

本研究从历史和政策的视角对荷兰高等教育质量保证问题进行分析，主
要探讨以下几个问题：

第一、荷兰高等教育质量保证政策产生的背景是什么？

第二、荷兰质量保证政策建立的第一个政策范式目标是什么？政策目标
如何实现？政策范式有什么特点？

第三、什么因素导致荷兰质量保证政策发生第一次范式转移？换言之，
荷兰于 2003 年建立的第二个政策范式——认证制度的动因是什么？

第四、荷兰质量保证政策第二个政策范式的目标是什么？政策目标如何
实现？政策范式有什么特点？

第五、荷兰建立第三个政策范式——以院校审核为基础的认证制度的动
因是什么？或者说荷兰质量保证政策为什么会发生第二次范式转移？

第六、荷兰质量保证政策第三个政策范式的目标是什么？政策目标如何
实现？

第七、我们可以从荷兰高等教育质量保证政策范式的演变中学到些什
么？

---

23 伯顿·克拉克：高等教育新论——多学科的研究[M]，杭州：浙江教育出版社，
1988.21。

2 高等教育质量保证[1]的 主要概念与相关理论

在探讨该领域词汇的过程中，我们面临的是一个过度泛滥、拥挤、被贯之以"质量保证"的领域。这里面膨胀充斥着各种概念、术语和定义。

——拉扎尔·瓦拉森尼努等[2]

无论在实践上还是理论上，高等教育质量保证早已成为世界各国普遍关注的热点问题，世界高等教育质量保证领域的专家，如格林（Diana Green）、马森（P.Maasen）、伍德豪斯（D. Woodhouse）、哈维（Lee Harvey）以及希尔（K. Scheele）等指出，"可以肯定的是，质量保证本身已经发展成为一个拥有自己主张的产业。"[3]但是，高等教育质量保证领域的有关概念仍然存在着诸多分歧。在现实中，人们往往根据自己的理解对高等教育质量、质量保证、质量保障、质量控制、质量管理、质量评估、质量评价、质量审核等术语进行使用与解释，这无疑造成了一定混乱，有时让人颇感困惑。本章节的内容是对高等教育质量保证领域的主要概念进行界定、对高等教育质量保证的目的、

---

1 本文中的"质量保证"与英文"quality assurance"相对应。

2 Lazăr VLĂSCEANU, Laura GRÜNBERG, Dan PÂRLEA. Quality Assurance and Accreditation： A Glossary of Basic Terms and Definitions. UNESCO-CEPES. Bucharest, 2007.10.

3 Colin Brock, Historical and Societal Roots of Regulation and Accreditation of Higher Education for Quality Assurance. In Global University Network for Innovation. Higher Education in the World 2007. Accreditation for Quality Assurance： What is at State? New York： Palgrave Macmillan, 2007.35.

以及质量保证的三种最主要的方法——质量评估、质量审计和认证进行梳理。这是分析和透视国家高等教育质量保证政策的前提和基础。

2.1　高等教育质量

2.1.1　"高等教育质量"的概念特点

2.1.1.1　高等教育质量：一个难以界定的概念

"质量这一概念既是普遍的，同样也是难以捉摸的。对质量的含义或其定义达成共识似乎是可望而不可及。"[4]正如毕尔斯格（Robert M. Pirsig）在《禅与摩托车维修艺术》一书中对质量的阐述：

> 质量……你知道它是什么，但是你不知道它是什么。这是相互矛盾的。有些东西就是比其他的要好，也就是说，它们有较好的质量。但是当你脱离事物本身而试图说明什么是质量时，一切便无从谈起了。但如果不能说出什么是质量，那怎样知道质量是什么？或你怎样知道它甚至存在呢？如果无人知道质量是什么，那么对所有的现实目的而言，质量根本就不存在。但对所有的现实目的而言，质量确实是存在着的。还有，质量是基于什么等级标准？为什么有人愿意为某些东西支付一大笔钱，而把另外一些东西扔掉呢？很明显，有些东西就是比其他的更好些。但什么是"更好"呢？……你不停地思索，旋转精神的车轮，可还是找不到能够获得牵引之地。
>
> 到底什么是质量？它是什么？[5]

联合国教科文组织高等教育处处长哈达特（Georges Haddad）用圣·奥古斯丁在《忏悔录》第 11 章中对时间的理解同样的方式看待高等教育质量，即如果没有人问我，我知道它是什么。如果我要向询问者解释它是什么，我不知道它是什么。[6]哈维和格林持有相同的观点，"对于什么是质量，我们都有一

4　Don F. Westerheijden, John Brennan &Peter A.M Maassen. Changing Contexts of Quality Assessment： Recent Trends in West European Higher Education. GH Utrecht： The Netherlans, 1994. 36.

5　Robert M. Pirsig. Zen and the Art of Motorcycle Maintenance： An Inquiry into Values. New York： Morrow, 1974. 179.

6　Georges Haddad, Quality of Higher Education： A Complex Approach. In Global University Network for Innovation.Higher Education in the World 2007. Accreditation

个直观的理解，但却往往难以清楚地阐明。就像'自由'、'公平'、'正义'一样，质量是一个难以界定的概念。"[7]

2.1.1.2 高等教育质量：一个相对的概念

高等教育质量是一个相对的概念。质量作为一个相对的概念有两层含义。第一，质量相对于它的使用者和使用的具体环境。这意味着对不同的人而言质量是不同的事物。高等教育的利益相关者——学生、雇主、教学与非教学人员、政府、资助机构——对质量持有不同的观点。如在政府看来，质量可以描述为"尽可能多的学生在计划的时间内以较低的成本完成学业，获得达到国际标准的学位"；对学术界而言，质量是，"良好的学术训练，良好的学习环境，以及教学与科研之间的融洽关系"；对雇主而言，质量是毕业生在校学习期间获得的知识、技能和态度；而在学生的眼中，质量又是另外一回事。[8]有学者甚至认为"有多少个利益相关者，就有多少种对高等教育质量的界定。"[9]第二，质量基准点或参照点的相对性。萨利斯（E.J.Sallis）和欣格利（P.Hingley）认为，质量是绝对的，质量在本质上接近于真与美，这是一个没有任何妥协的理想。另一些人的观点是，质量要根据绝对阈值来判断。质量必须超过这个阈值，从而获得质量等级。而在其他一些学者看来，质量是相对于产生预期目标的过程而言的，不存在判断质量的阈值，例如，如果产品或服务始终符合制造商的要求，那么它就是有质量的，而不管任何绝对的门槛。[10]

荷兰学者 A.I.Vroeijenstijn 指出，由于高等教育的利益相关者持有不同的质量观，所以不存在绝对意义上的质量，但如果一定要对质量进行描述的话，那么质量可以表述为高等教育所有利益相关者的预期要求协商谈判的结果。

---

for Quality Assurance：What is at State? New York：Palgrave Macmillan, 2007. xxxiv.

7 Lee Harvey, Diana Green. Defining Quality. Assessment and Evaluation in Higher Education, 1993,18（1）:10.

8 A.I. Vroeijenstijn. Improvement and Accountability：Navigating between Scylla and Charybdis. Guide for External Quality Assessment in Higher Education. London：Jessica Kingsley Publishers Ltd,1995. 13.

9 J. Brennan, L.C.J.Goedegebuure, D.F. Westerheijden, P.J.M.Weusthof & T. Shah. Towards a Methodology for Comparative Quality Assessment in European Higher Education：A Pilot Study on Economics in Germany, the Netherlands and the United Kingdom, London：CNAA,1992.13.

10 Lee Harvey, Diana Green. Defining Quality. Assessment and Evaluation in Higher Education, 1993, 18（1）:10.

高等教育应该尽可能地实现所有这些诉求和愿望，并通过在其目标和目的的阐述中得以证明。国际标准化组织（International Organization for Standardization, ISO）对高等教育质量的定义——确定有价值的学习目标并使学生实现这些目标——就体现了 Vroeijenstijn 所说的质量是高等教育利益相关者多方协商的结果。因为确定有价值的学习目标以及制订学术标准要同时满足社会的期望、学生的抱负、政府和工商界的需求以及专业机构等多方的要求，同时，要求有良好的课程设计、有效的教学策略、胜任的教师以及有利于的学习环境使学生能够实现这些目标。[11]

表 2　高等教育质量作为利益相关者之间的协商

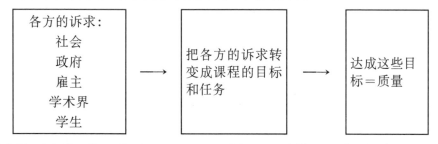

资料来源：A.I. Vroeijenstijn. Improvement and Accountability: Navigating between Scylla and Charybdis. Guide for External Quality Assessment in Higher Education. London: Jessica Kingsley Publishers Ltd, 1995. 15.

2.1.1.3　高等教育质量：一个多维的概念

高等教育质量也是一个多维的概念。"当我们谈论质量时，我们谈论的是复数而非单数的质量"。[12]正如在 1998 年世界高等教育大会发表的《21 世纪世界高等教育宣言：展望与行动》中所指出的，"高等教育的质量是一个多维度的概念，应涵盖教学与学术项目、研究与学问、教师、学生、校舍、设施、设备、社会服务以及学术环境等高等教育机构所有的功能与活动。"[13]

11 Quality Assurance and the Role of Accreditation： An Overview. In Global University Network for Innovation. Higher Education in the World 2007. Accreditation for Quality Assurance： What is at State? New York： Palgrave Macmillan, 2007.5.

12 A.I. Vroeijenstijn. Improvement and Accountability： Navigating between Scylla and Charybdis. Guide for External Quality Assessment in Higher Education. London： Jessica Kingsley Publishers Ltd, 1995. 14.

13 Hans J.A. van Ginkel and Marco Antonio Rodrigues Dias. Institutional and Political Challenges of Accreditation at the International Level. In Global University Network for Innovation. Higher Education in the World 2007. Accreditation for Quality

2.1.2 从卓越到转型：五种不同的高等教育质量观

哈维和格林综合了众多学者的观点，把形形色色的高等教育质量观归为五大类，即质量作为卓越、质量作为完美、质量是适于目的、质量是物有所值；质量是转型。[14]

2.1.2.1 质量作为卓越（quality as exceptional）

卓越质量观认为质量是很特别的东西，卓越往往与质量交替使用。卓越质量观包括三种不同的变体，首先是传统的质量观；第二种卓越质量观认为质量是超越非常高的标准；作为卓越质量观中较弱的一种，第三种卓越质量观认为质量是通过一系列规定的标准。

传统质量观

传统质量观认为，质量这一概念与出众、独特、高档、高级这类词汇紧密联系在一起。在菲弗（N.Pfeffer）和库特（A.Coote）看来，传统的质量观意味着排他性，质量不是通过基准来衡量的。实际上，质量是不言自明的，人们本能地知道什么是质量。这种质量观体现在高等教育领域就是，大学代表着质量，因此是不需要证明的。牛津与剑桥的精英主义教育就是这种传统的高等教育质量观的典型代表，其与众不同和遥不可及（inaccessibility）本身就是质量。

质量是超越高标准

这种卓越质量观与传统质量观相类似，但回避了传统质量观所持有的"质量是不证自明的"这一观点。它试图确定卓越的组成部分而同时又确保这些成分几乎是高不可攀的。事实上，这也是一种精英主义高等教育质量观，它认为质量只有在少数情况下才可能获得，强调高标准的输入与输出。要想获得卓越，那么所需要的条件必须是最好的，即提供以最先进的科学仪器装备的精良实验室、藏书丰富的图书馆，并由诺贝尔将得主来授课，那么大学才有可能产生卓越的效果。正如奥斯汀（A.W. Astin）所言，卓越在这个意义上通常由院校的名望和拥有的资源来判断。

Assurance：What is at State? New York：Palgrave Macmillan, 2007.39
14 Lee Harvey, Diana Green. Defining Quality. Assessment and Evaluation in Higher Education, 1993, 18（1）:11-29.

质量是符合标准

第三种卓越质量观实际上是一种"稀释"了的质量观。从这个意义上讲，质量不是高不可攀，"优质产品"是指在那些通过了由制造商或监督机构设定的最低标准的产品。因此，质量是符合一定的标准，正如奥克兰（J.S. Oakland）所言，根据不同的质量标准，完全可能存在质量差的劳斯莱斯（Rolls Royce）和高品质的"迷你"（Mini）。在高等教育领域，与传统质量观所持的排他性不同，符合标准的质量观赋予每个高校追求质量的机会，因为不同类型的院校可以设置不同的质量标准。

2.1.2.2 质量作为完美（quality as perfection or consistency）

这种质量观颠覆了传统质量观所持有的排他性，认为质量是每个人都可以拥有的东西。完美质量认为，质量是符合特定的规格。规格本身不一定是一个标准，而且质量也不是根据任何标准来评定。在这里，符合规格取代了满足外界设定的标准。优质的产品或服务是指完全符合规格。同时，这种质量观不仅仅关于符合规格，同时也体现了一种预防而非事后检查的哲学。完美质量观所强调的是过程而不是投入与产生，其目的就是要达到完美。它的重心在于确保生产过程中每一阶段都不发生故障，使每个人都要对产品担负起质量责任，实现质量的民主化，而不是依赖最后的产品检查来找出问题所在。因此，完美质量观在本质上是与质量文化联系在一起，体现了一种蕴藏于质量文化中的预防哲学。

2.1.2.3 质量是适于目的（quality as fitness for purpose）

这种质量观认为，质量的判断要根据产品或服务适合其目的的程度，只有当质量与产品或服务的目的相关时才有意义。因此，如果产品不符合其目的，即使完美也是毫无意义的。但是，这种质量观导致了两个无法回避的问题，即谁的目的？如何评估目的适合度？由于高等教育的利益相关者对高等教育的目的持有不同的看法，所以把质量是适于目的这一观点应用于高等教育领域，随之产生的问题是，高等教育的目的究竟应该是什么？另外，有学者认为，高等教育的质量是适于目的这一解释太宽泛，必须伴随着对目的适切性的讨论。

2.1.2.4 质量是物有所值（quality as value for money）

这种质量观把质量等同于价值，强调质量是物有所值——一分钱一分货。

政府往往持有这种质量观。自 20 世纪 70 年代末、80 年代初期以来，面对着经济"滞胀"、财政持续赤字等一系列问题，西方各国政府普遍要求公共部门提高效率与效益。高等教育作为国家的公共部门，其财政支出大部分由政府承担，在吃紧的经济形势下，政府把效率、效益、成本等企业理念引入了高等教育领域，要求高等教育机构向社会、公众证明，其提供的教育是物有所值。物有所值质量观的核心是绩效问责制，高等教育需要向它的出资者以及客户负责。

2.1.2.5　质量作为转型（quality as transformation）

转型质量观源于质变这一概念，即物质形式的根本变化，如冰转化成水。此外，转型质量观认为转型不仅仅限于表面或物体的变化，也包括认知方面的超越。转型质量观在西方哲学中有深入的论述，如亚里士多德、康德、黑格尔以及马克思的著作中都涉及了关于辩证转型的讨论。这种质量观认为，与其他服务部门不同，教育不是为了消费者的一种服务，而是对其中的参与者——无论是学生还是研究人员——进行的变革转型过程。

综上所述，笔者认为，高等教育质量的定义要包含几个要素：第一，高等教育质量的界定与分析要充分考虑其利益相关者。实际上，正如社会学家伯格（Peter Berger）所言，"谁有最大的木棍（实力最强），谁最有可能定义质量。"[15] "我们充其量能尽可能清楚的界定每个利益相关者使用的质量标准，并在评估质量时尽可能全面地考虑这些竞争性的质量观。"[16] 第二，高等教育质量这一概念不能脱离其存在的具体背景，"质量必须与其存在的背景或过程联系起来"。[17] 这里的背景既包括国家背景，也包括时空背景。高等教育质量是随时间变化而变化的概念。21 世纪的高等教育质量观显然不同于上世纪 80 年代与 90 年代的质量观。

---

15 转引自约翰·布伦南，特拉·沙赫著，陆爱华等译：高等教育质量管理——一个关于高等院校评估和改革的国际性观点[M]，上海：华东师范大学出版社，2005.22。

16 Lee Harvey, Diana Green. Defining Quality. Assessment and Evaluation in Higher Education, 1993, 18（1）:28.

17 Don F. Westerheijden. Where are the quantum jumps in quality assurance? Developments of a decade of research on a heavy particle. Higher Education, 1999（38）: 240-241.

2.2 高等教育质量保证[18]

2.2.1 高等教育质量保证的定义

正如人们对高等教育质量的理解不尽相同，目前学界对高等教育质量保证的定义也同样存在着一定的分歧。

英国学者哈维和格林认为，质量保证不是关于确定衡量或控制质量的标准或规格，而是要确保拥有适当的机制、程序和过程从而保证获得期望的质量。[19]

荷兰学者 Vroeijenstijn 认为，质量保证可以描述为系统性、结构性地持续重视质量，其目的在于质量维护和质量改进。持续的质量护理（quality care）是质量保证的必要条件，而质量护理的工具之一就是质量评估。[20]

在澳大利亚学者哈曼（Grant Harman）看来，高等教育质量保证主要是向高等教育机构以外的利益相关者提供担保和证明，从而使他们确信高等教育机构拥有严格的质量管理过程，而不必担忧教学以及毕业生的质量。[21]

澳大利亚大学质量署（Australian University Quality Agency）执行董事伍德豪斯（David Woodhouse）把质量保证界定为，"质量保证这一术语是指为了确保质量得以维持和提高所必需的政策、态度、行动和程序。它可以包括任何一种或多种质量保证方法（如质量审计、质量评估或认证）。有时，质量保证在一种狭义上使用，要么用来指达到最低的标准，或是向利益相关者证

---

18 高等教育质量保证对应的英文为：Quality Assurance of Higher Education. 有学者也把其译为高等教育质量保障。高等教育质量保证分为高校内部的质量保证和外部质量保证两部分。内部质量保证由高校自身负责实施，通过建立适当的政策和机制从而确保高校或学位项目的质量。外部质量保证主要是由政府或外部机构负责实施，通过采用适当的质量保证机制从而确保质量保证目的得以实现。本研究的对象主要涉及高等教育的外部质量保证，所以在不作特别说明的情况下，质量保证就是指外部质量保证。

19 Lee Harvey, Diana Green. Defining Quality. Assessment and Evaluation in Higher Education, 1993, 18（1）:19.

20 A.I. Vroeijenstijn. Improvement and Accountability：Navigating between Scylla and Charybdis. Guide for External Quality Assessment in Higher Education. London：Jessica Kingsley Publishers Ltd, 1995. xviii.

21 Grant Harman. Quality Assurance for Higher Education：Developing and Managing Quality Assurance in Higher Education Systems and Institutions in Asia and the Pacific. Bangkok： UNESCO, 1996. 6.

明质量得以确保（即问责制）"。[22]

全球大学创新联盟（Global University Network for Innovation,）学术顾问洛佩兹-塞格雷拉（Francisco López-Segrera）等人指出，质量保证是对高等教育机构或项目进行有计划、系统性的评审过程，其目的是确保公认的教育标准、学识以及基础设施能够得以维护和提高。[23]

对质量保证进行全面阐述的当数瓦拉森尼努等人，他们认为，"质量保证是一个包罗万象的术语，它指对一个高等教育系统、高等教育机构或学术项目的质量进行评估（evaluating）的持续过程。作为一个监管机制，质量保证的重心既包括绩效问责也包括质量提高。通过协商一致的程序和行之有效的标准，质量保证既提供质量信息也做出质量判断（不包括排名）……许多质量保证系统对内部质量保证和外部质量保证进行了区分。质量管理、质量提高、质量控制以及质量评估都是质量保证的手段。质量保证的范围取决于高等教育系统的大小。质量保证不同于认证。在某种意义上，前者只是后者的先决条件。在实践中，质量保证与认证两者之间的关系在不同的国家差异很大。但是两者都可能对高等教育机构或学术项目导致各种各样的后果，如运作的资格、提供教育服务的资格、授予正式认可学位的资格、以及获得国家资助的资格等。质量保证常常被视为高等教育质量管理的一部分，有时这两个术语被视为同义词而交互使用。"[24]

与质量保证相关的术语还有质量控制和质量管理，为了对其进行区分，所以有必要对这两个概念进行界定。

质量控制（quality control）是指高等教育机构内部定期采取的各种措施和行动的总和，其目的是确保高等教育产品、服务或过程的质量，并强调高等教育的质量要满足规定的阈值。所以，质量控制在本质上具有惩罚性的一面，同时它也意味着质量一旦达到了最低可接受的标准，就毋须再为质量提

---

22 David Woodhouse. Quality and Quality Assurance, in Quality and Internationalisation in Higher Education, Organisation for Economic Co-operation and Development, 1999.30.

23 Francisco López-Segrera and Yazmín Cruz López. Glossary. In Higher Education in the World 2007. Accreditation for Quality Assurance: What is at Stake? New York: Palgrave Macmillan, 2007. 403.

24 Lazăr VLĂSCEANU, Laura GRÜNBERG,and Dan PÂRLEA, Quality Assurance and Accreditation: A Glossary of Basic Terms and Definitions. UNESCO-CEPES. Bucharest, 2007.48-49.

高做进一步的努力。[25]质量管理是在高等教育系统或院校层面定期采取的各种措施的总和，其目的是确保高等教育的质量，并以提高系统或院校的整体质量为重心。作为一个通用术语，质量管理涵盖了所有的活动，通过质量规划、质量控制、质量保证和质量改进等机制来确保质量政策、质量目标、质量责任的贯彻实施。[26]

综上所述，笔者认为，尽管学者从不同的视角对高等教育质量保证进行了诠释，但总的来说只是涉及了高等教育质量保证的某一或某些方面。本研究将高等教育质量保证视为一个宏观意义上的概念，它涵盖了以下方面：第一，高等教育质量保证的实施主体；第二，高等教育质量保证的对象，即质量保证的内容；第三，高等教育质量保证的目的；第四，为实现目的而实施的质量保证政策与程序，其中质量评估、质量审计和认证是质量保证的三种主要机制；[27]第五，高等教育质量保证结果的使用。

2.2.2 高等教育质量保证的目的

一个国家的高等教育质量保证系统总是要服务于一定的目的。正如欧洲高等教育质量保证协会前主席威廉姆斯（Peter Williams）在 2008 年维也纳举行的质量保证会议的开幕式上这样讲道，"我认为，第一件事情就是我们应该非常清楚地知道外部质量保证要努力实现的目标或目的是什么。"[28]

2.2.2.1 质量保证的两大目的：质量提高与绩效问责

学者们对高等教育质量保证的目的进行了广泛的跨国研究。尼夫（Guy Neave）在调查了法国、比利时和荷兰的质量保证框架后，这样讲道，"不存在

25 A.I. Vroeijenstijn. Improvement and Accountability: Navigating between Scylla and Charybdis. Guide for External Quality Assessment in Higher Education. London: Jessica Kingsley Publishers Ltd, 1995.8.

26 Lazăr VLĂSCEANU, Laura GRÜNBERG, and Dan PÂRLEA, Quality Assurance and Accreditation: A Glossary of Basic Terms and Definitions. UNESCO-CEPES. Bucharest, 2007.49-50.

27 我国学者对评估与认证有不同的理解。如有学者指出，高等教育评估主要有三种方式，即认证、排名和质量保障评估。其中，认证是一种传统的评估形式，或者称为一种外部评估。（详见史秋衡，余舰等：高等教育评估[M]，贵阳：贵州教育出版社会，2004.93-96.）

28 Jon Haakstad. External Quality Assurance in the EHEA: Quo Vadis? Reflections on functions, legitimacy and limitations [EB/OL]. ttp://www.nokut.no/Documents/NOKUT/Artikkelbibliotek/Generell/Foredrag/Haakstad_External%20Quality%20Assurance%20in%20the%20EHEA_2009.pdf, 2010-6-26.

一致的质量保证目的，它只不过是作为一个分配资源或者说是撤销资源的工具。"瓦伦（S.Wahlén）在调查了四个北欧国家的高等教育质量评估系统后指出，瑞典和芬兰强调质量改进，而丹麦和挪威强调高等教育机构以外的目的。弗雷泽（Malcolm.Frazer）对 1995-1997 年间欧洲 38 个国家高等教育外部质量评估情况发放了问卷，这些国家涉及奥地利、白俄罗斯、比利时——佛兰德、保加利亚、塞浦路斯、丹麦、爱沙尼亚、芬兰、法国、德国、匈牙利、冰岛、爱尔兰、拉脱维亚、立陶宛、荷兰、挪威、罗马尼亚、斯洛伐克、斯洛尼亚、西班牙、瑞典、土耳其以及英国。弗雷泽的实证研究发现，各国外部质量保证最主要的目的涵盖以下方面：第一，帮助高校改进质量；第二，对利益相关者的绩效责任；第三，国家法律的变化（如扩大大学的自治）；第四，向潜在的学生和雇主提供有关质量标准的信息；第五，协助政府做出资助决策。弗雷泽研究证实了由 Vroeijenstijn 观察到的高等教育外部质量保证的主要目的就是绩效责任和质量提高。[29]所以，尽管各国高等教育质量保证的程序、方法等存在差异，但总的说来，质量保证主要服务于两大目的，即质量提高和绩效问责。

质量提高

高等教育质量保证本身不是目的，它们的最终目标在于提高教育的质量。正如英国高等教育质量保证署发展与提高小组主任哈里斯（Nick Harris）指出，"如果质量保证要想持久，那么它必须与'质量提高'议程相互携手，而这只有通过学术界与管理者主动而积极的合作才能够有效地实现。"[30]以质量提高为目标的高等教育质量保证系统，其重心在于促进高校未来的表现，而非对以往的绩效做出判断。所使用的质量保证标准和程序旨在加强高等教育机构的条件、动力等方面。也就是说，质量保证的程序要与高等教育机构本身的利益相符合。与政府相比，学术界往往强调质量保证的首要目的在于质量提高，而其他所有的目的都处于从属地位。

绩效问责

高等教育的绩效责任主要表现为三方面：首先，高等教育要向社会负责。政府代表社会向高等教育直接分配资金，或通过学生资助、贷款等形式对高

---

29 David Billing. International Comparisons and Trends in External Quality Assurance of Higher Education: Commonality or Diversity. Higher Education, 2004（47）: 114-115.

30 Programme-oriented and Institutional-oriented Approaches to Quality Assurance: New Developments and Mixed Approaches [EB/OL]. http://www.enqa.eu/files/ENQA%20 workshop%20report%209.pdf, 2010-11-26.

等教育机构进行拨款。尤其是在欧洲大陆国家，高等教育机构的大部分经费开支来源于政府。因此，高等教育机构必须要向社会、政府负责，证明他们提供的高等教育和服务符合一定的标准，是物有所值。也就是说，高等教育要"对作为国家税收资金的提供者的政府表现负责的行动"[31]。其次，高等教育需要向他的客户——学生和雇主，以及学科同行负责。

图1：高等教育的绩效责任

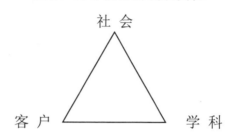

资料来源：Alma Craft. Quality Assurance in Higher Education: Proceedings of an International Conference Hong Kong, 1991. London: The Falmer Press, 1992. 16.

2.2.2.2 如何协调质量提高与绩效问责

多年来，有关高等教育质量保证的辩论一直试图把质量保证的两大目的——公众问责与质量提高——融合在一个质量保证系统中。有学者把这两大目的分别比作"斯库拉"（Scylla）与"卡律布狄斯"（Charybdis）[32]，质量保证系统的运作就像游走在这两个极端之间：当外部质量保证的目的仅限于质量提高时，系统将会触礁于"斯库拉"，因为高等教育外部利益相关者的问责诉求无法满足；如果过分强调公众问责，那么它又将被"卡律布狄斯"所淹没，因为此时质量提高受到极大地扼制。所以，高等教育质量保证面临的挑战显而易见，即如何顺利航行而又能幸免于触礁或被旋涡吞没？换言之，如

---

31 弗兰斯·F·范富格特：国际高等教育政策比较研究[M]，杭州：浙江教育出版社，2001.11。

32 斯库拉（Scylla）是希腊神话中吞吃水手的女海妖，有六个头十二只手，腰间缠绕着一条由许多恶狗围成的腰环，守护着墨西拿海峡的一侧。现实中的斯库拉是位于墨西拿海峡（意大利半岛和西西里岛之间的海峡）一侧的一块危险的巨岩，它的对面是著名的卡律布狄斯（Charybdis）大漩涡。在英语的习惯用语中有"Between Scylla And Charybdis"的说法，前有斯库拉岩礁后有卡律布狄斯漩涡是进退两难的意思。

何在一个质量保证系统中协调好这两个目的？[33]

对于质量保证两大目的之间是否能够相互兼容，以及如何保持平衡共存于同一系统等问题，西方学者进行了广泛而深入的讨论。目前存在的观点主要有以下两类，第一类观点认为，尽管两者由于质量保证方法上的冲突而导致了相互排斥，但是公众问责与质量提高在某些方面可以很好地得以整合；第二类观点认为，公众问责与质量提高互不兼容，所以外部质量保证很难同时服务于两个"主人"。因为公众问责使得学术人员不得不与顺从官僚指令，围绕着外部质量保证的"指挥棒"开展工作，从而偏离了教学应有的重心，最终会导致教学质量的下降。所以有学者声称，尽管公众问责可能会促进高等教育更符合成本效益，但在提高教育质量方面却显得无能为力。[34]

2.3 高等教育质量保证的机制

高等教育质量保证通常包括质量评估、质量审计和认证三种主要的机制或方式。

2.3.1 质量评估

2.3.1.1 质量评估的定义

质量评估是指由专门的机构（通常称之为质量评估机构）负责收集有关高等教育机构或高等教育机构的某一单元或学位项目的数据、信息和证据，其目的是判断高等教育机构或学位项目是否符合公认的标准。质量评估由外部专家、同行组成的评估小组负责实施，评估结果可以是数字，如评分等级为 1 至 4，或是字母（如 A 至 D），还可以用优秀、良好、合格以及不合格表示。质量评估通常包括以下四个步骤：

（1）对高校的自评报告进行分析；

（2）现场考察；

（3）撰写评估报告；

---

33 A.I. Vroeijenstijn. Improvement and Accountability: Navigating between Scylla and Charybdis. Guide for External Quality Assessment in Higher Education. London: Jessica Kingsley Publishers Ltd, 1995. 33.

34 Viktoria Kis. Quality Assurance in Tertiary Education: Current Practices in OECD Countries and a Literature Review on Potential Effects [EB/OL]. http://www.oecd.org/dataoecd/55/30/38006910.pdf, 2010-10-24.

（4）公布评估结果。

此外，质量评估（assessment）、质量评价（evaluation）和质量评审（review）之间不存在真正意义上的差异，这些术语之间可以互换使用。[35]

2.3.1.2　质量评估的一般模式

在观察了美国、加拿大和西欧国家高等教育质量评估系统后，范富格特（Frans A.Van Vught）和维斯特海吉登（Don F. Westerheijden）认为，一个可以称之为一般模式的高等教育质量评估系统通常包括五大元素：[36]第一个元素是质量评估系统的管理机构。作为质量评估系统的协调员，该机构应当承担元评估职责、独立于政府且不强加给高校任何政府的意愿；第二个元素是自评。经验表明，任何质量保证系统必须基于高院的自评。自评对于高校接纳质量评估系统是一个关键的因素。因为只有当高校认为质量评估是他们自身的活动时，这个系统才能起作用。第三个元素是同行评审或称之为外部专家的现场访问。第四个元素是评估报告的保密程度。在这一点上，尽管各个国家的做法不尽相同，但是他们认为，评估报告不应该承载着对被评院校或学位项目进行排名或质量判断的功能——它的主要目标应该是帮助院校改进质量。同时，公开评估结果也是公众问责的一个重要机制。有两种公开评估报告的方式，每一种既有其优点也存在不利的地方。第一种方式是发布完整的评估报告。这种做法的好处是，每一个选民都可以立即清楚地了解评估结果，其不利之处在于，它可能严重制约被评院校与同行评审小组讨论院校存在问题的坦率与热情；第二种方式是评估结果的详细报告只向被评院校公开，而对公众只提供报告的总结部分。这种方法的优点是被评院校投身于评估的积极性将会很高，而外部选民会因评估信息向他们隐瞒而感到不满。最后一个元素是关于质量评估结果与政府拨款的关系。在反复权衡利弊后，他们主张二者之间最好不要建立直接的联系。大学惊人的历史存在很大程度上归因于她能够把其内部质量——探寻知识和追求真理——和外部质量——灵活地回应外部环境迅猛变化的需要——有机地统一起来。西欧国家高等教

---

35 A.I. Vroeijenstijn. Improvement and Accountability: Navigating between Scylla and Charybdis. Guide for External Quality Assessment in Higher Education. London: Jessica Kingsley Publishers Ltd, 1995. xviii.

36 Frans A.Van Vught & Don F. Westerheijden. Towards a general model of quality assessment in higher education. Higher Education 1994（28）: 355-371.

育的质量评估由政府发起，政府强调的是高等教育的外部质量，而高等教育机构强调的是其内在质量。基于这一点，范富格特指出，判断高等教育质量评估模式是否能够持续合法地存在应该基于它统合高校内部和外部质量的能力。

布伦南（J. Brennan）和沙（T. Shah）从多国比较得出的结论是，范富格特和维斯特海吉登的一般模式最适合于中等大小、高等教育部门不是那么多样化且具有中央政府管制传统的国家。[37]比林（David Billing）认为，"范富格特和维斯特海吉登所说的一般评估模式为我们提供了一个分析的起点，我们可以以此为出发点来绘制各国外部质量评估系统的联系和偏差。对每个国家来说，可能有特定的元素添加到该模式，也可能有所疏漏，但更普遍的情况是对该模式的修改或扩展。这些变化取决于质量评估系统的实用性、各国高等教育部门的大小、质量评估系统法律上的刚性/灵活性（质量评估系统是否以国家法律的形式进行明文规定）等因素。"[38]

总的来说，尽管国家与国家之间在质量评估系统运作方式上存在着明显的差异，但质量评估的一般模式中普遍包括四大元素，即一个全国性的质量评估机构，高等教育机构自身的评估，学术同行的外部评估以及公开发表的报告。

2.3.2 质量审计

2.3.2.1 质量审计的定义

质量审计，也称之为质量审核，"是一种通过对高等教育机构的学位项目、教职员工以及基础设施的自我评估和外部评审（external review）来检查高等教育机构的质量保证和控制系统，其目的是对高等教育机构的绩效责任体系、内部评审机制及其效果进行评估。"[39]换言之，质量审计就是外部机构对高等教育机构或其子单元是否拥有一套适当且运作良好的质量保证程序进行检查

---

37 David Billing. International Comparisons and Trends in External Quality Assurance of Higher Education：Commonality or Diversity. Higher Education, 2004（47）：122.

38 David Billing. International Comparisons and Trends in External Quality Assurance of Higher Education：Commonality or Diversity. Higher Education, 2004（47）：133.

39 Francisco López-Segrera and Yazm í n Cruz López. Glossary, In Higher Education in the World 2007. Accreditation for Quality Assurance：What is at Stake? New York：Palgrave Macmillan, 2007.406.

评估，它关注的是高校内部的质量保证机制与程序，而并非高校自身的质量。通常情况下，质量审计的标准是根据高等教育机构自身既定的目标或目的，所以也可以说，"质量审计是检查高等教育机构与其既定目标的适切性以及高等教育机构实现其既定目标的程度。"[40]在这个意义上，质量审计可以简化为包含三个部分的过程，其主要检查

（1）与既定目标相关的计划质量程序的适合性；

（2）实际的质量活动与计划的质量程序的一致性；

（3）质量活动实现既定目标的有效性。

2.3.2.2　质量审计的一般程序

高等教育质量审计首先于 1990 年出现在英国，随后瑞典、新西兰、香港、澳大利亚等国家和地区也相继采纳了该质量保证方法。尽管质量审计的实施在不同国家存在一定的差异，如审计小组的构成，实地考察的时间长短、审计报告的公布形式以及采取的后续行动等，但总的说来，质量审计包括以下几个步骤：

（1）高等教育机构提交的自评报告

（2）现场考察

（3）公布审计报告

（4）审计后续行动

2.3.2.3.　质量审计的范围

质量审计方法在各个国家实施的根本差异在于审计范围的不同。下表对英国、瑞典、新西兰和香港四个国家和地区的质量审计范围进行了详细介绍。

表 3　不同国家和地区高等教育质量审计的范围

英　国	瑞　典	新西兰	香　港
1.与教学人员相关的质量保证机制 2.学位项目与课程的质量保证机制 3.教学与交流方法	1.高等教育机构在院校层面实施质量保证的战略。 2.学术、行政人员以及学生如何致力于	1.科研，特别是与大学教学相关的科研的质量保证。 2.与学术人员的聘任和工作表现相关的	1.如何设计、评审和改进课程？ 2.教学人员如何很好地完成其教学工作？

---

40 David Woodhouse, Quality Improvement through Quality Audit. Quality in Higher Education, 2003, 9（2）:133.

的质量保证机制 4.考虑高等教育利益相关者不同意见的质量保证机制	高校的质量提高项目中？参与程度怎样？ 3.不同利益相关者之间的合作。 4.教学人员的招聘与发展；学生的选拔与发展。 5.质量提高项目中院校层面的领导力； 6.大学与国内和国际上建立的学科专业联系，也就是大学的外部专业关系。	质量保证。 3.对课程、学位项目以及其他资格进行设计、监督与评估的质量保证。 4.教学与评估方面的质量保证 5.考虑学生、外部检察官（external examiners）、专业机构、雇主等利益相关者在学术事务方面的不同看法与观点。	3.教学人员、院系以及高等教育机构如何监督学生的学习结果？学习结果如何与教学过程的改进相联系？ 4.确保质量的人力、技术和财政资源是否能够获得？

资料来源：David D. Dill. Designing Academic Audit: Lessons Learned in Europe and Asia. Quality in Higher Education, 2000, 6（3）：193.

2.3.2.4　质量审计的作用

质量审计的逻辑在于一个根本的设想，即质量保证过程的改进将会最终促进高等教育机构教学质量的提高。经验表明，质量审计有以下作用：[41]

（1）帮助高等教育机构创建或加强其质量保证系统的发展；

（2）把改进教与学的质量提到高校的议事日程；

（3）有助于澄清院校、院系、基本学术单元以及个人层面在改进教学质量方面各自承担的职责；

（4）强化院校的领导，以发展院校层面的质量文化；

（5）促进基本学术单元之间在改进教学质量措施方面的讨论、合作与发展；

（6）提供院校范围内有关最佳实践和常见问题的信息；

（7）向公众证明，高等教育机构关注其学术质量保证。

---

41 David D. Dill. Designing Academic Audit：Lessons Learned in Europe and Asia. Quality in Higher Education, 2000, 6（3）：203.

2.3.3 认　证

2.3.3.1　认证的界定

目前西方学术界对认证的定义主要有以下观点：

阿德尔曼（C.Adelman）在《高等教育百科全书》中指出，"认证是指高等教育中质量控制和保证的过程，通过检查或评估或二者的结合，当院校或学位项目[42]达到了最低可接受的标准时，他们就会得到认可。"[43]

伍德豪斯把认证定义为，"对高等教育机构是否有资格获得一定的地位而进行评估。这种地位不仅对高等教育机构本身具有重要意义（如获得运行的许可），对其学生而言也是如此（如学生有资格获得政府的贷款或助学金）。"[44]

瓦利马（J.Välimaa）认为认证就是质量评估基础之上的批准，或是用科勒（J.Kohler）的话来说，认证是导致许可的"法律之嫌（smacks of law）"；在哈维看来，认证是对高等教育机构、学位项目或学习模块的地位、合法性或适当性的确立。[45]

前联合国教科文组织总干事的高等教育特别顾问山亚（Bikas C.Sanyal）与联合国教科文组织国际教育规划研究所的项目专家马丁（Michaele Martin）指出，"质量认证是指政府、准政府或私立认证机构对高等教育机构或学位项目的质量进行评估，从而对它们是否满足预定的标准或准则做出正式认可，并授予质量标签。质量认证通常导致对认证对象赋予一定时期的认可地位。"[46]

---

42 学位项目（programme）是指一整套连贯的课程。这些课程既包括核心课程也包括选修课程。学生通过学习这些课程可以获得一定的学位。

43 转引自 Hans J.A. van Ginkel and Marco Antonio Rodrigues Dias, Institutional and Political Challenges of Accreditation at the International Level. In Global University Network for Innovation. Higher Education in the World 2007. Accreditation for Quality Assurance：What is at State? New York：Palgrave Macmillan, 2007.39

44 David Woodhouse, Quality and Quality Assurance, in Quality and Internationalisation in Higher Education, Organisation for Economic Co-operation and Development, 1999.32.

45 转引自 Taina Saarinen; Timo Ala-Vähälä, Accreditation, the Bologna Process and National Reactions：Accreditation as Concept and Action. Higher Education in Europe, 2007,32（4）：334.

46 Quality Assurance and the Role of Accreditation：An Overview. In Global University Network for Innovation. Higher Education in the World 2007. Accreditation for Quality Assurance：What is at State? New York：Palgrave Macmillan, 2007.6.

美国高等教育认证理事会（Council for Higher Education Accreditation, CHEA）把认证界定为，"通过外部质量评估对学院、大学或学位项目进行仔细检查的过程，以达到质量保证和质量改进的目的。成功的结果将会使高等教育机构或学位项目通过认证。" 同时，美国高等教育认证理事会指出，认证在不同的国家和地区具有不同的含义。如在美国，认证是指，"为了确保质量、公众问责以及提高质量，对一个学术机构或学位项目（programme）的自我评估和外部同行评估进行合议的过程（collegial process），以确定它是否已经达到或超出了认证协会公布的标准，是否正在致力于实现其使命和声明的目标。"[47]

综上所述，笔者认为认证这一概念包含以下方面：

第一、认证的实施主体，即认证机构。认证机构在不同国家有多种可能：①认证机构是政府机构；②认证机构在成立、运作方面完全独立于政府；③认证机构是中介机构或者由当地的中介机构设立。政府可以发挥一定的职能，但它们是独立的自治机构；④不受政府或高等教育机构干预、影响的专业协会。[48]

第二、认证的对象。认证的对象一般为高等教育机构或学位项目，也就是院校认证或学位项目认证。

第三、认证的标准。通常情况下，由认证机构设定认证标准，并以此来判断高等教育机构或学位项目是否满足或达到这些标准。

第四、认证的结果。认证的结果一般为是或否的二元判断，在有些国家，通过认证的高等教育机构或学位项目会被授予一定的资格或地位，如高等教育机构有资格获得政府的拨款资助、有资格授予学位；该院校的学生有资格得到政府贷款或助学金。

2.3.3.2 认证的目的

一般说来，认证的目的涵盖以下四个方面：[49]

---

47 Glossary of Key Terms in Quality Assurance and Accreditation. Council For Higher Education Accreditation [EB/OL]. http://www.chea.org/international/inter_glossary01. html, 2010-11-26.

48 Quality Assurance and the Role of Accreditation: An Overview. In Global University Network for Innovation.Higher Education in the World 2007. Accreditation for Quality Assurance: What is at State? New York: Palgrave Macmillan, 2007.12.

49 Quality Assurance and the Role of Accreditation: An Overview. In Global University Network for Innovation. Higher Education in the World 2007. Accreditation for Quality

（1）质量控制：确保高等教育在投入、过程和产出方面符合最低的质量要求；

（2）问责制和透明度：质量认证由一个可靠的、认可的机构负责实施，并得到利益相关者的支持，其目的是确保"物有所值"。

（3）质量改进：通过认证过程发现高等教育机构存在的弱点，从而采取纠正措施以改进质量。

（4）促进学生流动：在全球化经济时代，认证对于文凭的相互认可具有非常重要的意义，它有助于学生在院校、地区、国家和国际层面的流动。

2.3.3.3　认证的类型[50]

（1）自愿性和强制性认证

强制性认证系统要求所有的高等教育机构或学位项目都要定期接受认证。这种认证主要是验证与确保最低标准，如匈牙利、奥地利、荷兰和其他一些国家的做法。通常，强制性认证大多是出于核发许可证的目的，或是针对利益相关者（尤其是政府）对质量特别关注的学位项目。在一些国家，如阿根廷、哥伦比亚，对教师培训和与国家的发展、安全至关重要的学位项目，如医学、法学、会计学或某些类型的工程学进行强制性认证。然而，大多数质量认证是自愿性质的。实施自愿性认证的国家有美国、印度、尼亚利亚等。

（2）目标适切性认证和基于标准的认证

目标适切性认证是验证高等教育机构或学位项目与其声明的使命或目标的适切性，并检查高等教育机构或学位项目在何种程度上实现了其声明的目标。在多样化的高等教育系统中，高等教育机构服务于不同的客户和群体，所以不能用同样的标准去衡量，目标适切性认证被视为是更适合高等教育的质量改进。

基于标准的认证是指高等教育机构或学位项目的各个方面都要制订详细的标准，其目的就是要确保高等教育机构或学位项目能够满足最低的要求。

Assurance：What is at State? New York：Palgrave Macmillan, 2007.6.

50 Quality Assurance and the Role of Accreditation：An Overview. In Global University Network for Innovation. Higher Education in the World 2007. Accreditation for Quality Assurance：What is at State? New York：Palgrave Macmillan, 2007.6-10.

（3）不同分析单位的认证

认证的范围可以涵盖整个高校、一所高校中全部的学位项目或有选择的学位项目，所以根据认证的范围，认证又可以分为院校认证（institution accreditation）和学位项目认证（programme accreditation）。两者的认证重点不同。院校认证的重点在于学校的使命、治理、学位项目、师资、学习资源、学生及相关服务、设施和财政资源。它要检查学校的使命是否适当，是否有足够的资源实现这些使命，学校是否达到了学术质量标准以及是否有可能在未来达到这些标准。学位项目认证的重点在于对培养学生进入未来某种具体专业的学位项目进行评估。每个学位项目都有自己的入学要求、教学策略、评价方法和国家资格框架要求。学位项目认证的目的是确保学位项目能够满足毕业生进入某种专业的要求。

院校认证和学位项目认证互为补充的。院校认证不能忽视其提供的学位项目，同样，学位项目认证也不能忽视院校环境是否适合学位项目的目标。一些国家同时使用院校认证和学位项目认证。

（4）不同高等教育机构类型的认证

在一些国家，认证同时在大学和高等职业院校实施。由于两者的目标与定位不同——一个是学术性的、另一个通常是职业或应用导向的，所以认证程序和标准也是不同的，因此由不同的认证机构分别实施。随着私立院校数量的逐渐增多，一些国家政府开始把私立院校纳入国家认证的范围之内。此外，远程教育在世界高等教育中所占的比重越来越大，而其质量却一直受到人们的质疑。这类高等教育跨越国家边界，通常由商业性企业运作，因此需要对其进行一种特别类型的认证，从而保护学生和国家的利益。

2.3.3.4 认证的一般程序[51]

（1）高校的自我评估。

自我评估是多数认证程序的重要元素，通常包含三个方面的信息。第一，高校要根据认证机构的认证标准提供基本数据和信息；第二，高校根据认证标准对其当前情况进行分析和评估；第三，高校根据自身与认证标准的实际符合程度撰写一份评估报告。自评报告是专家评估小组进行实地考察的基础。

51 Quality Assurance and the Role of Accreditation：An Overview. In Global University Network for Innovation. Higher Education in the World 2007. Accreditation for Quality Assurance：What is at State? New York：Palgrave Macmillan, 2007.10-13.

（2）评估小组的现场考察

认证机构必须成立一个评估小组，其成员要拥有与被评学位项目或高校相同的专业知识和学科专业准则（也就是同行）。同行评估被公认是认证过程中的基本要素。除了与高等教育机构的主要活动有关的学术专家外，评估小组还包括专业实践人员和具有区域与国际经验的人士以及学生代表。在现场访问结果的基础之上，评估小组需要准备一份评估报告，对学位项目或高校具有的优势和有待解决的问题进行评估和分析。评估小组将评估报告送回高等教育机构以征求其意见，确认是否存在事实性的偏差与错误。如有必要做出相应的修改。

（3）认证机构的认证决定

最终的评估报告递交要给认证机构，由认证机构做出认证判断。认证结果有批准或否决、有条件认证或给予一定的分数多种形式。如果高等教育机构得到的分数低于预先设定的最低标准，那么它将不能通过认证。如果认证是有条件的，那么在双方一致同意的日期还要对高等教育机构或学位项目进行一次后续检查，以验证这些条件是否满足后再做出认证决定。

（4）公布认证结果

最后，认证机构公布其认证结果。有些国家只是公布最后的认证结果，而在另外一些国家，认证结果和评估报告会被同时公布。

目前，认证是欧洲高等教育区使用最广泛的外部质量保证方法。事实上，与其说它是一种方法，不如说只是一个名称而已——因为认证在不同的国家呈现出多种多样的形式，所以有学者甚至认为，根本不存在任何一种形式是认证所特有的。[52]

2.3.4 质量评估、审计和认证的联系与区别

质量评估、审计和认证是高等教育质量保证最主要的三种方法和机制，它们之前既存在一定的联系，也彼此相互区别。

---

52 Jon Haakstad. External Quality Assurance in the EHEA: Quo Vadis? Reflections on functions, legitimacy and limitations [EB/OL]. http://www.nokut.no/Documents/NOKUT/ Artikkelbibliotek/Generell/Foredrag/Haakstad_External%20Quality%20Assurance%2 0in%20the%20EHEA_2009.pdf, 2010-11-16. P.3.

2.3.4.1 质量评估、审计与认证之间的联系

质量评估、审计与认证的实施程序相似，都重视高校自评和外部评估。通常情况下，质量审计强调高等教育机构与其既定目标或目的的适切性，但在很多审计系统中，目的适切性这一维度也包括外部设定的标准，因此审计的范畴向外扩展延伸，以要求高校回应外部的质量参照点，在这种情况下，质量审计可能呈现出"认证式实践（accreditation-like practice）"，只是审计结果不会出现与认证一样的是或否的判断而已。[53]

2.3.4.2 质量评估、审计与认证之间的区别

（1）重心不同：与评估和认证不同，质量审计不是直接针对高校的教学质量，相反，质量审计的重心在于高等教育机构确保其学术标准、提高教学质量的过程和程序，也就是高等教育机构是否拥有一套适当且运作良好的内部质量保证机制与程序。

（2）导向不同：由于审计是对高校质量保证和质量改进系统的有效性进行的同行评估，所以它通常被视为是一种发展性导向的评估。这意味着，如果质量审计运用恰当的话，它会更有助于促进高校的质量提高与改进。

（3）结果不同：相比于质量评估与审计，认证更强调公众问责与透明度，所以认证的结果显得更"严厉"。通常情况下，质量评估和审计不会做出是或否、合格与不合格的二元判断。

总之，与其他形式的外部质量保证机制相比，认证是一种更"严厉"的形式，它对高校或学位项目的控制最明显。认证的主要功能就是维持对高校和其提供的学位项目的控制，质量改进只是认证过程的一个副产品（a spin-off）。"[54]认证的一个显著特征就是根据一个预先设定的阈值对质量做出是或否的、非此即彼的判断。如果认证结果是否，那么伴随而来的往往是一个严重的惩罚后果。这实际上就是认证的认可（recognition）功能。当认证的"认可"与"评估（evaluation）"功能集于一身时，认证的这种狭窄认可功能最有可能影响需要广泛开展的评估过程。这是因为，得出是或否的认证结果需

---

53 Mala Singh. The Governance of Accreditation. In In In Global University Network for Innovation（Eds）Higher Education in the World 2007. Accreditation for Quality Assurance：What is at State? New York：Palgrave Macmillan, 2007.98.

54 Lee Harvey. The Power of Accreditation：Views of Academics. Journal of Higher Education Policy and Management, 2004,26（2）：210.

要对质量评估过程的一致性和公正性给予特别的关注，这反过来又意味着，评估人员需要明确而又毫不含糊的开展工作。所以评估的优先权给了一堆关键的可测量的"事实"。所以，当为了帮助高校或某个具体学位项目改进其整体教学质量而需要进行深度的评估时，认证——作为一种质量保证机制——并不是一种理想的选择。然而，随着越来越多的非传统高等教育提供者的涌现，从作为正式的官方认可制度的视角来理解——由一个独立且具有权威性的机构根据严格的学术标准来实施——认证则是一个非常明智的选择。因为它能保护学生免受各种"劣质供应商（rogue providers）"的侵害。[55]

---

55 http://www.nokut.no/Documents/NOKUT/Artikkelbibliotek/Generell/Foredrag/
   Haakstad_External%20Quality%20Assurance%20in%20the%20EHEA_2009.pdf,
   2010-11-16, P.4

3 荷兰的政治制度与高等教育系统

荷兰的国土面积及其 1600 万的人口数可能会使人以为荷兰在国际讨论和全球文化辩论中扮演着跑龙套的角色，但荷兰具有悠久的民主传统，对其他文化具有相对开放性，其经济活动面向全球；同时，鉴于荷兰自然科学和社会科学的发展，在国际法方面的专长以及在文化史当中那些光辉灿烂的时刻，荷兰实际所发挥的作用比人们想象的来得重要。

——杜威·佛克马[1]

3.1 荷兰的政治制度

3.1.1 一个"小"国：荷兰王国概况

荷兰（The Kingdom of the Netherlands），全称为荷兰王国，位于欧洲西北部，东面与德国为邻、南与比利时接壤，濒临北海。全国划分为 12 个省份，首都位于阿姆斯特丹，中央政府设在海牙，官方语言为荷兰语，主要信奉天主教和基督教。荷兰国土总面积仅为 42,000 平方公里，约为威尔士的两倍，苏格兰的二分之一，相当于美国马萨诸塞州、康涅狄格州和罗得岛（Rhode Island）面积的总和，被荷兰人自嘲为"小"国。然而，荷兰狭小的领土却容

---

1 [荷兰]杜威·佛克马，弗朗斯·格里曾豪特编著，王浩，张晓红等译：欧洲视野中的荷兰文化——1650-2000 年：阐解历史[M]，桂林：广西师范大学出版社，2007.2。

纳了约为 1640 万的居民，相当于比利时或葡萄牙人口总数的 1.5 倍，奥地利或瑞士人口的两倍、超过挪威、丹麦和芬兰三国人口总数。其人口密度约每平方公里 480 人，是世界上人口最稠密的国家之一。[2]

荷兰是高度发达的资本主义国家，国民生产总值跻身世界前列，是西方经济强国之一。荷兰有 13 家企业上榜"世界 500 强"，其中包括著名的荷兰皇家壳牌集团（Royal Dutch/Shell Group of Companies）、飞利浦电子公司（Philips Electronic N.V）以及联合利华公司（Unilevel N.V）等。在这个意义上，"小"是相对而言的，在某些方面它是世界上最强"大"的国家之一。

荷兰濒临北海，地处莱茵河、默兹河河流入海口，海岸线绵长，由于其境内地势较低，荷兰人民长期与海博斗，其领土约四分之一的面积是填海造田得来的。镌刻在荷兰国徽上"坚持不懈"[3]的字样，恰如其分地刻画出荷兰人民坚毅的性格。正如荷兰世代流传的格言所表达的精神，"上帝缔造了世界，但荷兰人缔造了荷兰"。毋须质疑，在这世界的一隅之地，荷兰的土地塑造了荷兰人民，荷兰人民同样塑造着荷兰。[4]

荷兰是一个高度开放的国家，无论在政治、经济还是文化上都体现了这一特性。1984 年，阿姆斯特丹市立博物馆董事长埃迪·德·威尔德值卸任之际接受采访时说：

> 荷兰文化的普遍特征是它令人惊讶的开放性。这种开放性——依我看是典型的荷兰特征——是个关键性问题。荷兰……如终对外界影响保持开放。有了坐落海边的地理位置和不惧怕接触外来文化的商贸精神，这一点就不足为怪。我们……对海外潮流开放，却又以我们自己的方式加以吸收。…… 荷兰是法国、德国和英国文化之间的交叉路口。自 1960 年以来，美国艺术也交汇于此。来自美国的任何东西都能很快在荷兰得到理解。而德国的情形却不尽如此，法国则完全不同……[5]

---

2 Rudy B. Andeweg, Galen A. Irwin. Governance and Politics of the Netherlands. New York：Palgrave Macmillan, 2009. 1.

3 荷兰语为"Ik zal handhaven"，相应的英文为"I will maintain"。

4 Rudy B. Andeweg, Galen A. Irwin. Governance and Politics of the Netherlands. New York：Palgrave Macmillan, 2009. 2.

5 [荷]杜威·佛克马，弗朗斯·格里曾豪特编著，王浩，张晓红等译：欧洲视野中的荷兰文化——1650-2000 年：阐解历史[M]，桂林：广西师范大学出版社，2007.21。

　　欧洲的语境对荷兰而言至关重要，荷兰通常把其它欧盟国家的发展作为包括高等教育在内的许多部门进行政策论争与发展的强大动力。荷兰不仅尝试着理解其它欧盟国家——无论大国还是小国——正在发生的事情，同时也想把这种理解整合到自己国家的政策中来。当然，这并不意味着荷兰一味地盲目模仿外国的经验。总的来说，其社会、经济以及政治转变的过程是典型的荷兰模式。由于荷兰国土面积较小，国内自然资源储备总体不高，荷兰经济在很大程度上依赖于对外贸易和物流。对于一个经济上高度依赖于国际贸易的国家来说，与其重要的贸易伙伴在社会和政治上保持步调一致显得额外重要。无论其背后的深层原因是什么，在欧洲没有任何一个国家像荷兰一样投入如此多的精力去分析其它欧洲国家的政策发展。在这一点上，任何一个欧洲国家都无法与荷兰相媲美。[6]

3.1.2　政治制度对国家公共政策的影响

　　一个国家的政策无疑受到很多因素的影响，是多种因素共同作用的结果，如政策问题本身、宏观的社会背景、主导的价值观念、利益集团之间的博弈以及制度等。其中制度（这里指正式的国家政治制度）在国家政策选择中扮演了重要的角色，在很大程度上影响了国家政策的选择。斯泰因莫（Sven Steinmo）对上世纪七、八十年代美国、瑞典和英国的税收政策差异进行的研究发现，美国由于碎片式、权力分散的政治制度结构使多方的利益都获得了诉求的渠道，而瑞典相对集权的国家结构和比例代表制导致了累进率更低的税收体系。相比之下，英国的选举制度导致了税收政策的不断变化。斯泰因莫认为，制度通过对权力、利益相关者的能力等因素影响了不同国家的政策选择。[7]伊默古特（Ellen Immergut）对法国、瑞士和瑞典的健康政策进行的研究发现，尽管这三个国家在尝试医疗改革时面对一些相似的背景，但是他们却选择了不同的政策方案：法国建立了强制性的国家健康保险计划；瑞士放弃了强制性的健康保险计划，转而采取了对私人保险予以政府补贴的方法；而瑞典则建立了国家医疗系统。伊默古特认为三国政策选择的差异主要源自

6　Peter Maassen. The changing roles of stakeholders in Dutch University Governance. European Journal of Education, 2000,35（4）:450.

7　Sven Steinmo. Political institutions and tax policy in the United States, Sweden and Britain. World Politics, 1998,41（4）: 500-535. 转引自魏姝.政策中的制度逻辑——美国高等教育政策的制度基础[M]，南京：南京大学出版社，2007.40.

于他们不同的政治制度规则为利益集团提供了不同的机会和限制，而不是由于利益集团在规模、财产以及观念方面的差异所造成的。国家的政党制度、议会制度以及选举规则决定了政治斗争的"游戏"规则，并为不同利益集团创造了不同的机会：法国的宪政体制导致了的政策制定过程中较多的"否决点"[8]数量；瑞士的民主制度使利益相关者分享了更多的权力；而瑞典的宪法则扼制了"否决点"的数量，使得反对利益集团很难在政策过程中否决政府提出的健康计划。[9]"在社会科学研究已经步入后行为主义的今天，几乎没有人会否认制度的重要性。然而在经历了行为主义的历练之后，人们也不会像旧制度主义那样对制度的作用持一种结构主义的观点，而是承认问题的复杂性，承认包括制度在内的诸多变量在政策选择中的地位和作用。"[10]在美国著名公共政策学教授托马斯·戴伊（Thomas R.Dye）对政策科学的研究中，国家的政治系统、社会以及公共政策是三个互相影响的维度，如下图所示：

图2：政策科学的研究内容

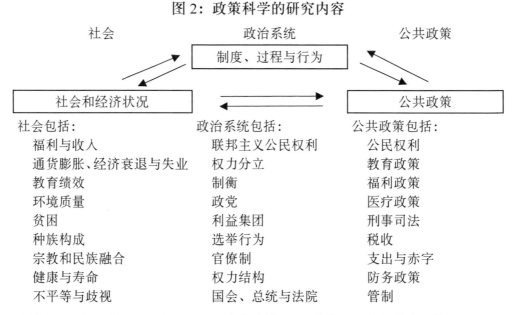

社会包括：	政治系统包括：	公共政策包括：
福利与收入	联邦主义公民权利	公民权利
通货膨胀、经济衰退与失业	权力分立	教育政策
教育绩效	制衡	福利政策
环境质量	政党	医疗政策
贫困	利益集团	刑事司法
种族构成	选举行为	税收
宗教和民族融合	官僚制	支出与赤字
健康与寿命	权力结构	防务政策
不平等与歧视	国会、总统与法院	管制

资料来源：托马斯·R·戴伊，理解公共政策[M]，北京：北京大学出版社，2006.6。

8　否决点是指政策过程中那些反对力量能够推翻政策革新的点。

9　Ellen M. Immergut. Health Politics：Interests and Institutions in Western Europe. Cambridge University Press, 1992. 转引自　魏姝.政策中的制度逻辑——美国高等教育政策的制度基础[M]，南京：南京大学出版社，2007.40-41。

10　魏姝：政策中的制度逻辑——美国高等教育政策的制度基础[M]，南京：南京大学出版社，2007.196。

戴伊所指的政治系统也就是一个国家的政治制度，它涵盖国家政权的组织形式、议会制度、政党制度、选举制度、司法制度，行政制度等多个维度。本研究只对荷兰中央政府政权的组织形式以及议会制度进行介绍，而省略了政党制度、选举制度、司法制度等内容。笔者认为，了解荷兰的政权组织形式及其议会制度是理解荷兰高等教育质量保证政策的基础，可以说，荷兰的政治制度在很大程度上影响了荷兰的高等教育质量保证政策。

3.1.3 荷兰的政治制度

3.1.3.1 荷兰中央政府[11]政权的组织形式

荷兰是典型的君主立宪制国家。荷兰宪法规定，荷兰政府由国王、首相、大臣（部长）及大臣理事会组成。政府的权力主要有以下几点，第一，制定政府内外政策。政策的制定权主要在政府，但有些政策需获得议会的批准和同意；第二，制定各种行政条例和规则；第三，参与议会的立法过程；第四，管理行政事务等。[12]

国王

荷兰国家元首为国王，国王拥有世袭特权。现任国王为贝娅特丽克丝女王。作为政府的一部分，国王在政府中的权力包括任免首相、大臣和国务秘书（相当于副部长），并决定各部的设置；有权召集或解散议会，宣布议会休会、闭会及换届选举和任命议长；享有立法提案权；议会通过的法令必须由国王及有关大臣或国务秘书共同签署后才能生效；任免驻省特使及市镇长、任命国家审计总署成员和最高法院成员、任命国务委员会成员并担任国务委员会主席；有权颁授贵族爵位等。[13]

首相

首相本身也是一名大臣，负责内阁事务部的工作。作为大臣理事会（即内阁）的主席，首相的权力仅仅限于主持内阁大会、制订工作议程，以及协调内阁政策等。首相与大臣是一种平等的关系，首相无权对属于大臣职责范围内的工作进行指挥。大臣是与首相一起工作，而不是在首相的领导下工作。

---

11 以下所说的荷兰政府都是指荷兰中央政府。
12 张东升：当代各国政治体制——荷兰[M]，兰州：兰州大学出版社，1998.92。
13 张东升：当代各国政治体制——荷兰[M]，兰州：兰州大学出版社，1998.39-40。

首相没有大臣的任免权，不能任免和改组内阁。[14]这是因为"大臣的职位是执政联盟中各政党之间利益格局的体现，首相作为执政联盟中一党的代表无权擅自改变这个格局。"[15]近年来荷兰首相的权力呈不断增长之势，特别是在欧盟中的作用日益突显，然而无论是在法律上还是实践中，荷兰首相从来都不是英国首相或德国总理那样的强权人物，因为他不拥有任何凌驾于其它大臣之上的特殊权力。荷兰宪法规定，权力和责任要在大臣之间分享，政府通过大臣理事会这种形式并采取同事式的管理方式，造成了荷兰政治体制中不存在个人集中权力的局面。[16]

大臣（部长）

大臣是政府的重要组成部分。现在荷兰政府下设 14 个政府部门，分别为内阁事务部，内政部，外交部，合作发展部，司法部，教育文化与科学部，国防部，房建城市规划与环境保护部，交通公众设施与水利部，财政部，经济部，农业、自然管理与渔业部，社会事务与就业部，健康、福利和体育部。每个大臣负责一个政府部门工作，行使一定的政府职能。这些部门各自负责其政策的制订和实施，享有很大的自主权。1983 年荷兰的新宪法强调了大臣在政府中的作用，尤其是加大了大臣与国王会签议会法令，实行大臣负责制，限制国王豁免权方面，使得大臣不再是国王的仆人。事实上，由于荷兰内阁实行集体决策制，因此，领导各部的大臣们就构成了荷兰政府的决策核心，大臣在政府事务的决策过程中发挥了主导作用。[17]

大臣理事会

荷兰政府的核心是大臣理事会，也就是内阁。大臣理事会由所有大臣组成，由首相担任主席，其主要职能就是决定中央政府的方针政策，协调各部门的工作，促进政府政策的统一性。荷兰内阁被视为是一个经院式（collegial）的内阁，而且是世界上仅次于瑞士内阁的经院式内阁。这意味着内阁的决策方式是民主协商而不是首相决策制。所以，任何决议必须取得全体大臣的认同，如果决议达不成认同便会导致"大臣危机"或"内阁危机"。为了避免这

14 Rudy B. Andeweg, Galen A. Irwin. Governance and Politics of the Netherlands. New York: Palgrave Macmillan, 2009.137-138.

15 张健雄：荷兰的社会政治与经济[M]，北京：社会科学文献出版社，1999.234-235。

16 张东升：当代各国政治体制——荷兰[M]，兰州：兰州大学出版社，1998.76-77。

17 张东升：当代各国政治体制——荷兰[M]，兰州：兰州大学出版社，1998.40-41。

种情况发生，内阁会多次召开会议进行协商。这是经院式内阁的一大特点。荷兰内阁会议平均每月为 20-30 小时，相比之下，法国和英国的内阁会议每月大约仅是 6-9 小时。[18]

3.1.3.2 议会制度

议会是荷兰的立法机关。荷兰两院制议会体系由第一院与第二院组成。第一院的地位等同于内阁制国家的上议院或参议院，75 席议员由 12 个省分的议会间接选举产生。荷兰真正立法权力的核心来自于第二议院，其地位等同于下议院或众议院，150 席议员由人民直接普选产生。两院议员法定任期都是四年。[19]

荷兰议会主要有两大职能，第一大职能是立法职能。荷兰宪法规定，议案应由国王或者国王的代表，或者议会二院的一名或一名以上议员提出。事实上，大多数议案由大臣提出，然后提交二院、由二院立案审议论证、辩论。如在辩论过程中发现议案存在问题，可以对其进行修改。最后对修改后的议案进行表决通过。议案在二院获得通过后随即送交一院进行审议。一院也要经过与二院相似的审议、表决程序。议案的提出人可以在一院对该议案进行最后表决前的任何一阶段对其撤回。当议案被两院表决通过后，国王必须与一名大臣会签后才能生效。[20]

荷兰议会的另一职能是对政府的监督职能。二院对政府监督的方式主要有以下几种：第一，提出立法动议；第二，修改政府提出的立法议案；第三，对政府提出质询；第四，专题调查；第五，对政府提出问题；第六，财政监督；第七，倒阁；第八，弹劾。与二院相比，一院的监督权仅限于对政府的提问权和调查权，不具有提出立法动议、修改政府提出的立法议案、倒阁以及弹劾权。[21]

3.1.3.3 荷兰政府与议会的关系

荷兰政府和议会之间是一种相互联系、相互制衡、相互独立的平等关系，而保持这种关系的根本是大臣负责制、信任规则以及解散议会权三种机制。

---

18 张健雄，荷兰的社会政治与经济[M]，北京：社会科学文献出版社，1999.235-236。

19 蓝于琛，荷兰与德国统合主义式改革的政治经济分析[D]，国立政治大学博士论文，2003.38。

20 张健雄：荷兰的社会政治与经济[M]，北京：社会科学文献出版社，1999.247-249。

21 张健雄：荷兰的社会政治与经济[M]，北京：社会科学文献出版社，1999.250-252。

荷兰宪法规定，大臣要向议会负责，大臣承担的主要责任有，第一，民法责任。大臣代表国家机构履行法律职能时，应对其自身活动和疏漏行为负责；第二，金融责任。大臣只能动用由政府授权使用的财政资金；第三，刑事责任。大臣要对政府法令负责；第四，政治责任。大臣必须回答议会两院提出的问题。此外，大臣担负的责任还涉及对大臣理事会做出的任何决定、在欧洲部长理事会出席的各种活动等。信任规则实际上是议会对政府行为的一种惩罚。如果议会认为大臣没有认真履行其职责，那么议会可以通过不信任动议，从而迫使大臣或全体内阁大臣向国王提出辞呈。与大臣负责制和信任规则相关的另一项制衡措施是解散议会。荷兰宪法规定，国王有权解散议会两院，议会解散后必须重新组织大选，新的议会必须在三个月内产生。[22]

荷兰政治制度的显著特征是共识民主，主要表现在，第一，它的行政主体是庞大的联合内阁；第二，它的政党体制是多党制而不是两党制；第三，其选举体制是比例代表制而不是多数制。也就是说，荷兰是"按照比例代表选举规则运行并要求建立多党联合政府的政治体制，政策决定需要得到议会、有组织的利益集团、次国家级政府以及整个社会等不同角色通过公民表决获得的认同。"[23]荷兰宪法规定，政府中各机构之间是互相联系、互相影响的制衡关系，政府内外关系中贯彻独立性原则，政府与议会、司法机构之间相互独立，政府与其它国家机构之间不存在等级关系，政府内部各不同机构之间同样也不存在等级关系。国王与大臣、首相与大臣之间均不存在等级关系，唯一的例外是大臣和国务秘书（相当于副部长）之间存在着从属关系。[24]

3.2 荷兰高等教育系统

3.2.1 荷兰教育、文化与科学部

荷兰公立和私立教育系统总的责任在于国家，由教育、文化和科学部（以下简称教育部）和荷兰议会共同代表国家实施。教育部主要为高等教育机构的运行设立法律框架，高等教育机构的主管部门负责在法律规定的

---

22 张东升：当代各国政治体制——荷兰[M]，兰州：兰州大学出版社，1998.83-90。

23 [荷]耶勒·费舍，安东·黑姆耶克著，张文成译：荷兰的奇迹：荷兰的就业增加、福利改革、法团主义[M]，重庆：重庆出版社，2008.53。

24 张东升，当代各国政治体制——荷兰[M]，兰州：兰州大学出版社，1998.82。

框架内就有关教学和考试的内容进行扩充。高等教育机构必须向教育部指明其提供的学位项目、主要科目、内容以及考试形式等。高等教育机构的日常管理由院校执行董事会和大学理事会共同负责。执行董事会向教育部长负责。

1993 年颁布的《高等教育和研究法案》（Higher Education and Research Act, 荷兰语简称 WHW）对荷兰政府与高等教育机构之间的行政隶属关系做了以下规定：[25]

第一，只有当高等教育机构的自我管理出现了无法接受的后果时，政府才能进行干预，以防止不良后果的进一步发展；

第二，政府的干预主要应采取对高等教育机构的问题进行事后弥补的形式；

第三，政府支配的干预工具应该体现最低程度管制的特点；

第四，高等教育机构必须制订清晰的行为规则，以确保运作的确定性和恰当性。

3.2.2　荷兰高等教育系统的咨询与协商机构

荷兰以共识民主为特征的政治体制使得协商与咨询成为政府政策制定过程中的常态。像政治体制一样，政策决策过程的显著特点是高度的共识取向，这种情形在教育领域显得更加突出与真实——荷兰教育、文化与科学部周围被一群广泛而复杂的咨询和顾问机构所团团围绕，这些众多的咨询机构、顾问团体以及利益集团等在其外围形成了一个紧密的"铁环"。这意味着任何法案的建立或修改需要经历长时间的正式以及非正式的讨论，来自专家委员会以及政府委托进行的研究咨询在政策决策中发挥了重要的作用。教育部长期进行咨询的主要机构有教育理事会、荷兰大学协会、荷兰职业教育协会以及荷兰全国学生联合会。荷兰高等教育政策网络中还有其它一些重要的参与者，如荷兰皇家科学院（the Royal Netherlands Academy of Arts and Sciences）、荷兰科学研究组织（the Netherlands Organization for Scientific Research, NWO）、荷兰高等教育国际合作组织（the Dutch Organization for International Cooperation

---

25 Margarita Jeliazkova & Don F. Westerheijden. The Netherlands：A Leader in Quality Assurance Follows the Accreditation Trend. In S.Schwarz and Don F. Westerheijden. Accreditation and Evaluation in the European Higher Education Area. Dordrecht：Kluwer Academic Publishers, 2004. 327.

in Higher Education, NUFFIC）等。[26]除了这些学术性机构外，为了增强公众信心，扩大政策的支持度，政府还邀请其他社会组织参与到高等教育的规划程序中来，使得教育系统以外的社会组织，如公立或私营雇主组织、雇员组织以及专业团体等都能对教育政策产生一定的影响。1987 年，荷兰《高等教育与科研规划》法案明确强调，社会团体需要在高等教育的发展中发挥重要作用。[27]

3.2.2.1　咨询机构

教育理事会是由 1919 年荷兰议会法案建立的永久性咨询机构。从 1997 年 1 月 1 日起，教育理事会的主要职责是就有关教育政策的大纲和立法向政府提出咨询建议。对政府提出教育和科学建议的咨询机构还有：社会经济委员会（Socio-Economic Council, 荷兰语简称为 SER）、政府政策咨询委员会（Advisory Council of Government Policy，荷兰语简称为 WRR）以及科学和技术咨询委员会（Advisory Council for Science and Technology，荷兰语简称 AWT）。[28]

3.2.2.2　协商机构

就高等教育领域的事宜，教育部长与之协商的主要机构有荷兰大学协会（Association of Universities in the Netherlands, 荷兰语简称 VSNU）、荷兰应用科学大学协会（The Netherlands Association of University of Applied Sciences, 荷兰语简称 HBO-raad）、教学医院（teaching hospitals）、国家科研机构以及全国性学生组织等。下面就荷兰高等教育领域两个最重要的组织机构进行介绍。

荷兰大学协会

荷兰大学协会代表荷兰 14 所大学[29]在教育、科研、知识转换、资助、人

26　Witte, Johanna Katharina. Change of Degrees and Degrees of Change：Comparing Adaptations of European Higher Education Systems in the Context of the Bologna Process [EB/OL]. http://www.che.de/downloads/C6JW144_final.pdf,2009-6-28, pp. 207-208.

27　Walter Kickert. Country Report. Steering at a distance：a new paradigm of public governance in Dutch Higher Education. Governance: An International Journal of Policy and Administration, 1995, 8（1）:150-152.

28　Egbert de Weert, Patra Boezerooy. Higher Education in the Netherlands. Country Report, Center for Higher Education Policy Studies, University Twente, 2007. 55-56.

29　这些大学称之为荷兰的研究型大学。

事政策以及国际事务等领域的共同利益。其主要使命包括：

    （1）通过与荷兰、欧洲层面的政治家、政府以及社会民间组织创建论
坛、开展讨论，以促进荷兰大学的共同利益，发展共享的观点和
视野；

    （2）提供各种服务和和信息；

    （3）作为代表大学部门 49,072 名教学和工作人员的雇主组织，与政府
以及各种雇员组织就大学部门就业条件进行讨论。[30]

荷兰应用科学大学协会

荷兰应用科学大学协会代表荷兰 39 所政府资助的应用科学大学（也就是
高等职业院校）的共同利益，通过与社会组织的广泛互动以及知识转换，旨
在加强和促进应用科学大学的社会地位。此外，应用科学大学协会不仅为这
些应用大学之间进行合作提供了良好的平台，同时也是代表 38,000 名教学和
工作人员利益的雇主组织。[31]

3.2.2.3　中介组织

荷兰科学研究组织（Netherlands Organisation for Scientific Research，荷兰
语简称为 NWO）和荷兰皇家科学与艺术学院（Royal Netherlands Academy of
Arts and Sciences, 荷兰语简称为 KNAW）是为荷兰高等教育机构提供科研资
助的两个最大的中介组织。他们本身也进行科学研究。

荷兰科学研究组织

荷兰科学研究组织于 1988 年由荷兰议会法案建立，是荷兰基础性和战略
性科学研究领域最重要的中介组织，其宗旨是促进荷兰大学和科研所的科学
研究，并致力于提高研究质量，促进研究成果的传播和利用。荷兰科学研究
组织的另一个核心使命是促进研究者和科研机构在国际层面特别是欧洲层面
开展合作。为了确保这些目标的实现，该组织每年获得的政府资助达 4.5 亿欧
元。它包括六个委员会，代表了六个不同的研究领域，即人文、社会科学，物
理科学、地圈和生物圈科学、医学科学以及技术科学。为了确保荷兰的科研
水平位居世界前列，该组织对大学每年提交的研究计划严格挑选，根据研究
计划的质量决定研究资金的分配。

---

30 Http://www.vsnu.nl/About-VSNU/What-is-the-VSNU.htm,2010-7-22.
31 Http://www.hbo-raad.nl/english.2010-7-22.

荷兰皇家科学与艺术学院

荷兰皇家科学与艺术学院的主要使命是向政府提供科学领域的咨询建议。它包括多个理事会和委员会，这些理事会和委员会由荷兰皇家科学与艺术学院的成员或非成员组成，包括大学教授、公立、私立研究机构的研究员以及工业实验室的研究员。此外，它还向议会、大学、研究机构、投资机构以及国际组织等提供咨询建议。除了承担咨询角色外，其职能还包括判断科学研究的质量；创建论坛，并以国际交往、会议、基金和捐赠等形式促进国际科学的合作；为从事基础和战略研究、科学信息服务以及生物募捐管理（biological collection management）的机构充当保护伞组织等。荷兰皇家科学与艺术学院的年度预算约 8000 万荷兰盾，主要由政府提供。其年度预算的86%分配给自身的研究机构，研究主要集中在人文科学、社会科学和生命科学等领域；其余的 14%分配给大学，作为对大学博士后职位的资助。[32]

3.2.3 荷兰的高等教育部门

荷兰高等教育属于典型的二元制，包括大学和高等职业教育（荷兰语为Hoger Beroepsonderwijs, 简称HBO）两个部门。除此之外，还有许多私立教学机构和组织，他们在广泛的专业领域，如会计、工商管理等提供认可的证书、文凭和学位。由于这些私人教育机构和组织往往是以函授或远程学习这样有限的面对面互动方式进行授课，所以也被称之谓"校外学习"。[33]荷兰私立高等教育机构又可分为两类，即认可的私立机构和未认可的私立机构。政府不对认可的私立机构进行资助，但是允许这些机构提供学士和硕士层次的课程项目。未认可的私立机构只允许提供研究生项目（post graduate programmes）。

荷兰现有 14 所大学（包括一所开放大学），44 所高等职业院校，68 所认可的私立机构，在校生大约 560，000 人。大学和高等职业院校都可以提供学术与职业导向的学位项目。这些高等教育机构共提供了大约 3000 多个学士和硕士学位项目。[34]荷兰高等教育总的入学率大约为 45%，大学和高等职业院

---

32 Egbert de Weert & Patra Boezerooy. Higher Education in the Netherlands Country Report [EB\OL]. http://www.utwente.nl/mb/cheps/research/higher_education_monitor/2007countryreportnl.pdf, 2010-4-26, PP56-58.

33 Egbert de Weert & Patra Boezerooy. Higher Education in the Netherlands Country Report [EB\OL]. http://www.utwente.nl/mb/cheps/research/higher_education_monitor/2007countryreportnl.pdf, 2010-4-26, P.11.

34 Report of the Committee for the Review of the Accreditation Organization of the

校承担的比例分别为 15% 和 35%。2007/2008 学年，两个部门的注册学生数为 587,000，其中在高等职业院校注册的学生数为 374,000，占总数的 65%；在大学部门注册的学生数为 213,000，占总数的 35%。[35]

3.2.3.1 大学部门

荷兰大学的历史可以追溯到 1575 年，当时为奖励莱顿市民在反抗西班牙的 80 年战争中所表现的坚强不屈精神而建立了莱顿大学（University of Leiden）。随后建立的有格罗宁根大学（University of Groningen）（1614）、阿姆斯特丹大学（University of Amsterdam）（1632）、乌得勒支（Utrecht University）（1634）。几个世纪以来，由于政府采取鼓励政策促进一些较贫困地区的经济发展，其他一些大学也相继建立，如 1961 年成立的特文特大学（University of Twente）和 1976 年成立的林堡大学（University of Limburg）。[36]

大学部门提供全日制和部分时间制两类学位项目，涵盖农业和自然环境、经济学、工程学、卫生、人文、法律、自然科学以及社会科学等学科领域。大学部门中有 9 所大学是综合性大学，3 所大学主要提供技术和工程领域的学位项目，1 所大学专门从事农业研究。这 13 所大学总共提供了大约 200 多个不同的学位项目。除了这 13 所大学外，荷兰高等教育系统还包括一所坐落于海尔伦（Heerlen）的开放大学（Open University），开放大学提供学士、硕士以及博士三个层次的学位项目。另外还有一部分"指定机构（designated institutions）"也属于大学范围之内，其中包括 1 所工商管理大学、4 所神学机构、1 所人文大学和一些国际教育机构。这些指定机构提供的学位项目得到国家正式认可，但是得不到荷兰政府的资助。同时，尽管他们属于高等教育系统正式的一部分，但是通常不包括在教育统计之内，而且他们所受国家高等教育政策的直接影响很小。[37]

Netherlands and Flanders（NVAO）Self-evaluation Report 2007. Part 2 NVAO Self-evaluation Report [EB/OL]. www.nvao.net/download.php%3Fid%3D505, *2010-8-16, p.14.*

35 Don F. Westerheijden, Eric Beerkens and ect. The First Decade of Working on the European Higher Education Area. The Bologna Process Independent Assessment, Volume 2 Case Studies and Appendices [EB/OL]. http://ec.europa.eu/education/higher-education//doc/bologna_process/independent_assessment_2_cases_appendices.pdf, 2010-8-16.

36 Egbert de Weert, Patra Boezerooy. Higher Education in the Netherlands Country Report [EB\OL]. http://www.utwente.nl/mb/cheps/research/higher_education_monitor/2007 countryreportnl.pdf, 2010-4-26, PP.11-12.

37 Egbert de Weert, Patra Boezerooy. *Higher Education in the Netherlands Country Report*

3.2.3.2 高等职业教育部门

荷兰高等职业教育部门也有着悠久的历史，大多数古老的院校是从 19 世纪的行会演变而来的。1968 年，随着议会通过的《中等教育法》（Secondary Education Act），高等职业教育作为一个独立的教育类型引入了荷兰。1983 年，教育部发表了题为《扩大规模，重新分配任务和集中资源》（Scale-enlargement, Task-reallocation and Concentration，简称 STC）的白皮书，随之对高等职业教育部门进行了重大的院校合并与重构，这对荷兰高等教育系统的结构和运作产生了深远的影响。到 1987 年 7 月，原有的 350 所院校已经合并为 85 所，其中一些高等职业院校发展演变得比大多数大学的规模还要庞大。1986 年议会通过的新的《高等职业教育法》（new HBO-Act）终于把高等职业教育从中等教育领域提升至高等教育领域，从而使得荷兰高等教育系统二元制结构得以正式化。[38]

根据 1993 年《高等教育和研究法》的规定，高等职业院校的宗旨就是为特定专业领域提供所需的理论指导和实践应用技能，其提供的学位项目涵盖经济学、卫生、农业、教育、工程学以及艺术等领域。高等职业院校共提供了大约 200 个学位项目，其中大量的学位项目是部分时间制。除了学士和硕士学位项目外，高等职业院校还提供一种后高等职业教育项目（post-HBO programmes）。这些项目主要是一些高级培训方案，时间长短从几个星期到四年不等。

在国际上，高等职业院校自称为专业教育大学（university of professional education），也称之为应用科学大学（Universities of Applied Sciences, UAS）。[39]近年来，通过合并，一些高等职业院校变得非常强大，注册学生数超过 30,000 万。高等职业院校是荷兰高等教育系统中最大的部门，2006/2007 学年注册学生数超过 350,000，其中全日制学生的比例占到 80%。[40]

[EB\OL]. http://www.utwente.nl/mb/cheps/research/higher_education_monitor/2007 countryreportnl.pdf, 2010-4-26, P. 11.

38 Egbert de Weert, Patra Boezerooy. Higher Education in the Netherlands Country Report [EB\OL]. http://www.utwente.nl/mb/cheps/research/higher_education_monitor/2007 countryreportnl.pdf, 2010-4-26, P 12.

39 Don F. Westerheijden, Eric Beerkens and ect. The First Decade of Working on the European Higher Education Area. The Bologna Process Independent Assessment, Volume 2 Case Studies and Appendices [EB\OL]. http://ec.europa.eu/education/higher-education //doc/bologna_process/independent_assessment_2_cases_appendices.pdf, 2010-8-16.

40 Egbert de Weert & Patra Boezerooy. Higher Education in the Netherlands Country

3.2.4 荷兰高等教育系统的招生制度

荷兰高等教育系统的一个显著特点是开放入学。根据法律规定，大学向所有持有大学预科教育（pre-university education, 荷兰语简称为VWO）证书的毕业生或高等职业院校预备教育证书（propaedeutic certificate）的持有者开放。此外，如果申请人年满21岁以上，且不具备规定的资格，那么在通过入学考试以后也可以被录取。

同样，荷兰法律规定，高等职业院校向所有持有高级普通中等教育（senior general secondary education, 荷兰语简称HAVO）、高级中等职业教育（senior vocational education, 荷兰语简称 MBO）或大学预科教育（preparatory university education, 荷兰语简称VWO）证书或同等资格的学生开放。此外，高等职业院校也可以对某些专业的学位项目提出自己具体的入学要求，但是这些要求必须得到教育部长的批准。

对大学和高等职业院校来说，开放入学的唯一限制是一些学位项目基于劳动力市场或者高等教育机构本身教学能力考虑而制定的最高招生限额。这些学位项目主要是医学、旅游、新闻以及社会法律服务等领域。如果某个学位项目出现了招生限额，就需要通过所谓的加权抽彩系统（weighted-lottery system）对学生进行选拔，它对于那些考试平均成绩较高的学生而言十分有利。从1999年9月1日起，荷兰开始实施新的入学选拔制度。与以往加权抽彩系统主要不同之处在于，如果申请者的中等教育考试平均成绩在8分以上，那么申请者就可能直接进入自己选择的学位项目。其余的申请者再通过以往实施的加权抽彩程序进行选拔。此外，从2000年开始，大学和高等职业院校被赋予了不超过招生总人数10%的招生自主权，高校可以根据申请者的学习动机、工作经验以及资质进行择优录取。[41]

3.2.5 荷兰高等教育系统的资助结构

大学和高等职业院校的收入主要有三个资金来源。第一个是高等教育机构的核心资金。它是政府根据高校的教学、科研以及其他相关活动按比例分

Report [EB\OL]. http://www.utwente.nl/mb/cheps/research/higher_education_monitor/2007countryreportnl.pdf, 2010-4-26, p. 19.

41 Egbert de Weert & Patra Boezerooy. Higher Education in the Netherlands Country Report [EB\OL]. http://www.utwente.nl/mb/cheps/research/higher_education_monitor/2007countryreportnl.pdf, 2010-4-26, p. 17-18.

配给高校的款项，主要包括整体补助金（block grants），也称之为一揽子拨款（lump sums）。大学自主决定这些资金在教学和科研领域，以及在不同院系部门之间的分配。除农业院校由农业部进行资助，大多数大学和高等职业院校的第一个资金来源都由教育部提供。通常情况下，第一个资金来源所占大学和高等职业院校全部收入的比例超过 60%。以 2005 年为例，占到大学和高等职业院校全部收入的比例分别为 66% 和 67%。第二个资金来源是由荷兰科学研究所（Dutch Organisation for Scientific Research，荷兰语简称为 NOW）和荷兰皇家科学院提供的基于项目的研究支出。第三个资金来源来自大学和高等职业院校的合同研究和合同教学。合同服务的主要对象是政府机构、非盈利组织、私营公司、慈善机构以及欧共体。自 20 世纪 80 年代以来，大学这一部分的收入来源呈不断增长之势，占到大学教学与科研收入比例的 20%。

除这三大资金来源之外，大学和高等职业院校的主要收入是学生支付的学费。自 1991/1992 学年起，荷兰法律规定在高等教育机构注册的全日制学生必须支付一定数额的学费。1995 年，教育部长增加了学费的数额，从 1995/1996 学年的 1021 荷兰盾（€）增长至 1998/1999 学年 1248 荷兰盾。到 2006 年，荷兰大学生的学费一般为 1519 荷兰盾。此外，荷兰政府在五所高校实行了收取不同学费的试点，政府允许这些高校收取更高的学费，只要他们提供的学位项目证明对社会、学生而言具有特殊的价值和意义。[42]目前，学生学费约占大学总收入的 6%，高等职业院校总收入的 17% 左右。[43]

3.2.6 荷兰高等教育的学位结构

3.2.6.1 单周期学位结构向学士——士两级结构平稳过渡

长久以来，荷兰高等教育机构提供的学位项目属于单周期结构。大学部门的学位项目大多为四年制，工程学和科学一些领域学制为五年。根据学科的不同，大学学位分别授予 Drs（doctorandus）、Mr（Master）以及 Ir（Engineer）三种不同的头衔。荷兰大学学位相当于硕士学位，不存在正式的学士学位。

---

42 Egbert de Weert & Patra Boezerooy. Higher Education in the Netherlands Country Report [EB\OL]. http://www.utwente.nl/mb/cheps/research/higher_education_monitor/2007countryreportnl.pdf, 2010-4-26, P. 51.

43 Egbert de Weert & Patra Boezerooy. Higher Education in the Netherlands Country Report [EB\OL]. http://www.utwente.nl/mb/cheps/research/higher_education_monitor/2007countryreportnl.pdf, 2010-4-26. p. 43-45.

所以荷兰大学的学位项目又被称之为"组合式本科/研究生项目"（combined undergraduate/graduate programmes）。[44]高等职业院校提供 4 年制的学位项目，分别授予 baccalaureus（bc.）和 ingenieur（ing.）头衔。

2002 年，荷兰议会批准了高等教育学位结构改革法案，荷兰高等教育机构从 2002/2003 学年起开始向学士——士两级学位结构平稳过渡。总的说来，传统的通向博士项目的"冗长"大学四年单周期学位项目分成了 3＋1 项目，即三年的学士项目（180 学分）和一年的硕士项目（60 学分）；以往五年的学位项目转换成 3＋2 项目，即三年的学士学位项目（180 学分）和二年的硕士项目（120 学分）。高等职业院校提供的学位项目基础上没有很大的改变。荷兰两级学位结构改革的实施相当顺畅，到 2004 年，在学位结构改革法案实施不足两年的时间里，90%的学位项目进行了结构调整。到 2006 年，只剩下 29 个单周期的学位项目，主要集中在医学和兽医学领域。2007 年，几乎所有的学位项目都完了两级学位结构的重构。[45]在 2008/2009 年度，荷兰高等教育机构共提供了大约 600 个学士学位项目，1600 个硕士学位项目。同时，硕士学位项目注册学生人数大幅度上升，由 2002 年的 4800 人，2005/2006 年度上升到 16,300，到 2008/2009 年度学生数为 23,300。[46]

3.2.6.2 荷兰高等教育的三级学位结构

荷兰高等教育为三级学位结构，分别为学士学位、硕士学位和博士学位。

学士学位

（1）大学提供的学术取向的学士学位项目

这类项目旨在培养学生的学科专业知识，并为能够继续硕士层次的学

44 A.I. Vroeijenstijn. Improvement and Accountability: Navigating between Scylla and Charybdis. Guide for External Quality Assessment in Higher Education. London: Jessica Kingsley Publishers Ltd, 1995. 133.

45 Westerheijden, Don F, Cremonini Leon, Kolster, Renze and et al. New Degrees in the Netherlands: Evaluation of the Bachelor-Master Structure and Accreditation in Dutch Higher Education. Final Report [EB/OL]. http://www.han.nl/start/graduate-school/nieuws/nieuws/master-social-work-behoef/professor-kishore-mahbuba/rapport-ocw-discussie-ove/_attachments/new-degrees-netherlands-evaluationbama.pdf, 2010-8-24, p.16

46 Don F. Westerheijden, Eric Beerkens and ect. The First Decade of Working on the European Higher Education Area. The Bologna Process Independent Assessment, Volume 2 Case Studies and Appendices [EB/OL]. http://ec.europa.eu/education/higher-education//doc/bologna_process/independent_assessment_2_cases_appendices.pdf, 2010-8-16, p. 33.

习做好准备。该类项目要求最低 180 个欧洲学分[47]，规定的完成时间为三年。

（2）高等职业院校提供的专业取向（professional orientation）的学士学位项目

这类项目旨在培养学生能够获得特定的专业知识和进行专业实践所必须的能力。这类项目具有实用导向，通常包括几个学期的工作实习。专业取向的学士学位项目通常要求完成 240 个欧洲学分，规定的完成时间为 4 年。

硕士学位

（1）大学提供的学术取向的硕士学位项目

这类项目旨在培养学生较高层次的学科专业知识和能力，要求不得少于 60 个欧洲学分。一些学科领域要求完成 120 或者 180 个欧洲学分。这类硕士学位项目被视为初始硕士学位项目（initial master's programmes），受到荷兰政府的资助。

（2）高等职业院校提供的专业取向的硕士学位项目

这类项目主要针对更高层次的专业实践，要求不得少于 60 个欧洲学分。除了一些具有重大社会意义的学位项目，如教育、健康或福利以外，政府一般不对这类项目进行资助。

（3）研究型硕士学位项目（research master's programme）

这是由大学提供的一种新型的硕士学位项目，旨在培养学生能够进入博士学位项目，或从事科研生涯。该项目通常要求完成 120 个欧洲学分。

博士学位

博士学位项目只能由大学提供，通常要求在 4 年内完成博士论文，从而获得博士学位。

3.2.7 荷兰高等教育国家资格框架

3.2.7.1 荷兰高等教育国家资格框架的建立

国家资格框架是描述国家教育系统中授予的所有资格（包括学位或文凭），并以连贯的方式把这些资格联系起来。它不仅阐明了在具体国家背景下

---

47 荷兰高等教育的一个学分点代表 28 个小时的工作量，并根据欧洲学分转换系统（European Credit Transfer System, ECTS）进行计算。

这些资格的层次，也规定了这些资格之间的关系。随着 2005 年博洛尼亚进程成员国卑尔根教育部长会议采纳了关于建立欧洲高等教育区总体资格框架的提议后，建立国家高等教育资格框架的建议得到荷兰社会各界的广泛支持。2007 年 10 月，荷兰高等教育资格框架草案正式公布，到 2008 年 10 月，包括大学、高等职业院校以及私立院校在内的所有利益相关者对荷兰高等教育资格框架予以肯定，并同意坚持其设立的原则。2009 年 2 月，荷兰高等教育国家资格框架通过了外部核查委员会（Committee for the verification of the Dutch and Flemish NQFs）的鉴定，鉴定的结论是荷兰高等教育国家资格框架与欧洲高等教育区总体资格框架相兼容。[48]

　　荷兰高等教育资格框架是利用通用的都柏林描述符（Dublin Descriptors）作为参考框架，从知识、技能和能力三方面来描述高等教育系统每一层级的学习结果，旨在促进荷兰高等教育系统在国内以及国际层面上的理解，它是迈向透明、统一的欧洲高等教育学位结构的一个重要工具。荷兰政府认为，为了保证质量并提升高等教育系统在国际上的理解，把都柏林描述作为参考框架是十分重要的，其目标是双重的：[49]第一、资格框架必须提供每一资格层级的清晰概述，并特别侧重于转换、入口（intake）、系统外选拔（lateral entry）以及资格对荷兰社会的意义。资格框架涉及广泛的目标群体，包括雇主、人力资源经理、工业部门、所有希望进入更高层次学习的学生、学生父母或监护人、学生辅导员、校长、高等教育机构以及政府当局等；第二、资格框架必须清晰地表明，荷兰高等教育资格框架如何与欧洲高等教育区总体资格框架相兼容，以促进荷兰高等教育资格在国际上的可理解性和可比较性。

---

48 Self-Certification of the Dutch and Flemish National Qualifications Frameworks for Higher Education Vis-à-vis the Overarching Framework for Qualifications of the European Higher Education Area. Report of the Verification Committee on The Netherlands. 2 February 2009[EB/OL]. http://nvao.net/page/downloads/NQF_Dutch_Report_verification_committee.pdf, 2010-11-18. P3.

49 The Higher Education Qualifications Framework in the Netherlands, a Presentation for Compatibility with the Framework for Qualifications of the European Higher Education Area. Self-certification Document [EB\OL]. http://nvao.net/page/downloads/NQF_Dutch_National_Qualifications_Framework.pdf, 2010-8-28.

3.2.7.2　荷兰高等教育资格框架

表 4　荷兰高等教育国家资格框架

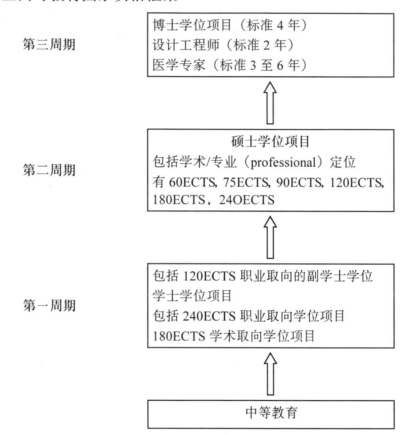

第三周期
| 博士学位项目（标准 4 年）
设计工程师（标准 2 年）
医学专家（标准 3 至 6 年）

第二周期
硕士学位项目
包括学术/专业（professional）定位
有 60ECTS, 75ECTS, 90ECTS, 120ECTS,
180ECTS，24OECTS

第一周期
包括 120ECTS 职业取向的副学士学位
学士学位项目
包括 240ECTS 职业取向学位项目
180ECTS 学术取向学位项目

中等教育

资料来源：National qualifications framework [EB/OL]. http://www.qrossroads.eu/higher-education-in-europe/netherlands/qualifications-framework-102, 2010-8-27.

3.2.7.3　对荷兰高等教育国家资格框架的几点说明[50]

第一、荷兰高等教育资格框架包括三个周期，分别授予学士学位、硕士学位和博士学位，且每一周期的学位资格都使用都柏林描述符作为参考点进行描述。荷兰高等教育国家资格框架与欧洲高等教育区总体资格框架的三个周期相对应。

---

50 The Higher Education Qualifications Framework in the Netherlands, a Presentation for Compatibility with the Framework for Qualifications of the European Higher Education Area. Self-certification Document [EB/0L]. http://nvao.net/page/downloads/NQF_Dutch_National_Qualifications_Framework.pdf, 2010-8-28.

第二、由于荷兰高等教育系统存在着大学（荷兰语简称为 WO）和高等职业院校（荷兰语简称为 HBO）两大类型，所以其学位项目也分为学术取向和专业取向两大类型。荷兰高等教育资格框架仅对第一、第二周期内的学位取向进行了区分，不同取向的学位项目的资格体现在 NVAO 的认证框架中。

第三、第一周期内存在着"短周期（short cycle）"类型的高等教育项目。这些"短周期"项目普遍由荷兰高等职业院校提供，学习时间通常为两年，授予副学士学位，允许其毕业生进入劳动力市场或进入高等职业院校提供的学士学位项目继续学习。

第四、第一周期的出口授予学士学位，该学位允许毕业生进入劳动力市场或进入第二周期继续学习；第二周期的出口授予硕士学位，该学位允许其毕业生进入劳动力市场或进入第三周期继续学习；第三周期的出口授予博士学位，其毕业生通常进入劳动力市场。也就是说，学生从第一周期进入第二周期或从第二周期进入第三周期不存在任何入学选拔机制。但是，由于学位取向的差异导致了职业型学士学位的持有者很难直接进入学术型硕士学位项目，相比之下，学术型学士学位的持有者随时可以无障碍地直接进入至少一个学术型硕士项目继续学习。高等职业院校的学生可以通过完成预备教育（propaedeutic year）来过渡到学术型学位项目。当然，大学的学生也可以转到高等职业院校学习。

第五、 大学提供的所有学士学位项目要求完成 180 ECTS[51]学分。大学提供的人文和社会科学领域的硕士学位项目通常要求完成 60-90 学分；工程学、数学、自然科学以及农业领域的硕士学位项目要求 120 学分；而药剂、牙科、医学以及兽医学的硕士学位要求 180 学分。高等职业院校提供的所有学士学位项目要求 240ECTS 学分；高等职业院校提供的大多数硕士学位项目要求完成 60 至 120 学分，但也有些硕士项目要求完成 240 学分。

第六、只有大学有资格授予博士学位。通常情况下，成功获得一个由大学授予的硕士学位就有资格进入第三周期的博士学位项目，但是大学也有权录取那些他们认为有潜力、能够成功地完成博士学位的学生。第三周期提供博士学位项目、设计工程师项目以及医学专家项目三种不同类型的项目。设

---

51 荷兰在引入学士——硕士二级学位结构的同时也引入了欧洲学分转换与累积制度（European Credit Transfer System, ECTs），所以其学位项目的资格授予是基于欧洲学分而不是学年。一学年的学习（1680 小时）等于 60ECTs 学分。

计工程师项目（design engineer programmes）在本质上不同于博士学位项目，它是一个为培养设计工程师的专业实践能力而量身定做的 2 年专业项目。医学专家项目（medical specialist programmes）面向取得医学硕士学位的毕业生，该项目的完成时间从 3 至 6 年变化不等。博士学位项目不使用学分来计算。

第七、荷兰立法区分初始项目（initial programmes）和始发后项目（post-initial education）两类。这种区分与政府的资助有关，而与教育的层次无关。初始项目由政府资助，始发后项目得不到政府的资助。原则上，由高等职业院校提供的硕士学位项目都是始发后项目，但是由于一些始发后项目，如高级护理医师、医生助理等具有相当重要的社会价值和意义，所以这类始发后项目也会得到政府的资助。

第八、在引入学士——士二级学位结构后，为了使学位项目的定位区分更加清晰，荷兰立法规定，只有由大学授予的学士和硕士学位才可以称之为文学学士（Bachelor of Arts，缩写为 BA）或文学硕士（Master of Arts，缩写为 MA），理学学士（Bachelor of Science，缩写为 BSc）或理学硕士（Master of Science，缩写为 MSc）。传统的学位称号，如 drs., mr., ir., ing 和 bc，仍然具有法律效力。

高等职业院校提供的学士学位称号如下：

工程和技术领域	
工程学学士（Bachelor of Engineering）	B Eng
建筑环境学士（Bachelor of Built Environment）	B BE
应用科学学士（Bachelor of Applied Science）	B AS
信息与通信技术学士（Bachelor of Information and Communication Technology）	B ICT
经济学与管理领域	
工商管理学士（Bachelor of Business Administration）	B BA
商业学士（Bachelor of Commerce）	B Com
经济学学士（Bachelor of Economics）	B Ec
通信学士（Bachelor of Communication）	B Comn
法律学士（Bachelor of Laws）	LLB
社会和社区工作领域	
社会工作学士（Bachelor of Social Work）	B SW

神学学士（Bachelor of Theology）	B Theology
工商管理学士（Bachelor of Business Administration）	B BA
法律学士（Bachelor of Laws）	LLB
教师培训领域	
教育学士（Bachelor of Education）	B Ed
卫生保健领域	
卫生学士（Bachelor of Health）	B Health
护理学士（Bachelor of Nursing）	B Nursing
艺术领域	
美术学士（Bachelor of Fine Art）	B FA
设计学士（Bachelor of Design）	B Des
美术教育学士（Bachelor of Fine Art in Education）	B FA Ed
影视学士（Bachelor of Film and Television）	B FT
音乐学士（Bachelor of Music）	B Mus
音乐教育学士（Bachelor of Music in Education）	B Mus Ed
戏剧学士（Bachelor of Theatre）	B Th
戏剧教育学士（Bachelor of Theatre in Education）	B Th Ed
舞蹈学士（Bachelor of Dance）	B Da
舞蹈教育学士（Bachelor of Dance in Education）	B Da Ed

原则上，高等职业院校提供的硕士学位称号是在字母 M 后补充以与其具体专业领域相关的后缀。当前，荷兰立法禁止高等职业院校使用文科（Arts）和 理科（Science）这类术语作为硕士学位称号的后缀，只有当其硕士学位项目通过了国外认证机构的认证后才允许使用。

4 荷兰高等教育质量保证政策产生的背景

> "质量"被塞进了满是各种问题的旅行袋里，同时，学术界发现自己正在遭受一群"质量保证者们"不断发出的刺耳噪音的困扰。质量背后的问题与"质量"本身关系不大。与之相关的是质量标准的制定者，而从质量标准的制定者到对学术事业心脏的控制仅仅是一小步之遥。

> ——尼夫（Guy Neave）[1]

长久以来，质量一直是大学学术传统的一部分，属于大学内部的议题，由大学自己来掌控，且拥有完全的话语权。正如尼夫这样所言，质量不是"在这里逗留"（here to stay），如果仅仅从横跨几个世纪以来欧洲大学惊人的历史存在这一不证自明的道理来看，质量从来没有离开过（大学）。质量是欧洲高等教育的应有之意，孕育其中，相伴共生。然而，自 20 世纪 80 年代以来，高等教育的质量问题受到西欧各国政府的普遍关注，当质量由高校内部上升至外部的议题后，质量的话语权也主要落在政府的掌控之中。80 年代中期，英国、法国以及荷兰等相继建立了正式的国家质量保证政策，成为欧洲高等教育质量保证的先驱国。1990 年，丹麦也紧随其后建立了高等教育质量保证

---

1 转引自 Hans J.A. van Ginkel and Marco Antonio Rodrigues Dias, Institutional and Political Challenges of Accreditation at the International Level. In Global University Network for Innovation. Higher Education in the World 2007. Accreditation for Quality Assurance：What is at State? New York：Palgrave Macmillan, 2007.40.

系统。此后"质量运动"辐射到欧洲各国。[2]有学者把这种现象称之为欧洲"评估型国家的崛起"。

然而，欧洲高等教育质量保证的崛起并非偶然，而是有着深层的政治、经济以及社会背景。"质量评估……同时涉及两个方面：一方面是传统的、高等教育机构私有的'内部世界'；另一方面是高等教育机构所处的政治、社会环境。……质量评估成为一个纽带，连接起教育机构的私人的微观世界和社会政治的公共的宏观世界。"[3]本章首先回顾欧洲"评估型国家崛起"的背景及其表现，然后探讨荷兰高等教育质量保证政策产生的原因。

4.1 欧洲"评估型国家"的崛起

自 20 世纪 70 年代后期、80 年代初期伊始，西欧高等教育系统内外经历了巨大而深远的变化。著名学者尼夫认为，在西欧各国泛滥的高等教育改革浪潮中，可以观察到的明显趋势是，那些起初作为回应财政困难而采取的短期性、经验性的政策现在已经演变成国家长期的高等教育发展战略。尽管各国采取的战略措施不尽相同，但在本质上，这些战略措施却在步步逼近、改变着政府与高等教育之间的关系。尼夫把这种现象解释为"评估型国家的崛起（Rise of the Evaluative State）"。

4.1.1 "评估型国家"崛起的背景

"评估型国家"是一种对政府官僚法令（bureaucratic fiat）管制形式的替代。通过对高等教育系统的"输出"进行评估，把评估重心放在输出阶段的质量控制上，使得放弃详细而严格的政府管制成为可能，从而赋予高校更大程度的自治权。[4]"评估型国家"在法国、荷兰、瑞典以及英国高等教育政策中表现突出，但这一概念并不仅仅局限于高等教育领域，它也广泛地存在于

2 Don F. Westerheijden, John Brennan &Peter A.M Maassen（Eds）. Changing Contexts of Quality Assessment： Recent Trends in West European Higher Education. GH Utrecht： The Netherlans, 1994. 21.

3 约翰·布伦南，特拉·沙赫著，陆爱华等译.高等教育质量管理——一个关于高等院校评估和改革的国际性观点[M]，上海：华东师范大学出版社，2005.1。

4 Guy Neave. On the Cultivation of Quality, Efficiency and Enterprise： An Overview of Recent Trends in Higher Education in Western Europe, 1986-1988. European Journal of Education, 1988,23（1/2）:11.

公共安全、卫生系统等其它社会政策领域，高等教育只是受其直接影响的众多领域之一。"评估型国家"一般具有这样几个特征：第一，政府作为高等教育机构的所有者或财政供应者的利益与作为高等教育服务的购买者的利益相分离；第二，操作规定以对机构的绩效测量为基础；第三，通过对高等机构在输入以及资源使用等方面进行授权，把问责制与控制结合起来；第四，通过合同、高等教育机构之间的竞争以及政府机构的私有化等方式促进问责制。[5]

20 世纪 70、80 年代，许多欧洲国家高等教育的改革与各国政府高等教育发展战略转移有关，而引起这种变化的主要原因是欧洲保守主义势力的崛起。70 年代中期，石油危机的爆发结束了西欧战后经济快速发展的黄金时代。经济"滞胀"、大量失业人口、社会福利支出严重超越经济增长的程度使得高成本的西欧福利国家陷入危机之中。面对巨大的经济负担，政府对公有部门采取的"市场化"、"私有化"、"物有所值"的方法最终导致了对高等教育无条件资助的终结。这意味着政府对高等教育的资助要与其绩效紧密联系起来。因此如何评估高等教育的质量成为欧洲高等教育的主要议题。[6]当然，"评估型国家"崛起的最重要背景就是二战后西欧高等教育的快速发展，"高等教育——无论是大学还是非大学部门——的大幅度扩张，导致一个如此复杂的高等教育系统，以至于传统的控制形式、目标设定以及对变化的适应能力已经不能快速而准确地发挥作用。从这个角度来看，评估型国家的崛起可以解释为西欧国家为了应对高等教育大众化而采取的另一个步骤。"[7]

公众对政府官僚管制的信任危机是"评估型国家"崛起的另一个重要因素。20 世纪 70 年代，困扰西欧国家的经济危机也不断侵蚀着公众对政府长期持有的信仰，即广泛的政府干预可以带来同样广泛的社会变革，特别是在提供平等的机会、消除阶层差异、让年青人做好进入劳动力市场的充分准备方面。而这最终导致了公众对政府的信任危机。公众对政府的信任危机主要有两个代表性观点，一是源自政治科学和公共管理领域的"超负荷

5 David D. Dill. Evaluating the "Evaluative State": Implications for Research in Higher Education. European Journal of Education, 1998, 33（3）: 361.

6 Leo C.J., Goedegebuure, Peter A.M.Maassen & Don F. Westerheijen. Peer Review and Performance Indicators: Quality Assessment in British and Dutch Higher Education, Utrecht: Lemma, 1990. 15.

7 Guy Neave. On the Cultivation of Quality, Efficiency and Enterprise: An Overview of Recent Trends in Higher Education in Western Europe, 1986-1988. European Journal of Education, 1988, 23（1/2）:21-22.

政府（Overloaded State）"；二是来自对福利经济学研究的"福利国家危机（Crisis in Welfare State）"。"超负荷政府"质疑庞大的政府官僚是否既适合肩负复杂的战略决策重任，同时又能够承担烦琐的日常管理与实施工作，主张政府把其行政责任的某些方面委托给私营部门或者移交地方当局全权处理。另一方面，"福利国家危机"的观点主要怀疑，鉴于许多西欧国家不断增长的瞻养比例[8]，政府是否能够提供充足的资源以维持目前的福利供给水平。事实上，这两个观点共同对自二战以来社会政策存在的基础——中央政府的大规模干预是满足社会需要、培养合格的人力资源以及消除各种形式社会不平等的一种有效途径——造成了严重的挑战，在公众看来，庞大的官僚机构既无法满足公众需要，也不能满足市场的需求。[9]公众对政府能力的质疑也从一般的社会政策领域漫延到高等教育领域。随着高等教育规模的不断扩张、入学人数的迅速增加，人们对长时期以来高等教育受政府严格管制的有效性感到失望，转而相信，如果政府能够给予高校更多的自主权，那么高校的创新性与灵活性将会极大地得以提高，从而使其能够对外界的需求迅速做出反应。[10]

不可否认，驱动西欧各国朝着"评估型国家"发展的动力不尽相同。但总的说来，"评估型国家"可以解释为西欧各国政府在面对着经济窘迫与高等教育数量不断扩张的双重压力下，通过寻求超越几十年来既定的行政管理模式而采取的一种对高等教育的新的治理调控方式。

4.1.2 "评估型国家"的具体表现

4.1.2.1 政府角色的重新定位：从干预型政府到促进型政府

尼夫和范富格特认为，政府在计划和协调高等教育系统中的作用可以分为两个极端形式，即国家控制模式（干预型国家模式）和国家监督模式（促进型国家模式）。国家控制模式是指政府把自己视为无所不在、无所不能的"大

---

8 当时许多欧洲大陆福利国家出现了只要福利不要工作的恶性循环，如在荷兰出现了 100 多万人由国家照顾的局面。

9 Guy Neave. On the Road to Silicon Valley? The Changing Relationship between Higher Education and Government in Western European. European Journal of Education, 1984,19（2）：112-113.

10 弗兰斯·F·范富格特主编，王承绪等译：国际高等教育政策比较研究[M]，杭州：浙江教育出版社，2001.414.

力擎天神"，试图控制包括入学机会、学位要求、课程内容、考试制度、教学人员的聘任和酬报等高等教育系统的所有方面。然而，在监督模式下，政府的作用只是为高等教育机构的运作规定框架范围，在这个框架范围内，由高等教育机构自身来决定其有关使命、目标、课程设计、学位要求、人员招聘以及财政等基本决策。由于政府并不实际操纵指挥高等教育机构的核心，所以在监督模式下政府对高等教育机构所施加的影响是较微弱的。[11]

　　欧洲大陆国家具有根深蒂固地对高等教育实行中央政府集权控制的悠久传统。尤其是二战后的三十年间，大多数西欧国家高等教育数量增长的同时也伴随着政府法规的大量繁殖。然而，随着高等教育系统变得越来越复杂，以往的中央集权控制似乎不再有效，政府不再把自己视为大力擎天神，能够把庞大的高等教育系统扛在自己肩上，而是"承认高等教育机构的基本特征，并试图利用这些特征……以激发整个高等教育系统的创造性。（政府）通过把自己局限在仅仅全面的领导形式，和通过把他的信任放在高等教育机构的专业人员和基本单位的自我管制能力上，这种战略成为很多国家达到其基本目标的一个有效办法。"[12]也就是说，"评估型国家"对中心与边缘之间的职责进行了大规模的重新分配，分配的结果导致了中心通过较少但准确的政策杠杆保持了宏观上的战略控制权力。这些政策杠杆往往蕴藏在整体使命陈述、高等教育系统目标制定以及与"输出质量"相关标准的运行实施当中。"评估型国家"的崛起在某种程度上验证了法国社会学家克罗齐耶（Michel Crozier）在多年前讲过的话，"人类无法企图通过法令改变整个世界"。[13]

　　1988年，法国政府在高等教育部门推行合同制改革，即政府与大学共同签订发展合同，明确双方各自承担责任和义务。事实上，大学合同制也就是在全面权衡国家优先发展事项与大学自身特点的基础上而制定的大学发展规划。合同制改革的重大意义是重新定位了政府与大学之间的关系，即政府与大学之间从长官命令式到平等协商对话式的转型，主要体现在两方面：一方

11　弗兰斯·F·范富格特主编，王承绪等译：国际高等教育政策比较研究[M]，杭州：浙江教育出版社，2001.414。

12　弗兰斯·F·范富格特主编，王承绪等译：国际高等教育政策比较研究[M]，杭州：浙江教育出版社，2001.415。

13　Guy Neave. On the Cultivation of Quality, Efficiency and Enterprise: An Overview of Recent Trends in Higher Education in Western Europe, 1986-1988. European Journal of Education, 1988,23（1/2）:11.

面，政府的角色从以往高高在上的统治者、监管者转变为大学的合作者、促进者；另一方面，大学从过去言听计从的"服从者"提升至具有实体地位的真正法人。换言之，合同制改革"更新了社会控制模式，打破权利的垄断格局，消解中央集权，建立合理的权利关系形态和新型的人际关系。"[14]正如高德格伯勒（Leo C.J., Goedegebuure）、凯塞尔（F.Kaiser）等在比较分析 11 个西方国家高等教育政策的基础上，观察到这样一个发展趋势：

> 各国政府……保留着制定宏观政策，特别是预算政策的特权，而同时越来越多地把高等教育的发展、创新以及多样化的责任转移到各个高等教育机构身上。[15]

但是，政府角色的转变并不意味着政府已经放弃了对高等教育的控制，政府的作用已经衰退甚至消亡。相反，政府只是从被铺天盖地的琐碎小事所淹没的黑暗平原上撤退，转而在明朗的、总揽全局的战略制高点上寻求避难。[16]事实上，高等教育机构自主权的扩大伴随着政府对其责任制的强调，即高等教育机构需要对政府及其他利益相关者表现负责的行为。换言之，在政府对高等教育机构放松管制、给予其更多自我决策权力的同时，与之相制衡的是国家质量控制、绩效评价系统的发展。

4.1.2.2 质量评估成为政府调控高等教育的重要工具

一般说来，政府主要通过提供资金、规划、管制等形式对国家高等教育系统进行调控。在"评估型国家"的框架下，质量评估成为政府调控高等教育的重要政策工具。1984 年，法国政府颁布《高等教育法》（又称《萨瓦里法案》），宣布建立"科学、文化和职业公立高等学校国家评估委员会"，简称国家评估委员会。作为一个独立的国家行政机构，国家评估委员会一方面独立于政府，直接向总统负责；另一方面也独立于高等教育机构，其主要使命是对

---

14 [法]米歇尔·克罗齐耶著，张月译：法令不能改变社会[M]，上海：格致出版社，上海人民出版社，2007.2。转引自：高迎爽：法国高等教育质量保障历史研究（20世纪 80 年代至今）——基于政府层面的分析[D]，华东师范大学博士学位论文，2010.77。

15 Leo C.J., Goedegebuure, F. Kaiser, Peter A.M., Maassen, V.L., Meek, F.A., Van Vught & E. De Weert. Higher Education Policy: An International Comparative Perspective. Oxford: Pergamon Press, 1994. 1.

16 Guy Neave. On the Cultivation of Quality, Efficiency and Enterprise: An Overview of Recent Trends in Higher Education in Western Europe, 1986-1988. European Journal of Education, 1988, 23（1/2）:12.

法国高等教育机构进行综合性评估，旨在促进法国高等教育机构的自治，增强其动力，使其能够对外界的需求迅速做出反应。[17]质量评估是法国政府面对新的国内和国际形势，改革传统的中央集权制高等教育管理体制，对高等教育实行有效管理的一种新举措。政府承诺把一部分的管理权让渡给高等教育机构，以扩大高等教育机构的自治，但这种自治是一种在政府监督下的自治而不是无条件、绝对的自治。在这种背景下，质量评估成为政府监督、调控高等教育的一种新型政策工具。与法国相类似，质量评估（更准确说是绩效评估）也是英国政府对高等教育机构采取的一种新的调控方式。长久以来，英国的大学享有高度的自治，很大程度上游离于政府干预的范围之外。然而，自20世纪70年代末以来，英国经济严重衰退、公共财政持续吃紧，在高等教育规模不断扩张，政府公共支出日益窘迫的形势下，高等教育机构的绩效责任被提上了政府的议事日程，绩效评估成为政府既能最大程度地发挥其影响力而同时又能减少来自高等教育机构抵制的一种有效的政策工具。绩效评估也被称之为一种"政治技术"，即政府用一种中性而非政治话语来实现其政治目标，它"围绕着规范化的陈述和测量展开，构建出诸如竞争性的排行榜和绩效图表等可易于测量的条条框框，以此为标准对高等教育机构进行评估"。[18]

4.1.2.3 质量评估的重心从先验性评估向后验性评估转变

尼夫认为，就某些方面而言，"评估型国家"并不是一个全新的概念。从政府为高等教育提供财政资助、界定高等教育机构运行的法律和行政框架之日起，评估就一直是政府履行对高等教育职责的一个重要方面。传统上，欧洲大陆国家的高等教育评估分为两种：一种是系统维护评估（evaluation for system maintenance）；另一种是战略变革评估（evaluation for strategic change）。系统维护评估是一种常规性评估，通常与国家年度财政预算相联系。如在法国、西班牙、荷兰、瑞典等国家，中央政府对高等教育担负着直接责任，在财政、人事等资源分配问题上，政府要对整个高等教育系统的需求进行评估分析，从而确保高等教育机构有能力实现政府设定的各项目标，如学生总数、学生在不同学科专业领域的分布以及研究优先事项等。战略性评估的目的在

17 高迎爽：法国高等教育质量保障历史研究（20世纪80年代至今）——基于政府层面的分析[D]，上海：华东师范大学，2010.71-77。

18 阇阅：代英国高等教育绩效评估研究[M]，北京：高等教育出版社，2010.183-184。

于为整个高等教育系统制定长期发展目标，并对实现这些发展目标的财政、设施、人事等资源进行评估。战略性评估的总体功能是对国家政策某一特定方面的实施情况评估，并根据评估发现的问题对政策进行重大改革。这种评估的重点往往集中在一些比较宽泛的问题上，如学生入学、高等教育的开放性、布局、类型以及不同学科领域之间的结构、均衡、人事政策等。但是，不论系统维护性评估还是战略性评估，它们都是一种建立在先验（Priori）基础之上的评估，即政府以合理的预期为高等教育设定目标并配置资源，这些目标与资源主要关注的是教与学的过程、学生的抱负以及高校的产出要与预期目标相符合。[19]

伴随着"评估型国家"的崛起，评估的时间和目的也随之发生了重大转变，即由先验性评估向后验性评估（posteriori evaluation）转移，评估关注的重心从过程转向结果，从输入转向输出。换言之，后验性评估是通过控制产品或结果而非控制过程来开展工作。政府对高等教育从过程控制向结果控制的转变标志着高等教育政策领域的一个最大发展：首先，它代表了政府关注的重心从高等教育、社会、经济三者关系中最为重要的"输入"问题上发生了转移。在高等教育从精英向大众化迈进的过程中，占主导地位的往往是高等教育的供给、入学、社会公平与公正等与"输入"方面相关的问题；其次，通过对结果的关注，也就是对"输出"质量的关注，并且这种"输出"质量要符合国家经济发展的要求，它重新界定了高等教育的目的不是要满足个体的需要，而是要与"市场"的需求保持一致；第三，这种转变为公共政策对个体高校的管制提供了强有力的调控工具。[20]

4.1.2.4 政府强调高等教育的效率与绩效责任

20 世纪 70 年代末、80 年代初以来，欧洲高等教育改革的一个最根本动力就是提高高等教育的效率，强调高等教育的绩效责任。欧洲高等教育大多由国家财政进行资助，一方面高等教育的规模日益扩大，另一方面国家经济滞胀、公共财政持续吃紧，当高等教育庞大的公共支出不断挤压甚至超出政

19 Guy Neave. On the Cultivation of Quality, Efficiency and Enterprise: An Overview of Recent Trends in Higher Education in Western Europe, 1986-1988. European Journal of Education, 1988, 23（1/2）: 8-9.

20 Guy Neave. On the Cultivation of Quality, Efficiency and Enterprise: An Overview of Recent Trends in Higher Education in Western Europe, 1986-1988. European Journal of Education, 1988, 23（1/2）: 8-10.

府的财政供给能力时，政府对高等教育用纳税人的钱究竟做了些什么，产生了怎样的效果不再是"充耳不闻"，转而对高等教育的效率、效益以及责任给予特别的关注。在这种背景下，政府不再过多的信任学术共同体的智慧，而是倡导一种"企业理性（corporate rationality）"，他们试图把大学转变成更类似于企业的实体，从而可以用一套类似企业的方法来管理大学。企业中的主导价值——经济、效率和效益在大学中得以反复强调。[21]这一点在荷兰表现的尤为突出。1985 年荷兰政府颁布了重要的政策文件《高等教育：自治与质量》，政府期望通过"远距离调控"以扩大高等教育机构的自治，要求他们建立各自不同的形象（profile）与使命声明，开创属于自己的生态位（niche），使高等教育机构能够表现出更多类似市场的行为，增强其效率、效益、适应性与灵活性，从而能够对迅猛变化的社会需要做出及时的响应。1979 年，新上任的英国保守党政府就明确声明其施政纲领为"市场"、"节约、效率和效益"、"花钱值得"以及"减少政府预算"等，高等教育成为英国政府重要的成本核算部门之一，效率、成本、绩效、少花钱、多办事演变为英国高等教育政策的一个显著特征。同样，对高等教育效率和责任制的追求也是法国政府推行高等教育改革的重要动力。1987 年，国家评估委员会在对法国共和国总统的第一份报告中明确指出，高等教育需要的政府资助越来越大，在不断扩大投入、增加资金的同时，政府希望高等教育机构能够生产卓越的知识并提供优质的服务。[22]

4.1.2.5　集权国家的分权与分权国家的集权并存

"评估型国家"的崛起没有引起绝对的集权或分权的发展趋势。这是因为，在削弱政府中央集权控制的一些明显惰性特征方面，"评估型国家"是合法的；在强调高等教育的绩效责任，从而确保国家的优先事项或政府作为高等教育的消费者的需要能够得到满足方面，"评估型国家"同样也是合法的。所以，对于以分权为基础的高等教育系统，"评估型国家"似乎朝着更大的集权控制迈进了一步，而对于以中央集权为基础的高等教育系统，"评估型国家"则创造了更大的灵活性，因而促进了高等教育系统向分权方向发

21　Guy Neave, Frans A. van Vught. Prometheus Bound: The Changing Relationship Between Government and Higher Education in Western Europe. Pergamon press, 1991. 242-244.

22　高迎爽：法国高等教育质量保障历史研究（20 世纪 80 年代至今）——基于政府层面的分析[D]，上海：华东师范大学，2010.95。

展。[23]瑞典与英国高等教育的改革就是这方面两个典型的例证。

20世纪80年代，瑞典的高等教育系统被指责为质量不高，效率低下，来自外界的批评之声不绝于耳，放松中央政府的管制似乎成为解决这些问题的良药。1993年，瑞典政府对高等教育系统进行了深层次的权力下放，在院校组织、资源分配、本科生课程项目的提供和组织以及人事任命等方面，将大量权力让渡给高校本身。与此同时，政府强调高等教育机构的绩效责任，要求每个高等教育机构都要建立质量评估系统和程序，承担自身的质量保证责任。同一时期，在经济衰退、财政紧缩的形势下，面对着高等教育效率低迷、缺乏竞争力等诸多问题，英国政府强化高校绩效责任的政策是把长期享有高度自治的英国大学纳入了严格的中央控制之中，政府紧紧地抓着研究和教育质量的评估与控制权。源于国家政府文化与传统权力结构的差异，两个国家发展了方向相反的高等教育政策，有着严格中央管制传统的瑞典政府将权力下放给了高等教育机构，而长期游离于政府管辖之外的英国大学却受到了更多的集权控制。[24]尽管其路径不同，但其目的都是为了通过对国家与高等教育之间关系的重新定位，从而提高高等教育的效率与质量，进一步增强国家在全球经济竞争中的优势地位。

4.2 "远距离调控"：荷兰政府与大学关系的重新定位

20世纪80年代，就政府和大学的关系而言，大多数西欧国家经历了一个重要的转型期。然而，在任何分析政府与高等教育关系变化的研究中，荷兰都被认为是一个最有趣的案例——再没有其他西欧国家政府当局会要求国家法规体制变化到荷兰政府所要求的程度。[25]回顾20世纪70年代的后期和整个80年代，荷兰政府采取了两个根本不同的战略措施来影响高等教育的发

23 Guy Neave. On the Cultivation of Quality, Efficiency and Enterprise：An Overview of Recent Trends in Higher Education in Western Europe, 1986-1988. European Journal of Education, 1988, 23（1/2）:11.

24 [英]玛丽·亨克尔、布瑞达·里特主编，谷贤林等译：《国家、高等教育与市场》[M]，北京：教育科学出版社，2005.230-249。

25 Ulrich Teichler. Government and Curriculum Innovation in the Netherlands, In Frans A.van Vught. Governmental Strategies and Innovation in Higher Education, London: Jessica Kingsley Publishers, 1989.168.

展：从 70 年代后期到 80 年代中期，大学重大的结构改革和剧烈的缩减行动清晰可见，这通常被称之为政府的匡正政策；1985 年，荷兰政府颁布了重要的政策文件——《高等教育：自治与质量》，标志着荷兰高等教育发展史上的一个重要转折点。它不仅引入了新的政府哲学——"远距离调控"，对政府与大学之间的关系进行了重大改变，更重要的是促使质量问题从大学内部演变成一个外部的话题，并最终导致了荷兰高等教育质量保证政策的正式建立。

20 世纪 80 年代以前，荷兰没有建立正式的全国范围内实施的高等教育质量保证系统。在输入方，大学入学选拔机制是不存在的；在输出方，确保质量的主要方法是通过大学学术章程（Academic Statute）中对学位项目的法定资格要求。[26]大学内部仅有的评估是一些由学院或个别教师发起的、自愿性质的课程或学位项目的评估。所以在 1985 年以前，如果说荷兰大学存在着质量评估的话，那么这种评估也往往是以一种非结构化、不为外界所察知的方式在大学内部静悄悄地进行。传统上，荷兰大学拥有一套自身确保质量的方法：一小群学生和这一小群学生与教授之间密集的个人接触。教授作为学者的地位被视为显而易见的质量担保——他们不仅保证了课程、整个大学系统的质量，而且也保证了每一位毕业生的质量。[27]所以，大学的质量是不证自明的，也无需证明。在荷兰政府与高等教育关系转型之前，系统而正规的学位项目评估从未成为荷兰高等教育的一个特征，大学内外根本不存在任何负责质量保证的专门机构。[28]

然而，随着荷兰政府新的调控哲学的引入，政府需要对大学组织一种结构化的正式系统来确保大学的质量。[29]"现在存在的对质量评估的兴趣在很大程度上归因于政府。"[30]政府多次强调："解除对大学的严格管制必须与对其严

---

26 Leo C.J. Goedegebuure, Peter A.M.Maassen & Don F. Westerheijen. Peer Review and Performance Indicators：Quality Assessment in British and Dutch Higher Education, Utrecht：Lemma, 1990.24.

27 Rob de Klerk, Klaas Visser and Liesbeth van Welie, Quality Assessment and Education Policy at the Universiteit Van Amsterdam The Netherlands [EB\OL]. www.oecd.org/dataoecd/49/19/1871470.pdf, 2010-11-24, P1.

28 F. A. van Vught. The New Government Strategy for Higher Education in the Netherlands：An Analysis. Higher Education Quarterly, 1989, 43（4）:355-356.

29 A.I. Vroeijenstijn. External Quality Assessment in Dutch Universities：Past and Future. In Barbara M. Kehm. Looking Back to Look Forward：Analyses of Higher Education after the Turn of the Millennium [EB/OL]. https://kobra.bibliothek.uni-kassel.de/bitstream/urn:nbn:de:hebis:34-2008051321483/1/wb67.pdf, 2010-2-16.

30 Leo C.J. Goedegebuure, Peter A.M.Maassen & Don F. Westerheijen. Peer Review and

格的输出控制携手并进。"[31]从国家集权控制到放松管制、扩大高校自主权的一个重要先决条件是建立正式的国家质量保证或控制系统。可以说，质量评估的出现似乎并不是由于高等教育本身存在的严重质量问题所造成的，它的最终出现，部分是由于政治问题——是那些高等教育在扩张和改革时期对高等教育控制有关的政治问题所引起的。[32]

4.2.1 转型中的荷兰高等教育

20 世纪 70 年代，荷兰经济持续衰退、财政吃紧，公众寄望于高等教育能够发挥其"效力"，促进国家经济的复苏和经济结构的调整。然而，大学作为象牙之塔已经变得过于疏远和脱离社会，无法适应迅速变化的外界环境，并且对公共资金不能做出合理解释等等。针对大学存在的诸多问题，荷兰政府于 80 年代初期开始颁布了一系列匡正政策，强烈地煽动与激发大学部门发生变化。

4.2.1.1 荷兰高等教育转型的背景

第一、二十世纪七十年代荷兰经济的严重衰退。第二次世界大战后至六十年代，荷兰经济呈现强劲增长的繁荣景象。然而历经七十年代两次石油危机冲击之后，其经济衰退异常严峻。1981 至 1983 年间，国民收入连续下降了8 个季度；净投资率从 1973 年第一次石油危机前 10 年的 7%下降到 70 年代下半期的 4.6%，此时又跌到 2%；许多部门生产能力过剩，公司陷入债务困境；在制造业中，每 25 家公司中就有 1 家倒闭。[33]经济不景气造成了大量的失业人口，失业率自 1970 年 0.9%攀升至 1979 年的 5.4%。1981 至 1985 年间，失业人数以每月 1 万的速度狂升，1984 年增长至 80 万。经济的严重萎靡与大量的失业人口使得社会福利支出远远超出了国家财政的承受能力，尤其是"100 多万人由福利国家来照顾"的现实让荷兰陷入了"只有福利没有工

Performance Indicators: Quality Assessment in British and Dutch Higher Education, Utrecht: Lemma, 1990.189.

31 Leo C.J. Goedegebuure, Peter A.M.Maassen & Don F. Westerheijen. Peer Review and Performance Indicators: Quality Assessment in British and Dutch Higher Education, Utrecht: Lemma, 1990.27.

32 约翰·布伦南，特拉·沙赫著，陆爱华等译：高等教育质量管理——一个关于高等院校评估和改革的国际性观点[M]，上海：华东师范大学出版社，2005.35。

33 [荷]耶勒·费舍、安东·黑姆耶克著，张文成译：荷兰的奇迹：荷兰的就业增加、福利改革、法团主义[M]，重庆：重庆出版社，2008.6。

作"的困境,被嘲笑为"抑郁沉闷,缺乏现实主义"。"荷兰病的说法使荷兰成为经济学教科书中关于昂贵而不可持续的公共福利政策的案例"。[34]经济合作与发展组织(OECD)在《1984/1985 年荷兰经济调查》的导言中这样写道:"其增长与就业表现的恶化确实比其他国家更严重。自 70 年代中期以来,实际国内生产总值增长率低于经合组织的平均水平,而失业率则飙升至经合组织区域的最高水平之一。"[35]1984 年,荷兰劳动人口中有 28% 的人接受不同类型的社会救济。社会安全转移支出由 60 年代平均的 11.7% 窜升至 70 年代平均的 21%。[36]

低迷不振的经济、持续攀升的失业人口以及沉重的福利支出,使得荷兰内外充斥着"荷兰病"、"发达资本主义世界最引人注目的就业失败国家"这样的刺耳之声,甚至连荷兰总理也公开宣称"荷兰生病了"[37]。经济危机似乎已经转变为国家的治理危机,"已经到底线了",[38]改革势在必行。面对这样严峻的形势,1982 年由基督教民主党与自由民主党所组成的吕贝尔斯(Lubber)政府上台执政,颁布了"动真格的"(no nonsense)的严格紧缩政策——大幅度削减公共预算赤字,精简规模过大、不堪负重的福利部门,刺激没有生机的私营经济并为其注入活力。[39]

第二、荷兰高等教育面临的严重挑战。总的来说,二战后荷兰高等教育政策有两大主要特征,一是高等教育向任何有资格的人开放;二是高等院校之间不存在质的差别。其结果导致了一个由政府资助、迅速扩大的高等教育体系。正式的质量控制机制并不存在——质量并不是选择学生的标准,也并非政府资助高等教育的条件,政府高等教育政策的重点在于公平而非

34 [荷]耶勒·费舍、安东·黑姆耶克著,张文成译:荷兰的奇迹:荷兰的就业增加、福利改革、法团主义[M],重庆:重庆出版社,2008.1。

35 [荷]耶勒·费舍、安东·黑姆耶克著,张文成译:荷兰的奇迹:荷兰的就业增加、福利改革、法团主义[M],重庆:重庆出版社,2008.6。

36 OECD 1998 Economic Surveys: The Netherlands,转引自蓝于琛.荷兰与德国统合主义式改革的政治经济分析[D],国立政治大学,2004.79。

37 Visser, Jelle and Anton C. Hemerijck. A Dutch Miracle: Job Growth, Welfare Reform and Corporatism in the Netherlands. Amsterdam: Amsterdam University Press, 1997. 18.

38 转引自[荷]耶勒·费舍,安东·黑姆耶克著,张文成译:荷兰的奇迹:荷兰的就业增加、福利改革、法团主义[M],重庆:重庆出版社,2008.6。

39 陈振明:政府再造——西方"新公共管理运动"述评,北京:中国人民大学出版社,2003.209。

卓越。[40]20 世纪 60 年代至 70 年代的早期，荷兰迎来了学生人数猛烈增长的高峰期，并伴随着政府提供的高等教育资源的巨大扩张和教职人员的猛增。然而，几乎没有人对此提出质疑，人们理所当然地认为，学生数量的增长不会影响到高等教育的质量。到了 70 年代，荷兰大学部门处境变得很不乐观，面临着诸多严重的挑战：第一是学生数量的激增。传统上，荷兰大学一直保持在相关年龄组入学比例最多为 3% 的精英阶段。[41]然而，由于公众对高等教育的需求处于快速增长状态，注册的大学生数由 60 年代的 40,727 人猛增至 1975 年的 116,359 人。[42]第二是学生完成学位所需的时间过长；第三是大学生的辍学率过高，大约有 40-50% 的学生由于某种原因而中途退学，这在经济萧条的七十年代被认为是对国家宝贵资源的不必要浪费。第四，许多在学生人数急剧上升时聘任的教学人员缺乏必要的素质和积极性以应对未来十年的挑战。此外，大学院校层面的管理总的说来薄弱无力，造成了大学运行效率相当低下。因此，在政府看来，为了使大学部门能够更加有效地运行，重大的改革势在必行。

4.2.1.2 双层结构改革

1981 年，荷兰政府颁布了"双层结构法"（Two-Tier Act），并于 1982 年正式启动了一系列具有深远影响的创新计划，决心对大学部门进行重构。在双层结构法下，大学学位项目分为两层（或阶段）。第一层的持续时间为 4 年，将以往五年的学习时间压缩一年，并要求学习时间的缩短不能以影响毕业生的资格水平为代价。成功完成第一层学位项目的学生有资格进入第二层继续学习。第二层提供了四类学位项目，即两年的医学领域专业课程、一年的教师培训课程、最长 2 年的由政府或私立部门资助的专业课程以及最长四年的研究奖学金（research fellowships）职位，这些研究人员被临时

---

40 P.A.M.Maassen. Quality Control in Dutch Higher Education：Internal versus External Evaluation. European Journal of Education, 1987, 22（2）：161.

41 Hans Daalder, The Netherlands: universities between the 'new democracy' and the 'new management', In Hans Daalder and Edward Shils. Universities, Politicians and Bureaucrats：Europe and the United States. Cambridge：Cambridge University Press, 1982. 178.

42 Hans Daalder, The Netherlands: universities between the 'new democracy' and the 'new management', In Hans Daalder and Edward Shils. Universities, Politicians and Bureaucrats：Europe and the United States. Cambridge：Cambridge University Press, 1982, 179.

聘为大学工作人员，主要任务是从事研究并在四年时间内撰写一篇博士论文。两层结构的最长学习期限为 6 年。如果学生在 6 年的时间内未能完成学业，那么他/她作为正式学生的资格将被取消。在这种情况下，其它形式的注册也是可能的。一种可能性是得到大学董事会的特别许可；另一种可能性是作为旁听生，条件是这些学生必须支付比正规学生更高的学费，而且无权享受政府补助。

荷兰政府发起的另一项改革是称之为"任务重配与集中"（Task Reallocation and Concentration, TVC）的重大缩减行动，其目标在于削减大学部门的成本、刺激学科间合作，集中科研活动并防止其进一步的瓦解。1981年 11 月，教育部长在一封写给议会的信中指出，以往在大学部门实施的按比例的预算削减方法已经不能适应当前的需要，现在必须加大力度来压缩大学经费，并努力找到一种新的可行方法。同时，大学的预算缩减数额将从 1983年的 2000 万荷兰盾（Dfl.）到 1986 年增长到 6000 万荷兰盾（Dfl.）。这标志着重大而影响深远的大学缩减行动的开始。[43]

4.2.2　政府与大学关系的重新界定

1985 年，荷兰政府颁布了重要的政策文件——《高等教育：自治与质量》，引入了全新的调控哲学——远距离操纵（steering at a distance）[44]。"远距离操纵"脱离了以往政府通过大量的立法、禁令和规定对大学实施自上而下的严格管制，转而赋予大学更多的自主权，加强大学的自我管制。与其它西欧国家相比，荷兰政府率先从国家干预式的监管模式向促进型的监督模式转变。政府与大学关系的重新定位，即政府一定程度的撤退和大学自主权的扩大的根本目的是为了通过重建政府的公共治理，促进大学的分化以及教学和科研的创新，提高大学的效率，使其能够找到适合自身的生态位（ecological niche），从而能够对外界的需要迅速做出反应。

---

43 Frans A.van Vught. Collective Rationality and Retrenchment. In Peter A.M.Maassen, Frans A. van Vught. Dutch Higher Education in Transition: Policy-issues in Higher Education in the Netherlands, Culemborg: Lemma, 1989. 49.

44 Walter Kickert. Country Report. Steering at a distance: a new paradigm of public governance in Dutch Higher Education. Governance: An International Journal of Policy and Administration. 1995, 8（1）:135-136.

4.2.2.1 政府与大学关系重新定位的动因分析

1. 政府匡正政策的预期目标未能实现

20 世纪 70 年代末、80 年代初，荷兰政府为了解决大学在 70 年代所遭遇的诸多问题，提高其效率与效益而发起的这场自上而下的双层结构改革，在荷兰高等教育界引发了持久的争论。那么它执行的效果究竟如何呢？受教育部的委托，荷兰特文特大学高等教育政策研究中心进行了为期两年的调研，调研结果并不乐观：（1）大学双层结构改革并没有达到预期的要求，主要表现在两方面，第一，第一年新生的实际辍学率在 26%至 30%的范围内波动，20%的预定目标未能实现；第二，完成第一层学位项目的学生占学生总数的百分比在 62%至 67%之间徘徊，仍低于政府设定的 70%的目标。（2）在两层学习结构中，学生完成学业的时间比 1970 年的 7.2 年缩减了许多，估计可以平均达到 5.4 年。但出现的问题是，学生的学业负担加重了。许多大学为实现缩短学生学习周期这一目标而普遍采取了增加学生的学业负担作为补救的方法。（3）第一层学位项目的毕业生进入第二层继续学习的比例偏低。调研结果显示，第一层毕业生能够前进到第二层的实际百分比为 19，但如果把这样一个事实考虑在内，即第一层的医学毕业生一般 100%自动进入第二层继续学习，那么这一百分比会降至 12%，而这与大多数议员所持有的 30%的政策目标还有一段距离。[45]同时，政府对大学实施的财政削减行动也导致了大学的强烈不满与抵触情绪。从 20 世纪 70 年代后期伊始，荷兰大学一直承受着巨大的经费压力，一方面大学不得不接纳、应付不断增加的学生数量，另一方面又要承受着政府预算的不断削减。1986 年，当政府再次决定对大学及其教学医院的预算进行大幅度缩减时，此声明一经宣布，便在大学部门引起了巨大的骚动。

总的说来，荷兰政府在 70 年代末 80 年代初实施的这些匡正措施，由于其对大学的干预过多，并没有实现预期的目标。正如荷兰一些评论家所指出的，"这些政策配不上辉煌的奖牌，（相反），它们中的大多数不仅效率不高，甚至适得其反。"[46]

---

45 Guy Neave, Frans A. van Vught. The Changing Relationship Between Government and Higher Education in Western Europe, Pergamon Press, 1991. 116.

46 转引自 Andrew Geddes. The Quest for Institutional Autonomy in the Dutch Higher Education Sector. Higher Education, 1990, 20（1）:7.

2. 国家严格监管大学的传统模式已经不能适应大学的发展

荷兰最古老大学的历史远比荷兰成为一个统一的民族国家的历史要长久的多。但自成立之日起，国家就宣称自己对高等教育负有完全责任，有意要把大学占为自己的囊中之物，并在 1876 年的《高等教育法案》中第一次进行了明文规定。荷兰大学历来被视为公共机构，他们由国家控制、管理和资助。只有获得国家的批准，大学才可以设立新的学院、系科和讲座。教授的聘任仍然是国王的特权。政府一直试图规划和控制高等教育，而且，高等教育是否需要受到政府的控制从未受到公众的质疑。尽管大学存在着一定程度的自治，政府认为自己应该责无旁贷地确保大学在他设定的规则框架下行动。[47]1960 年的《大学教育法案》赋予大学正式的法律地位，但是大学在很大程度上仍然依赖于国家，尤其是国家的财政拨款。

20 世纪 60 年代以至 70 年代初期，荷兰弥漫着一种由政府来设计和调控社会的坚如磐石的信仰，政府的干预被视为是具有巨大潜能的有力工具。在高等教育领域，随着入学人数的迅速扩张，政府的干预不仅被认为不可避免，而且其进一步强化了对高等教育的干预能力。然而越来越多的证据表明，政府这种自上而下的严格管制并没有产生预期的效果，古老的国家监管制度不仅缺乏有效性，而且阻碍了高校回应不断变化的社会需求的灵活性、适应性和创新性，从而导致了公众对中央集权控制的失望，并越来越引起了大学的不满与抵触情绪。"高等教育系统内外普遍持有这样的一种观点：目前高等教育的行政和立法机制已经不再是能够满足未来需要的最优选择。"[48]1983 年 9 月 5 日，在新学期开始之际，荷兰大学的校长们发表公开声明，强烈表达他们对政府的角色和应该发挥作用的关注，呼吁政府要对其立场给予重新考虑。[49]

3. 从全能政府到责任社会：荷兰政府意识形态的转变

第二次世纪大战后，重建遭受战争蹂躏的国家的重任被视为政府义不容辞的责任，同时，福利国家的崛起伴随着公共管理的规模和任务的巨大增加，

---

47 Frans A. van Vught. Combining planning and the market: an analysis of the Government strategy towards higher education in the Netherlands. Higher Education Policy, 1997, 10（3/4）:212-213.

48 Leo C.J. Goedegebuure, Peter A.M.Maassen & Don F. Westerheijen. Peer Review and Performance Indicators: Quality Assessment in British and Dutch Higher Education, Utrecht: Lemma, 1990. 26.

49 Harry Luttikholt. Universities in the Netherlands: In Search of a New Understanding. European Journal of Education, 1986,21（1）:59-60.

政府的角色逐渐变得强大起来，监管、控制与规划变得越来越重要。1973 至 1977 年，荷兰社会民主党和基督教民主党组成的联合政府是荷兰社会规划的全盛时期，政府的控制能力被认为是几乎无限的。然而，第一次石油危机结束了公众对政府规划的信仰不可动摇的时代。经济持续衰退、失业率居高不下，越来越多的公民变得依赖国家，社会已经变得"雾化"，团结和公民意识已经被侵蚀，面对着这些棘手的社会问题，政府的作用与影响显得相形见绌、苍白无力。1977 年，自由党接替了社会民主党，并与基督教民主党组成新的联盟共同执政。与其它欧洲国家一样，荷兰自由党极力反对中央政府的集权控制，福利国家"从摇篮至坟墓"照顾其公民的合意性（desirability）和合法性不断遭到抨击。激烈的论争迫使基督教民主党采纳了"责任社会"的构想，即在责任社会中公民应该不那么依赖（国家）、孤立无助，相反，社会和公民的责任感应得以恢复，公民应该为自身和社会承担更多的责任。社会服务的连贯性应取决于社会组织中的公民。[50]作为基督教民主党成员的教育部长的建议——减少政府的监管命令、给予高校更多的自主权并承担更多的责任，在很大程度上是与责任社会的政党意识形态相并行的。1981 至 1982 年间社会民主党和基督教民主党形成的短暂联盟企图通过国家规划的形式与猛烈的经济潮汐进行抗衡，但是这种挣扎并未取得成功。1982 年 11 在吕贝尔斯领导下的由基督教民主党与自由民主党组成的中间偏右政府上台执政之后，实行了大幅度削减公共支出、平衡政府预算等去管制化的政策，希望藉此缓减政府吃紧的财政压力。其主要目标是通过削减预算、私有化以及政府撤退、放松管制的策略把经济推向正轨。1986 年，荷兰政府明确表示，放松管制和减少国家控制是非常可取的方法。在有关教育的问题上，政府同样明确指出，放松管制和扩大高校的自治是本届政府执政期间必须实施的改革。[51]这里需要指出的是，政府的目的决不是要放弃对大学的管制，而是通过寻求一种新的方式来扩大政府调控的有效性与力度。政府深信，"远距离操纵"与高校的自治齐肩并进将会根本地优化教育质量、提高效率并实

---

50 Walter Kickert. Country Report. Steering at a distance: a new paradigm of public governance in Dutch Higher Education. Governance: An International Journal of Policy and Administration. 1995, 8（1）:142.

51 Walter Kickert. Country Report. Steering at a distance: a new paradigm of public governance in Dutch Higher Education. Governance: An International Journal of Policy and Administration. 1995, 8（1）:140-141.

现大学的创新能力。[52]

4.2.2.2 《高等教育：自治与质量》——大学自治与质量评估相互依存

1985 年，荷兰教育部发布了一个重要的政策文件——《高等教育：自治和质量》（荷兰语简称为 HOAK），它标志着荷兰高等教育发展史上的一个重要转折点。HOAK 文件及随后的《高等教育与科研法案》对荷兰高等教育产生了深远的影响。[53]正是在这个文件中，荷兰政府提出了高等教育创新发展战略，标志着政府与高等教育机构之间持续了长达二个世纪的关系的重大转变。

1. 荷兰政府与大学关系的重新界定

在 HOAK 文件中，荷兰政府首次引入了"远距离调控（steering from a distance）"这一概念，它代表了政府与传统的战略——详细计划和严格管制——的重大决裂，政府不再视自己为无所不能，无所不在的主宰者，可以按照自己的意愿和目标控制高等教育。政府的作用仅仅限定在为高等教育的发展设置广阔的参数，从而给院校层面的具体操作留有更多的回旋余地。换言之，政府的角色不再是系统的统治者，而是催化剂（catalyst）、协调者与推进者（facilitator），大学将被赋予更多的自主权，条件是能够证明他们输出的是高质量的教育。荷兰政府角色的这种转变也就是尼夫和范富格特称之为的干预型国家向促进型国家的转变。

1993 年，荷兰议会通过的《高等教育与研究法案》取代了以往的《大学法》、《高等职业教育法》等诸多与高等教育和研究相关的法规。WHW 法案对政府与高等教育机构之间的行政隶属关系做了进一步的阐述：第一、只有当高校行使的自治产生不可接受的后果时，政府才可以进行干预；第二、政府的干预应该主要是对严重问题的事后纠正；第三、政府的干预工具应该是一般性的，而不是繁枝末节的详细管制；第四、院校必须制定规范以确保适当的自我管理。扩大高校的自治是该法案的中心思想之一。法案规定，在政府设定的参数范围内要给予高校更大的自治，同时，法案也强调，尽管政府权

---

52 Walter Kickert. Country Report. Steering at a distance：a new paradigm of public governance in Dutch Higher Education. Governance: An International Journal of Policy and Administration. 1995, 8（1）:154.

53 Don F. Westerheijden, Harry de Boer, and Jürgen Enders. An 'Echternach' Procession in Different Directions：Oscillating Steps Towards Reform. In C. Paradeise et al. University Governance: Western European Comparative Perspectives. Springer Science +Business Media B.V. 2009. 109-110.

力下放，但政府仍然对高等教育系统的宏观效率负有责任，政府将应用"选择性控制"，即在必要时进行干预。减少中央政府的直接控制，扩大高等教育机构的自治和增加其责任感是政府转变的本质。[54]

荷兰政府与大学关系的转型是基于这样的理念，即高校自治权的扩大将会促进高校绩效的改进。政府宣称要为高校创造有力的外部环境，扩大高校的自治，但扩大自治权本身不是目的，它是作为一种方式或途径来增强高校的创新性、灵活性与多样性，促使高校能够更加有效、果断地回应不断变化的社会需要，能够在科学和技术领域做出更多世界性的突破、培养更多训练有素的专业人员，最终为国家的福祉做出更大的贡献。[55]无论相比德国、法国或是英国，荷兰政府对高等教育姿态的转变显得尤为独特。可以说，荷兰政府新的调控哲学打开了高校竞争之门，高校要加强自我管制能力，表现出更多类似市场的行为，建立不同的自身形象和使命声明，从而能够对不断变化的社会需求做出迅速而灵活的反应。总之，大学的自治是其创新性、灵活性和多样性的前提，提高大学的创新性、灵活性与多样性是荷兰政府转型的根本价值诉求。

2. 质量评估是政府与大学关系转型的前提条件

著名学者马森和范富格特认为，组织理论中的自然选择模型提供了一个分析荷兰政府创新战略中大学享有自治程度的颇为有趣的视野。组织理论认为，与生物种相类似，组织也要经历三个阶段的演进：变异、选择和存活。组织与环境的互动使得一定类型的组织幸存下来，另一些则逐渐消亡。组织得以幸存的机率越大，该组织所具有的与环境相适应的特性就越多。与组织相类似，从理论上讲，高等教育系统内部应该尽可能地进行充分的竞争。竞争是一个关键特征。而要使高校能够进行充分的竞争，高等教育系统内的每一个组织（高校）都要被赋予最大程度的自治，这种自治是组织进行充分竞争所必须的前提条件。作为高等教育的生产者，高校必须尽可能地为优质生源、为重大科研项目而竞争。这是他们立足存活之本。在竞争过程中，高校不断寻找适合自身的生态位。对于那些选择的生态位与其自身相适应的高校，他们将能够继续存在并通过与外界环境的互动得以发展，直到出现不适症状；

---

54 Walter Kickert. Country Report. Steering at a distance: a new paradigm of public governance in Dutch Higher Education. Governance: An International Journal of Policy and Administration. 1995, 8（1）:139-140.

55 F. A. van Vught. The New Government Strategy for Higher Education in the Netherlands: An Analysis. Higher Education Quarterly, 1989, 43（4）:352.

如果高校选择的生态位与其不相称，能否存活的重压和威胁迫使他们不得不继续调节自身并寻找新的生态位。这样，高等教育的系统动力学：变异、选择和存活就会导致一种特殊的协调。这种协调并非自上而下实施的中央计划和决策，而是个体选择的结果，是"没有协调者的协调（coordination without a coordinator）"。而政府在高校竞争中的作用，一方面是保障消费者的主权；另一方面是防止竞争中垄断和寡头垄断的形成。协调系统或试图优化其性能并非是政府在这一模型中应该承担的角色。[56]

根据以上逻辑，我们来审视荷兰政府创新发展战略中大学自治的程度。诚然，与传统的严格管制相比，荷兰大学被赋予了更多的自治。政府在高等教育领域引入了九大学部（指一些相关专业的集合），即教育、农业、科学、工程学、健康、经济学、法律、行为和社会以及语言和文化。政府宣称，为了避免对学科专业和课程的详细管制，它的调控活动将直接导向学部层面，不再直接插手高校内部课程的设计，高校将拥有更大的自由空间来开发相关或有价值的课程或学位项目，自由决定教学与科研的内容，以提高自身能够适应不断变化的外界环境的能力。

但不可否认的事实是，荷兰大学的自治是一种在政府的意愿和框架下舞动的自治，政府仍然持有强大的权力。荷兰政府的创新战略（远距离调控），包含两个基本元素，即政府脱身与高校自治。但自治的前提条件是，高校必须证明其输出的是高质量的教育。政府文件多次强调："对院校管制的解除必须与严格的输出控制携手前进。"[57]在政府看来，未来对高校做出的任何决定在很大程度上将根据对其绩效进行的判断，而高校绩效的判断将通过一个质量评估系统来进行。质量评估是荷兰政府对大学进行"远距离调控"的基石。换言之，一个正式的质量控制系统是荷兰政府从严格的国家集权控制到放权管制，扩大高校自主权的一个重要先决条件。为此，政府对高等教育系统的控制从两个方面进行了改变：第一，从具体管制到宏观层面的调控，体现了政府操纵的全局化；第二，从事前的输入控制（立法和规章）转向事后输出

56 Peter A.M. Maassen and Frans A. van Vught. An Intriguing Janus-Head: The Two Faces of the New Governmental Strategy for Higher Education in the Netherlands. European Journal of Education, 1988, 23（1/2）：66-68.

57 Leo C.J. Goedegebuure, Peter A.M.Maassen & Don F. Westerheijen. Peer Review and Performance Indicators: Quality Assessment in British and Dutch Higher Education, Utrecht: Lemma, 1990. 27.

控制，也就是质量评估。[58]简而言之，荷兰政府要从以往对大学详细的事前控制向事后控制转型。

所以，质量评估是在赋予高校更多自治权的同时留给政府能够继续调控高校的有力杠杆，只要有以下情况发生，政府就有权对高校的教学活动进行直接干预：高校总体宏观效率偏低、高校的绩效表现不良。政府对高校的进行直接干预的强度从财政制裁到关闭一个院系，最糟糕的情况甚至是迫使整个高校的停办。这样看来，在试图为高校创造一个有力的竞争环境的过程中，政府的主要角色不是充当消费者主权的保护者，也并非扼制垄断或寡头垄断的拳击手，相反，政府仍然试图以阿基米德的姿态来调控高等教育。大学允许作为自我调控的组织，但前提条件是不能超越政府设定的界线。[59]大学的这种自治，是一种有条件的自治，"充其量是一种依赖的自治。政府只是部分地撤退"[60]，荷兰大学仍然是"一个夹生于不折不扣的操纵主义和绝对的大学自治之间的物种。"[61]可以说，在扩大高校自主权的战略中，荷兰政府的姿态表现出极大的暧昧与予盾，就像罗马神雅努斯（the Roman god Janus）一样，荷兰政府呈现两个不同的面孔，一面向前，一面向后：[62]一方面为了提高大学的创新性、灵活性和多样性，允诺赋予大学一定的自治，另一方面，试图通过质量评估这一强大杠杆对大学进行有力的调控。这也许恰恰印证了一句常常被援引的经典名言："就像战争意义太重大，不能完全交给将军们决定一样，高等教育也相当重要，不能完全留给教授们决定……传统的高等教育自治现在不是，也许从来都不是绝对的。"[63]

---

58 Walter Kickert. Country Report. Steering at a distance：a new paradigm of public governance in Dutch Higher Education. Governance: An International Journal of Policy and Administration. 1995, 8（1）:137.

59 Frans A. van Vught. The Netherlands：From Corrective to Facilitative Governmental Policies, In Guy Neave and Frans A. van Vught. The Changing Relationship Between Government and Higher Education in Western Europe. Pergamon press, 1991.123-126.

60 F. A. van Vught. The New Government Strategy for Higher Education in the Netherlands：An Analysis. Higher Education Quarterly, 1989, 43（4）: 362.

61 Guy Neave. On shifting sands：changing priorities and perspectives in European higher education from 1984 to 1986. European Journal of Education, 1986（21）:20.

62 Peter A.M. Maassen and Frans A. van Vught. An Intriguing Janus-Head: The Two Faces of the New Governmental Strategy for Higher Education in the Netherlands. European Journal of Education, 1988, 23（1/2）:75.

63 [美]约翰·S·布鲁贝克著，王承绪，郑继伟等译：高等教育哲学[M]，杭州：浙江教育出版社，2001.32。

5　高等教育质量评估[1]：荷兰高等教育质量保证政策正式建立

　　考虑到迄今为止的证据，似乎还没有真正"理想"的模型。但是，如果说有一个国家脱颖而出的话，那便是荷兰。与其它国家的质量保证系统相比，荷兰人似乎已经掌握了绩效模型（performance models）的积极方面，同时避免了许多消极的后果。毫无疑问，这就是为什么许多欧洲大陆国家仿效着与英国和美国的绩效指标相比更"柔性"（softer）的荷兰模式……

——阿特金森·格罗斯让[2]

　　1988 年，荷兰大学质量评估正式启动运行，并于 1993 年写入了荷兰《高等教育与研究法案》，这标志着荷兰质量评估制度的正式建立。荷兰质量评估在国际上受到了广泛关注，被称之以"荷兰模式"，成为佛兰德、丹麦、葡萄牙、斯洛文尼亚、捷克共和国和匈牙利等国质量保证系统仿效的样板。荷兰模式的实质在于，大学不仅负责自身内部的质量评估系统，外部的质量评估

1　这里的高等教育质量评估是指荷兰大学协会对大学部门进行的教学质量评估。
　　1990 年，荷兰应用科学大学协会开始对高等职业院校的教学质量进行评估，1993
　　年荷兰大学协会开始对大学科研进行评估。在本研究中，高等教育质量评估主要
　　是指荷兰大学协会对 14 所大学部门进行的教学质量评估。国际上所称的"荷兰
　　模式"也是指对大学部门实施的教学质量的评估。

2　转此自 H.J.M. Van Berkel and H.A.P. Wolfhagen. The Dutch System of External
　　Quality Assessment: Description and Experiences. Education for Health, 2002（15），
　　3: 342.

也由大学的保护伞组织——荷兰大学协会任命的评估小组负责实施。评估小组成员主要是学术同行——具有相关学科专业知识的大学教授，也包括国际代表，一至二名学生和一名具有教学或教育方法方面的专家。质量评估的对象是大学提供的所有学位项目，评估周期为六年。政府机构——教育督察署承担"元评估"的角色，负责监督整个外部质量评估系统的运作。质量评估的重心是质量改进与提高。评估小组的评估报告中不仅包括学位项目的质量情况，更重要的是包括质量改进的建议。此外，在实地考察过程中，评估小组要检查上一次质量评估中提出的改进建议在何种程度上已经付诸于实践。[3]

本章节主要介绍荷兰高等教育质量评估系统的组成元素及"荷兰模式"的主要特点。

5.1 荷兰高等教育质量评估系统

荷兰高等教育质量评估系统主要包括四个元素。第一是高校的自评，高校根据一套评估框架对学位项目进行描述，撰写自评报告；第二是评估小组的实地考察；第三元素是公布评估报告；第四是质量评估的后续行动。

5.1.1 高校自评

荷兰高等教育质量评估的对象是学位项目。每一个被评的学位项目必须撰写一份自评报告。自评报告是外部质量评估过程中的重要文件，它承载了两个主要功能，即刺激大学内部的质量管理以及为评估小组提供基本信息。自评报告的格式不是完全固定的，院系可以强调自己的特色与重点。同一个评估小组负责荷兰大学相关学科领域的所有学位项目，如一个评估小组负责评估全国的历史，另一个评估小组负责经济学等。考虑到学位项目的可比性，荷兰大学协会一般向高校提供一份关于自评报告的内容清单。它是一份关于评估所需的数据，而不是由定量或定性绩效指标组成的清单列表。在开始现场考察之前，评估小组要收集所有参与评估的学位项目的自评报告。

---

3 Report of the Committee for the Review of the Accreditation Organization of the Netherlands and Flanders（NVAO）Self-evaluation Report 2007. Part 2 NVAO Self-evaluation Report [EB/OL]. www.nvao.net/download.php%3Fid%3D505, *2010-10-22.*

5.1.2 评估小组的现场考察[4]

5.1.2.1 评估小组的构成

在国际上，荷兰的外部质量评估被赞誉为以同行评审（也称同行评估）为导向的"标兵"。传统的同行评审（peer review）的实例是科学期刊的审查制（referee system），即一位匿名学者的科学成果由同一领域的其他专家进行匿名评审，这些专家通常是文章所涉领域拥有足够专业知识的科学家。在高等教育质量评估中，同行评审这一概念经常被松散地使用。在严格意义上，同行并不总是真正的同行，他们往往也包括来自工业界的人士。[5]荷兰大学的外部质量评估由该领域的杰出专家组成的评估小组负责实施。评估小组一般包括七位成员，由被评院系的院长们提议，最后由荷兰大学协会董事会聘任。评审专家不仅来自学术界，也包括来自飞利浦、壳牌（Shell）等大企业的专业人士；此外，成员还至少包括一名外国专家和学生代表。在 1988、1989 和 1990 年度，这些外国专家分别来自比利时、德国、英国、奥地利、瑞士以及美国等国。[6]

5.1.2.2 评估小组的职责

评估小组有双重职责：一是为院系的质量改进提出建议。质量改进与评估小组对院系的反馈紧密相连；二是在院系提供的自评报告和现场考察的基础上，对学位项目形成一定的意见，从而实现其公众问责的功能。因为评估小组的公开报告要向社会（尤其是议会、政府）证明，院系是否严肃对待教育质量。这里需要指出的是，"形成一定的意见"不是对学位项目做出好或不好、非此即彼的二元判断。外部质量评估不是对学位项目的认证或承认，也不涉及对院系、大学的排名或学位项目的批准。评估小组实施外部质量评估的目的就是在与院系进行对话的基础上发现其长处及存在的问题，促进质量的改进。[7]

---

4 A.I. Vroeijenstijn. Improvement and Accountability：Navigating between Scylla and Charybdis. Guide for External Quality Assessment in Higher Education. London：Jessica Kingsley Publishers Ltd, 1995. 85-106.

5 A.I. Vroeijenstijn. Improvement and Accountability：Navigating between Scylla and Charybdis. Guide for External Quality Assessment in Higher Education. London：Jessica Kingsley Publishers Ltd, 1995. 55.

6 Leo C.J. Goedegebuure, Peter A.M.Maassen & Don F. Westerheijen. Peer Review and Performance Indicators：Quality Assessment in British and Dutch Higher Education, Utrecht：Lemma, 1990. 90.

7 Leo C.J. Goedegebuure, Peter A.M.Maassen & Don F. Westerheijen. Peer Review and

5.1.2.3 评估小组的现场考察

第一步 研究自评报告

在评估小组召开预备会议以前，评估小组的每一位成员都要对院系递交的自评报告进行仔细的研究。作为预备会议讨论的起点，每位成员都要就自评报告回答以下问题。回答这些问题的目的是为了基于这些书面资料对院系的质量得出一个初步印象，以便在现场考察的时候能够真正形成一个全面的看法。此外，评估小组成员要向评估小组秘书提交一份关于自评报告的评论，并由秘书对成员的评论意见进行总结。

1. 自评报告是否充分体现了批判性和分析性？
2. 院系是否清晰地阐明了其面临的问题？
3. 院系是否清晰地指明它将如何解决这些问题？
4. 鉴于自评报告的描述，你是否能够形成一幅关于课程内容的图画？
5. 这些宗旨和目标是否能够令人满意地用于具体操作？
6. 在你看来，院系的宗旨和目标是否能够圆满地转化到学位项目中来？
7. 在你看来，这些课程是否可以被评为学术性课程？
8. 课程设置是否均衡？
9. 如自评报告所述，你认为学生能否在规定的期限内完成学位项目？
10. 在你看来，这些课程是否能够培养优秀的毕业生？

第二步 评估学生的期末论文

在课程结束时，往往要求学生写一篇期末论文，从而证明其进行学术研究的能力。正是基于这个原因，评估小组成员也要对学生的期末论文进行检查。一般情况下，评估小组要求被评院系提供一份关于学生期末论文的题目清单，成员可以标出自己希望阅读的题目，一般不能少于 2 篇。小组成员就以下问题对学生的期末论文进行评估，并向秘书提交自己的意见，并由秘书进行总结。

1. 论文的研究目的是否令人满意？
2. 笔者在论文写作过程中是否恪守了研究目的？
3. 论证是否前后一致、符合逻辑？

Performance Indicators: Quality Assessment in British and Dutch Higher Education, Utrecht: Lemma, 1990. 90-91.

4. 论文的结论是否与提供的论据保持一致？

5. 研究方法是否恰当？

6. 笔者所用的资料是否可进行核查？

7. 笔者是否对基本概念进行了明确地界定，并恰当地运用于具体操作当中？

8. 选择的研究方法是否应用得当？

9. 注解和参考文献的引用是否正确？

10. 如何对论文的写作风格进行评估？

11. 论文是怎样组织的？

12. 笔者是否熟悉其研究领域的相关文献？

13. 你会给该论文打多少分？（最高为 10 分）

第三步　制定参考框架

在对学位项目进行现场考察前，评估小组要制定一个明确的参考框架。参考框架不是一种对理想状态的课程的素描，它可以解释为是对学位项目设定的一组最低标准，也就是某一特定领域的毕业生要达到的最低要求。尽管使用参考框架，评估小组评估的出发点仍是被评院系制定的宗旨和目标，而并非该参考框架。换言之，制定参考框架的目的不是为了从外部对学位项目强加一个评估的标准和准则。

在制定参考框架时，评估小组要对以下几个问题进行考虑：

1. 课程的目的和目标是什么？

2. 从学术水平和社会大环境来看，该学位项目的最低要求有哪些？

3. 毕业生在知识、技能以及态度观点方面应该达到的最低要求有哪些？

4. 劳动力市场的具体要求有哪些？

第四步　评估小组召开第一次会议

在收到高校的自评报告大约两个月后，评估小组要组织一次为期两天的会议，其目的包括以下三方面：

第一、对评估小组的工作方法做出进一步的解释；

第二、对参考框架达成一致；

第三、对自评报告进行讨论。

第五步　对学位项目的现场考察

通常情况下，评估小组对每一个学位项目进行为期 2 至 2.5 天的现场考察，在此期间，评估小组要与学生、教职人员、学校委员会、董事会成员等进行座谈。同时，评估小组也要检查期末论文和试卷、教学设施、学习书籍以及讲课材料等。访问结束时，小组主席对该学位项目做出一个口头上的初步质量判断。评估小组现场考察的具体日程详见下表。

表 5　评估小组现场考察的计划草案

正式考察的前一天下午
16：00 评估小组成员抵达宾馆，并举行会议就考察期间需要特别注意的问题进行讨论；
17：00-8：00 大学和院系领导的接待；
18：00 晚宴。
第一天
09：00-17：00 访谈： 　　　自评报告的撰写人 　　　学生 　　　教职人员 　　　课程委员会/考试委员会成员 　　　学生辅导员
18：00-19：00 评估小组的晚宴；
20：00 举行一个简短会议，就当天的考察情况进行讨论，并确定第二天的日程安排。
第二天
09：00-10：00 与院系董事会进行座谈；
10：00-11：00 开放时间/额外进行的访谈；
11：00-12：30 考察演讲厅、实习室、图书馆、实验室；
14：00-16：30 形成调查结果；
16：30-17：00 向院系董事会口头报告现场考察结果。

资料来源：A.I. Vroeijenstijn. Improvement and Accountability: Navigating between Scylla and Charybdis. Guide for External Quality Assessment in Higher Education. London: Jessica Kingsley Publishers Ltd, 1995. 99-100.

评估小组现场考察最后一天的下午主要用来形成调查结果。首先，评估小组成员要在现场完成一份"评估小组检核表"（Checklist for the Committee）

（详见附录1）。检核表中的每一子项都要给出 1 到 10 不等的分值。然后，在与评估小组成员讨论的基础上，评估小组主席和秘书形成口头报告。口头报告不对外公开，只面向院系董事会。尽管口头报告只是一份临时报告，但它具有一定的特殊作用。因为在有些情况下，调查结果和结论并不适合对外公开，但评估小组仍然希望对评估结果做出郑重地声明，并提出强硬措辞建议的时候，口头报告就显得额外重要。

5.1.3　公布评估报告

评估报告要根据固定的格式撰写，包括总述部分以及结论与建议部分。在公开评估报告之前，评估报告的初稿要送回被评院校，以核对评估报告是否存在事实性错误。在院校同意的前提下，评估小组会把院校的反馈以附录的形式附加在评估报告之后对外公布。

5.1.4　后续行动

评估报告的公布并不等于评估的结束。报告公布后，被评高校需要向教育部提交一份有关后续行动的计划，以确保其能够真正落实评估小组提出的改进建议。1993 年，高等教育督察署代表政府对大学的后续行动进行监督，主要检查大学是否对评估小组提出的意见和建议做出了充分的反应。为了尊重大学的自治权，高等教育督察署并不规定大学后续行动的具体方案，而是要求其对后续行动进行规划，并提交一份书面形式的行动计划。如果大学没有实施任何行动计划或其行动计划不能令人满意，教育部会发出所谓的"黄牌警告"，要求大学必须对学位项目存在问题或薄弱之处认真予以改进，否则将会采取严厉的措施。收到一张"黄牌"的威胁足以刺激大学采取行动，大多数院校都会认真对待评估小组对学位项目提出的看法和建议。此外，在评估报告发表三年后，高等教育督察署要对大学进行一次中期审查，以确保大学的后续行动即质量改进计划真正付诸实施，从而避免六年评估周期结束、下一轮评估开始时这些计划仍然是停留在纸上的文件。[8]

---

8 Egbert de Weert & Patra Boezerooy. Higher Education in the Netherlands Country Report [EB/OL], http://www.utwente.nl/mb/cheps/research/higher_education_monitor/2007countryreportnl.pdf, 2010-4-26, P.70.

5.2 "荷兰模式"的特点与成因分析

一般认为，欧洲高等教育质量评估主要存在三大基本模式，即英国模式、法国模式以及荷兰模式。[9]"荷兰模式"为什么如此有吸引力？最重要的原因是，在荷兰高等教育质量评估中发挥领导作用的是大学，更准确的说是荷兰大学的保护伞组织——荷兰大学协会，而不是荷兰政府。因此，荷兰高等教育质量评估的首要目的是质量改进，而不是作为政府对大学进行质量控制的工具，它主要服务于大学，而不是政府。[10]"荷兰模式"的特点主要体现在以下几方面。

5.2.1 "荷兰模式"的特点

5.2.1.1 大学掌舵质量评估系统

1985 年的《高等教育：自治与质量》文件指出，质量是高等教育机构自身的责任，高校内部的质量评估由高校负责。在这一点上，政府与大学不存在任何异议。关键的问题是外部质量评估应该由谁来负责？换言之，质量评估是运行在高校自我管制的框架下，还是国家控制的框架下？

在政府看来，外部质量保证系统的功能主要有以下几个方面：[11]

第一、促进问责制。借助于质量评估的结果，高等教育机构可以向社会塑造自身的责任。这是扩大高校自主权的条件。问责功能是外部质量评估最重要的功能；

第二、改进教学；

第三、有助于规划程序。通过评估，高校在质量上的差异变得更加清晰可见，这从而可以对高等教育的发展规划发挥作用；

第四、告知社会高等教育的现状。例如，向未来的学生提供有

9　Ton I. Vroeijenstijn, Preparing for the Second Cycle: External Quality Assessment in Dutch Universities, in Don F. Westerheijden, John Brennan &Peter A.M Maassen. Changing Contexts of Quality Assessment: Recent Trends in West European Higher Education. GH Utrecht: The Netherlans, 1994. 96.

10　Don F. Westerheijden, John Brennan &Peter A.M Maassen. Changing Contexts of Quality Assessment: Recent Trends in West European Higher Education. GH Utrecht: The Netherlans, 1994. 96-97.

11　A.I. Vroeijenstijn. Improvement and Accountability: Navigating between Scylla and Charybdis. Guide for External Quality Assessment in Higher Education. London: Jessica Kingsley Publishers Ltd, 1995. 33-34.

关不同高校的学位项目质量和劳动力市场前景的信息。教育部资助
出版了一份期刊——《高等教育消费指南》，它试图以比较的方式描
述不同学位项目的质量，使学生们能够掌握足够的信息以进行学位
项目的选择。

所以，政府认为，除了高校内部的质量评估外，高等教育机构的绩效还
需要进行一个独立的外部质量评估。内部质量评估是高等教育机构自身的责
任，外部质量评估应该由政府机构——高等教育督察署（Inspectorate for
Higher Education）来负责实施。[12]

与政府的观点不同，大学认为，外部质量保证系统的重要角色是有助于
大学的自我管制，强调外部质量保证系统的主要目的是质量改进，其他所有
目的都处于从属地位。在大学看来，进行外部质量评估的专家小组，不应是
为政府提供信息的"供应商"，也不是"廉价的督察"，而应作为反映高校质
量状况的一面镜子或传声筒（sounding board）。[13]所以，质量评估——无论内
部还是外部——都应该是高等教育机构本身的职责。质量保证系统的所有权
应该由高等教育机构而不是教育部或高等教育督察署来掌控。

经过多次协商，1986 年 4 月，政府与大学最终达成了协议：大学的外部
质量评估系统由其保护伞组织——荷兰大学协会承担建立，高校通过内部质
量评估和周期性的外部质量评估来负责其自身的质量。高等教育督察署承担
元评估的职责，即对大学的质量评估进行评估以及对大学评估结果的后续行
动进行评估。政府深信，"没有学术界的合作，任何质量评估不过是一个'纸
老虎'，一个顺从的案例，走走过场而产生不了任何实际的效果。"同时，高
等教育质量评估系统的倡议者相信，如果该系统能够真正产生效果，那么它
也将自动服务于政府的问责目标。[14]这些协议以法律条款的形式写入了 1993

---

12 A.I. Vroeijenstijn. Improvement and Accountability: Navigating between Scylla and Charybdis. Guide for External Quality Assessment in Higher Education. London: Jessica Kingsley Publishers Ltd, 1995. 5-6.

13 A.I. Vroeijenstijn. Improvement and Accountability: Navigating between Scylla and Charybdis. Guide for External Quality Assessment in Higher Education. London: Jessica Kingsley Publishers Ltd, 1995. 35.

14 Harry F. De Boer, Jürgen Enders and Don F.Westerheijden. From paper to practice: two reforms and their consequences in Dutch higher education. In A.Gornitzka et al. Reform and Change in Higher Education: Analyzing Policy Implementation [EB/OL]. http://www.springerlink.com/content/mm15476k33188743/fulltext.pdf, 2010-6-24. p. 103.

年的《高等教育与研究法案》中，主要包括以下同点：[15]

第一、高校自身承担建立质量评估系统的主要责任；

第二、高等教育督察署负责对质量评估系统进行监督，并就质量评估系统的过程和输出的有效性向教育部长汇报。高等教育督察署的工作称之为元评估；

第三、教育部长保留了对高等教育机构进行补充调查的选择权力。

该法案并没有对外部质量评估系统进行详细的规定，只提出了四点要求：必须建立质量评估制度；外部专家参与评估；学生参与评估；外部质量评估结果要公开。[16]所以，荷兰大学最终获得了对外部质量评估系统的控制权，也就是说，荷兰高等教育质量评估是掌握在高校而不是政府的手中，质量评估系统是一个由大学自我管制的系统。

5.2.1.2　高等教育督察署：政府的元评估

"在一个按照国家监督模式的质量评估系统中，政府应该避免试图完全驾驭高等院校的活动。政府的任务是必须查明各院校将操作一个质量评估系统，在这个操作中，要提到社会的需要，院校回应社会的需求。质量评估系统的实际设计和操作可以留给高等院校本身。它们应该利用它们的自主权讨论和判断校内各单位执行的各种教学和科研计划的质量的水平。在这些讨论和判断中，他们当然应该注意社会需要。"[17]

那么，政府是否真的愿意退居幕后观望大学评估其自身的质量？显然不是。荷兰政府在这个大学掌舵的质量评估系统之上附加了一个特殊的元素——元评估，这再次显示了政府对高等教育进行监督的愿望。荷兰政府对高等教育负有宪法上的责任。对政府而言，放松对大学的管制并非易事，对于大学能否游刃有余、有效地行使更大的自主权，政府并没有十足的信心。当政府把其部分的权力委托给高校时，它需要一个可以信赖的"代言人"为其提供充分的信

15 Don F. Westerheijden, John Brennan &Peter A.M Maassen. Changing Contexts of Quality Assessment: Recent Trends in West European Higher Education. GH Utrecht: The Netherlans, 1994. 61.

16 A.I. Vroeijenstijn. Improvement and Accountability: Navigating between Scylla and Charybdis. Guide for External Quality Assessment in Higher Education. London: Jessica Kingsley Publishers Ltd, 1995. 6-7.

17 弗兰斯·F·范富格特主编，王承绪等译：国际高等教育政策比较研究[M]，杭州：浙江教育出版社，2001.431-432。

息。作为一个政府机构，高等教育督察署充当着政府的"代言人，"承担起监督由高校自身建立起来的质量评估系统的元评估职能。高等教育督察署的元评估主要有双重目的和作用，首先，它要检查评估小组的评估报告是否提供了"适当"的质量信息；高等教育督察署的另一个重要作用就是监督大学是否对评估小组提出的改进意见和建议做出了充分的反应，也就是负责检查大学的后续行动。

作为 1986 年政府与大学之间达成的协议之一，教育部对大学外部质量评估的结果不采取直接行动，也就是说，评估结果与政府拨款之间没有任何直接的联系，评估结果不会对政府拨款产生立竿见影的效果。在政府看来，如果评估结果与政府资助或其他方面的决策直接挂钩，那么很容易导致高校的"战略行为"，而这最终无疑会严重地削弱质量评估系统。[18]正如范富格特所言："把奖励制裁制度与质量评估相结合是'确保'质量评估系统无法正常工作的最好方法。因为创建质量评估与财政资助之间的联系几乎无疑会导致一种顺从文化。[19]诚然，当评估结果真正涉及利害关系，质量评估往往会演变成高等教育机构与政府之间权力博弈的舞台，因此，以"战略游戏"为导向的行为——权力导向的行为——无疑会压倒以质量提高为导向的行为。然而，如果没有诸如预算削减或其它质量评估的预期后果，有谁会不厌其烦地履行这样一个"繁琐"的评估程序？这就是所谓的质量评估的"两难境地"，即没有预期产生的实际后果，质量评估缺乏必要的刺激与动力；一旦评估结果与某种奖惩相联系，它又会转变成一场权力游戏。[20]

为了确保在评估结果不会对高校产生直接威胁的情况下高校仍能认真严肃地对待评估，避免质量评估演变成一个"纸老虎（paper tiger）"，自 1993 年起，政府通过高等教育督察署密切监视着评估小组的评估报告以及高校采取的后续行动，高等教育督察署的一个重要职能就是对高校开展的评估后续行动的情况向教育部长提出建议。换言之，虽然政府对大学的评估结果不直接

---

18 Frans A. Van Vught & Don F. Westerheijden. Towards a General Model of Quality Assessment in Higher Education. Higher Education, 1994（28）：362.

19 转引自 A.I. Vroeijenstijn. Improvement and Accountability：Navigating between Scylla and Charybdis. Guide for External Quality Assessment in Higher Education. London：Jessica Kingsley Publishers Ltd, 1995. 29.

20 Leo C.J. Goedegebuure, Peter A.M.Maassen & Don F. Westerheijen. Peer Review and Performance Indicators：Quality Assessment in British and Dutch Higher Education, Utrecht：Lemma, 1990. 205-206.

进行干预，但并不等于政府会放任其"自由"发展。作为政府的"传感器"，高等教育督察署就是要监测大学的行为控制在政府可接受的范围之内。[21]在《高等教育与研究法案》的解释性备忘录中，政府明确指出，如果评估结果表明学位项目在某些方法存在问题，院校必须采取行动加以改进。在下一轮的评估中（6年后），评估小组必须会对该学位项目所做的改进进行调查，如果评估结果仍然很糟糕，那么教育部长有权依法对其进行制裁，如停止拨款或对该学位项目予以取缔。[22]

5.2.1.3 质量评估的首要目的在于质量提高，绩效问责处于从属地位

荷兰政府建立质量评估系统的初衷就是为了通过质量评估这个有力的政策杠杆来调控高等教育，两个关键词生动地刻画了政府"远距离调控"的战略方法：自治与质量。大学自治的一个重要补充就是公众问责。高校是否运作良好？他们用纳税人的钱是否在做"正当"的事情？是否"物有所值"？要回答这个问题，就需要其高校进行质量评估，而质量评估最重要的目的就是公众问责。然而，由于质量评估的控制权掌握在高校手中，高校强调质量评估的首要目的在于质量提高，所以政府最初设定的评估目的也"被迫"由绩效责任和质量提高转变为质量提高和绩效责任，二者顺序的简单变换却代表着质量评估重心的显著差异。[23]在国际上，人们普遍赞誉荷兰巧妙地平衡了大学与政府、质量提高与公众问责之间的张力：

> 荷兰高等教育质量评估为其他国家提供了一个可以参考的有趣模式。尽管由政府倡议，产生于政府对高校问责的重压之下，但是荷兰模式提供了一个有趣的正面案例，因为它在满足政府对问责的需要以及高校自身对内部质量改进的愿望之间保持了平衡。与欧洲其他国家的质量保证系统相比，荷兰对质量改进的强

21 Egbert de Weert & Patra Boezerooy. Higher Education in the Netherlands Country Report [EB\OL]. http://www.utwente.nl/mb/cheps/research/higher_education_monitor/2007countryreportnl.pdf Policy, 2010-4-26, P. 69-70.

22 Leo C.J. Goedegebuure, Peter A.M.Maassen & Don F. Westerheijen. Peer Review and Performance Indicators：Quality Assessment in British and Dutch Higher Education, Utrecht：Lemma, 1990.93.

23 Egbert de Weert & Patra Boezerooy. Higher Education in the Netherlands Country Report [EB/OL], http://www.utwente.nl/mb/cheps/research/higher_education_monitor/2007countryreportnl.pdf, 2010-4-26, P.66.

调是显而易见的。[24]

表6 政府和高校对外部质量评估系统持有不同的目的观

	政　　府	高　校
质量评估的本质	总结性	形成性
质量评估的目的	临界质量（threshold quality）	质量改进
	向议会负责（物有所值）	责任制
	调控高等教育：政府的高等教育目标是否实现？	
	宪法上规定的确保质量的责任	自我管制
	比较与排名	
	效率	质量保证
	向学生和雇主提供信息	
工具	高等教育督察署	自评
	绩效指标	同行评审

资料来源：A.I. Vroeijenstijn. Improvement and Accountability: Navigating between Scylla and Charybdis. Guide for External Quality Assessment in Higher Education. London: Jessica Kingsley Publishers Ltd, 1995.10.

5.2.1.4　质量评估方法以同行评审（peer review）而非绩效指标（performance indicators）

荷兰高等教育质量评估系统基于两大支柱，即院校自评与同行评审。由荷兰大学协会发展起来的外部质量评估系统是建立在同行评审的基础之上。著名高等教育质量保证专家凯尔斯（H.R.Kells）在评定荷兰质量保证系统运行的第一年时指出，荷兰大学做的一件可圈可点的事情就是，"'绩效测量'没有被采纳为系统的基础。尽管最初受其诱惑，但是荷兰对这种简约系统表现出来的警惕，是十分明智的。"[25]那么，什么是同行评审、什么是绩效指标？二者在质量评估中的作用是什么？

同行评审一般是指"由被评领域的专家组成的外部评估小组对高等教育

---

24 Peter A. M. Maassen. Quality Assurance in the Netherlands. New Directions for Institutional Research, 1998（99）:26-27.

25 Leo C.J. Goedegebuure, Peter A.M.Maassen & Don F. Westerheijen. Peer Review and Performance Indicators： Quality Assessment in British and Dutch Higher Education, Utrecht： Lemma, 1990. 81.

机构的学位项目、教学人员与结构的质量和效益开展的外部评审和评估。同行评审可以基于认证组织设定的标准或其他一些更广泛的质量标准。"[26]霍夫斯蒂（W.K.B Hofstee）对科研的同行评审做出这样的阐述：

> 试图对学术研究的未来施加一种有益的影响。向基金机构提供对一个项目或计划的积极报告是以一种含蓄的方式传达这样的信息：期待着基金组织拨以适当比例的经费从而促进科学的进步。而负面的建议意味着这些钱可以更好地用在其他地方。如果一切顺利的话，那些负责同行评审的人在充分了解自己易错性的基础上做出这些言论，同时坚信，人类的判断无可替代——质量评估不能完全自动化，塑造学科未来的责任不可避免地要落在人类身上。因此，在通常情况下，卓有建树且负有责任感的研究者愿意履行评估员的职责，尽管这无疑会占用他们的科研时间。[27]

而绩效指标是"一组用于提供公众问责的硬性测量数据，通常包括入学和毕业生人数、科研记录、毕业生就业情况、生均成本、生师比、教师工作量、学生的适应性、班组规模、实验室以及其他设备、资产净值、图书馆、信息技术及其他学习资源等。"[28]那么，绩效指标在质量评估中的作用是什么？与主观的同行评审相比，是否可以更多的依赖于"硬性"的绩效指标呢？荷兰学者 Vroeijenstijn 以葡萄酒为例进行了生动的说明：

> 我有一瓶葡萄酒，想评估其质量。哪些方面重要呢？首先，我必须决定我要评估这瓶葡萄酒的哪些方面：酸度、单宁酸（tannin）、酒精百分比、沉积物。当然，我可以根据这些指标来测量这瓶酒，但我仍然不知道这酒是好还是不好。……因为有些方面对评估这瓶酒的质量来说更重要，那就是味觉和嗅觉。而这些方面是无法量化的，（因此）我们需要一个专家小组来对这瓶酒

26 Global University Network for Innovation. Higher Education in the World 2007. Accreditation for Quality Assurance: What is at State? New York: Palgrave Macmillan, 2007.406.

27 Leo C.J. Goedegebuure, Peter A.M.Maassen & Don F. Westerheijen. Peer Review and Performance Indicators: Quality Assessment in British and Dutch Higher Education. Utrecht: Lemma, 1990.47.

28 Global University Network for Innovation（Eds）Higher Education in the World 2007. Accreditation for Quality Assurance: What is at State? New York: Palgrave Macmillan, 2007.405.

做出判断。[29]

克尔斯持有相似的观点，他同样认为，绩效指标作为判断的基础是必要，但这些数据本身并不能代替同行的判断，只有同行才能使这些"硬性"指标变得有意义。

> 绩效指标是如此迷人，因为我们可以得到一幅关于"优势"和"弱点"的清晰图画。但是，我们必须非常小心地分析它们，并补充以其他信息。绩效指标在质量评估中扮演一定的角色，但其作用甚微。广义的绩效指标（即定性和定量的指标）是获取质量图画的出发点；狭义的绩效指标（定量的指标）在支持同行的意见方面起到一定的作用……同行的观点和意见必须基于事实和数字，但决不能被绩效指标所取代。绩效指标不能为自身辩护，必须由专家进行阐释。绩效指标决非点金石（philosopher's stone）。"[30]

在荷兰正式的质量评估系统成形之前，政府与学术界对于质量评估究竟是采用绩效指标还是同行评审存在着很大的分歧。在这个问题上，他们似乎成了对立的两方——政府对绩效指标表现出高度的重视，而学术界更信赖于同行评审。

相比"柔性"的同行评审，政府偏好"刚性"的绩效测量。这一点不难理解。荷兰政府对高校的财政资助占到高校总收入的 90%，当然有权力要求高校对纳税人的钱表现出负责的行为。所以，与质量评估的其它目的相比，政府更感兴趣是的绩效责任，政府需要向公众、尤其是议会证明，花在高等教育上的钱是物有所值。政府明确声明，未来对高校做出的任何决定在很大程度上将根据其绩效进行判断，而高校绩效的评定将通过质量评估系统来进行。在政府看来，绩效指标可以承载四个功能，即评估功能、监督功能、对话功能以及资助功能。评估功能是指绩效指标能够表明院校目标已经完成的程度；监督功能是指绩效指标能够标明相关的发展和倾向；对话功能是指绩效指标可被用作信息的客观基础；资助功能意味着绩效指标与政府拨款建立直接的

---

29 A.I. Vroeijenstijn. Improvement and Accountability: Navigating between Scylla and Charybdis. Guide for External Quality Assessment in Higher Education. London: Jessica Kingsley Publishers Ltd, 1995. 20.

30 A.I. Vroeijenstijn. Improvement and Accountability: Navigating between Scylla and Charybdis. Guide for External Quality Assessment in Higher Education. London: Jessica Kingsley Publishers Ltd, 1995.22-23.

联系。[31]在与大学的关系重新界定的情况下，政府需要证明它的目标是否实现，实现的程度，它所做的决策是否是正当的？如果这些效果是可以衡量和比较的，那么这种"证据"就变得十分明显。绩效指标被视为在衡量政府的政策结果方面是非常有帮助的。[32]对政府而言，外部质量评估就是意味着对高等教育机构进行尽可能客观地测量，尽可能多的收集有关高等教育机构绩效方面的客观信息，因为在政府眼中，质量评估就是，"首先定义什么是质量，为质量确定标准，采纳一些绩效指标，然后进行测量——高校在何种程度上达到了这些标准。最后在此基础上进行决策。"[33]这实际上就是把外部质量评估架构在三个前提之上，即：质量是可以定义的；质量可以被量化和客观化；绩效标准与质量之间相互关联。[34]

绩效指标与质量之间是否真正存在着关联呢？学术界对此持怀疑态度。以毕业率为例。如果 A 大学学生的毕业率为 80%，B 大学的毕业率为 60%，那么，既使在其它指标都相同的情况下，就可以绝对地判定 A 大学的质量要高于 B 大学吗？经济学家卡莱茨基（M. Kalecki）曾经这样说过，"头等愚蠢的事就是不计算，第二个最愚蠢的事就是盲目地跟随计算结果。"[35]与硬性指标相比，大学更愿意倾听谁的声音，答案显而易见：同行。荷兰大学质量提高的着力点在于同行评审[36]。事实上，关于同行评审与绩效指标的争论在很大程度上与质量评估系统的根本目的——控制取向的还是以质量提高为

31 F. A. van Vught. The New Government Strategy for Higher Education in the Netherlands: An Analysis. Higher Education Quarterly, 1989, 43（4）: 356.

32 Leo C.J. Goedegebuure, Peter A.M.Maassen & Don F. Westerheijen. Peer Review and Performance Indicators: Quality Assessment in British and Dutch Higher Education. Utrecht: Lemma, 1990. 83.

33 A.I. Vroeijenstijn. Improvement and Accountability: Navigating between Scylla and Charybdis. Guide for External Quality Assessment in Higher Education. London: Jessica Kingsley Publishers Ltd, 1995. 8.

34 A.I. Vroeijenstijn. Improvement and Accountability: Navigating between Scylla and Charybdis. Guide for External Quality Assessment in Higher Education. London: Jessica Kingsley Publishers Ltd, 1995. 8.

35 转引自 Leo C.J. Goedegebuure, Peter A.M.Maassen & Don F. Westerheijen. Peer Review and Performance Indicators: Quality Assessment in British and Dutch Higher Education. Utrecht: Lemma, 1990. 48

36 Leo C.J. Goedegebuure, Peter A.M.Maassen & Don F. Westerheijen. Peer Review and Performance Indicators: Quality Assessment in British and Dutch Higher Education. Utrecht: Lemma, 1990. 83.

导向——紧密相关。在荷兰大学掌舵之下、以质量提高为主要目标的质量评估系统中，同行评审起到了主导作用，而绩效指标仅处于次要地位。

5.2.2 "荷兰模式"的成因分析

总的来说，荷兰政策制定的本质是以法团主义[37]（corporatism）为特征，技术官僚（technocrats）之间的决策协商是平常之事。在法团主义国家里，政府和利益集团之间通过分享公共空间来接近与互惠。政府"将其最独特的部分资源——制定与实施约束性协议的合法的强制性权力——下放给它不控制的有组织的集团。有组织的利益集团通过系统地参与公共政策决策过程，可以变成支撑国家的力量。对于私人利益集团来说，好处是得到了参与公共政策形成的优待。反过来，民主国家可以期望，在把政策实施的责任或部分或完全交给其成员为政策对象的利益集团手中的情况下，其政策的效力可以得到提高。"[38]

荷兰高等教育领域的相关政策是由在以政府组织为主导构织的组织间网络中各种组织相互作用而产生的合力的结果。[39]高等教育质量保证政策的成形是建立在政府与大学之间多次互动协商而达成的协议的基础之上，也就是说，"荷兰模式"是基于荷兰特定的社会和政策决策环境。然而，对局外人而言，政策的决策不仅是一个复杂的过程，更是一个"神秘"的过程，正如罗杰·布朗所言，"考虑到在这个特殊政策舞台里政策制定的封闭甚至保密的本质，让那些并没有直接参与其中的人去弄清楚（暗箱里面）到底发生了什么，已经是一件相当棘手的事情，更不用说能够娓娓到来，言之有理……"[40]限于笔者掌握的资料，所以在这里只是试着从质量保证政策中的主要参与者及其相互关系的角度对"荷兰模式"的成因进行一定的解释。

---

37 法团主义是指在民主宪政国家拥有至高无上的地位的条件下，有组织的资本和劳工利益集团的正式代表之间就社会与经济政策决策问题不断进行谈判的超议会的政治实践，它得到国家的推动并以达成实质性结果为条件。详见[荷] 耶勒·费舍，安东·黑姆耶克著，张文成译：荷兰的奇迹：荷兰的就业增加、福利改革、法团主义，重庆：重庆出版社，2008.58。

38 [荷]耶勒·费舍，安东·黑姆耶克著，张文成译：荷兰的奇迹：荷兰的就业增加、福利改革、法团主义[M]，重庆：重庆出版社，2008.58。

39 Leo C.J. Goedegebuure and Don F. Westerheijden. Changing Balances in Dutch Higher Education. Higher Education, 1991, 21（4）: 505.

40 Roger Brown. Quality Assurance in Higher Education: The UK Experience Since 1992, London: Routledge, 2004.5.

　　荷兰高等教育质量保证政策网络包括教育部、荷兰大学协会、大学管理者、荷兰科研组织、皇家艺术与科学院、学生组织、专业协会等，还有其它一些利益集团也积极地参与到决策过程中来。由于荷兰高等教育政策网络中有这样一个几乎坚不可摧的学术咨询团体的参与，这从而确保了学术力量对政策的影响与渗透。[41]在这一政策网络中，尽管教育部是最强大的组织，同时也是主要参与者与行动者，但是，就网络中参与各方的关系而言，……横向关联似乎战胜压倒了垂直关联。[42]同时，在这些横向关系中存在着众多的实质性依赖（essential dependencies），而这种实质性依赖在很大程度上限定了网络的权力结构（power configuration），从而影响了政策的最终结果。[43]也就是说，由于参与者之间相互依赖的关系，建立共识是必需的，这从而冲淡了任何个体参与者试图强加自己政策偏好的能力，直接的沟通和协商在整个政策决策过程中扮演了重要的角色[44]。

　　在该政策网络中，与其它组织间的关系相比，教育部与大学之间的依赖关系是最重要的关系。也正是由于二者之间的这种依赖关系，大学才能够成功地"挫败"政府最初的政策主张。一方面，大学依赖于政府的资助，政府是高等教育机构最主要的资助者，大学得以生存的财政来源主要依靠议会、教育部。政府决定了大学的预算，而预算限定了大学行动的自由与界限——任何机构可以提供的服务范围最终取决于它可以支配的金钱。金钱万能（money talks）；另一方面，尽管"在一个自上而下、由中央政府提供资金的高等教育系统里，政府是一个非常重要的政策参与者，但是没有一个政府具有绝对的权力，或者至少它不能绝对地行使这个权力。"[45]更重要的事实是，荷兰大学

41　Don F. Westerheijden, Harry de Boer, and Jürgen Enders. An 'Echternach' Procession in Different Directions: Oscillating Steps Towards Reform. In C. Paradeise et al. University Governance: Western European Comparative Perspectives. Springer Science+Business Media B.V, 2009. 108.

42　Frans A.van Vught, Collective Rationality and Retrenchment, in Peter A.M.Maassen & Frans A. van Vught. Dutch Higher Education in Transition: Policy-issues in Higher Education in the Netherlands. Culemborg: Lemma, 1989. 66.

43　Leo C.J. Goedegebuure and Don F. Westerheijden. Changing Balances in Dutch Higher Education. Higher Education, 1991, 21（4）：506.

44　Frans A.van Vught, Collective Rationality and Retrenchment, in Peter A.M.Maassen & Frans A. van Vught. Dutch Higher Education in Transition: Policy-issues in Higher Education in the Netherlands. Culemborg: Lemma, 1989.59-60.

45　弗兰斯·F·范富格特主编，王承绪等译：国际高等教育政策比较研究[M]，杭州：浙江教育出版社，2001.413。

不是完全操纵于教育部股掌之中的"木偶"。大学不仅可以通过与议会的非正式关系获得权力，而且，作为高等教育与科学产品的重要供应者与几乎垄断式的控制者，大学掌握着一个可与政府的"金钱"相抗衡的重要"武器"——知识。"知识、信息和话语成为重要的影响力基础，传统意义上的权力基础，如掌握经济资源的多少、聚集选票的能力、对于选举的意义等成为次要的因素。共同体参与者之间为了解决问题在各个阶段进行的沟通成为政策制定过程中最重要的活动。在政策网络中，参与各方是否能够提供充分的信息，是否能够充分地论证自己的观点，是否能够进行有效的政策辩论成为关键。"[46]

总之，一方面，大学依赖于政府的资助，另一方面政府依赖于大学促进知识的创新与社会的进步，二者的相互依赖有一个共同的目标，即生产高深知识与进行高层次的科学研究。正是这一共同目标把政府与大学"捆绑"在一起。政府与大学之间相互依赖的关系意味着，如果政府的政策要从长远来看取得效果的话，那么必须把大学的价值诉求考虑在内。政府的政策越和高等教育机构的偏好保持一致，政府实现其目标的可能性就越大；相反，如果政策与高等教育机构的偏好相悖，那么由于高等教育机构的防御行为和抵触情绪，这些政策产生的效果的往往有限。[47]

荷兰高等教育质量评估最初由政府发起，当时大学处于一种被动的状态，后来大学勇于迎接挑战，在设计质量评估系统中扮演了积极的角色，形成了在欧洲具有重要影响的"荷兰模式"。"荷兰模式"是建立在政府与大学之间协议的基础之上，也就是说，"荷兰模式"的形成有其特殊的社会和政策环境。除了其他因素之外，荷兰以协商、共识为特征的政策决策模式以及政府与大学之间相互依赖的关系使得"荷兰模式"成为可能。

46 魏姝：政策中的制度逻辑——美国高等教育政策的制度基础[M]，南京：南京大学出版社，2007.169-170。
47 Leo C.J. Goedegebuure and Don F. Westerheijden. Changing Balances in Dutch Higher Education. Higher Education, 1991, 21（4）：508

6 认证制度：荷兰高等教育
质量保证政策的新范式

> 认证既不中立也不慈善，它并非与政治无关。恰恰相反，认证
> 路线是高度政治化的。从根本上看，它是关于权力的转移，一种掩
> 盖在消费者需求和欧洲高等教育一体化外衣之下、背后隐藏着新公
> 共管理思想的权力转移。
>
> ——哈维·李[1]

在博洛尼亚进程的强大推动之下，荷兰于 2002 年正式建立了高等教育认证制度。[2]荷兰《高等教育与研究法案》规定，大学和高等职业院校提供的所有学士和硕士学位项目必须进行认证，认证是政府对学位项目进行资助、学生获得贷款以及高校有权颁发认可的学位证书的前提条件。换言之，学士和硕士学位项目必须经过官方认可。如果私立高等教育机构提供的学位项目希望得到国家的认可，那么也必须经过认证。这意味着由非政府资助的高校提供的学士、硕士学位项目也纳入了国家认证的范畴之内。

与 1988 年荷兰建立的质量评估制度相比，认证制度不仅仅是对既有的高等教育质量保证系统的一个修改或补充，相反，它是对质量评估制度的一次

---

1 Lee Harvey. The Power of Accreditation: Views of Academics. Journal of Higher Education Policy and Management, 2004, 26（2）: 207-208.

2 荷兰高等教育认证制度针对的是学士和硕士学位项目。博士学位项目由大学自身负责，不需要经过认证。大学为每位博士候选人成立一个博士委员会，由博士委员会负责评估博士候选人是否满足了该层次规定的学习结果要求。

重大改革。根据霍尔的政策范式理念，认证制度是荷兰高等教育质量保证政策的新范式，也就是说，从质量评估到质量认证是荷兰高等教育质量保证政策的第一次范式转移。在荷兰的语境中，认证是指"授予学位项目一个质量标签，以表明其达到了一定的质量标准"。[3]

本章首先分析推动荷兰建立质量保证政策新范式的主要力量，接下来分析荷兰认证制度的几个重要组成要素以及认证制度的特点。

6.1　荷兰建立质量保证政策新范式的动力

事实上，早在 1999 年《博洛尼亚宣言》发表之前，关于设计"下一代"高等教育质量保证机制的政策讨论已经热烈地展开了，尤其是在荷兰这样一个开展质量保证的"先锋国家"。但不可否认的是，推动荷兰质量保证政策从评估到认证范式转移的主要动力是《博洛尼亚宣言》，《宣言》中提出的建立学士——士二级学位结构、欧洲学分制度、促进流动性等目标得到了荷兰政策制定者与高等教育利益相关者的普遍欢迎。荷兰政府欣然采纳了《博洛尼亚宣言》的倡议，在欧洲国家中率先对原有的高等教育学位结构进行了改革。[4]既有的质量评估系统已经无法应对博洛尼亚进程提出的挑战，为了促进荷兰高等教育的国际透明度与竞争力，毫不犹豫地引入认证制度是在新的国际情况下做出的正确选择。

6.1.1　既有质量评估系统的合法性受到质疑

荷兰高等教育质量评估系统的一个重要特征就是大学的保证伞组织——荷兰大学协会负责外部质量评估，其首要目的旨在促进大学的质量，问责制与质量评估系统的严谨性则由高等教育督察署负责监督。这种制度安排曾一度被视为质量保证的典范，尤其是通过欧盟在质量保证领域推广的试验项目，

3 A.I. Vroeijenstijn. External Quality Assessment in Dutch Universities: Past and Future. In Barbara M. Kehm.Looking Back to Look Forward: Analyses of Higher Education after the Turn of the Millennium [EB/OL]. https://kobra.bibliothek.uni-kassel.de/bitstream/urn:nbn:de:hebis:34-2008051321483/1/wb67.pdf, 2010-8-24, p.49.

4 Margarita Jeliazkova & Don F. Westerheijden. The Netherlands: A Leader in Quality Assurance Follows the Accreditation Trend. In S.Schwarz and Don F. Westerheijden. Accreditation and Evaluation in the European Higher Education Area. Dordrecht: Kluwer Academic Publishers, 2004. 342.

"荷兰模式"得到了广泛的传播，成为包括丹麦和葡萄牙在内多国质量保证系统模仿的样板。然而，经过十多年的运行之后，从某种程度上讲，所有的行动者都黯熟"如何玩游戏"，高等教育质量评估慢慢演变成为例行公事，政界和社会对它的支持日渐褪色。[5]在刚刚迈入 21 世纪之际，为了了解质量评估究竟对学位项目的质量产生了怎样的影响，荷兰审计院（the Netherlands Court of Audit）对几所大学进行了调查。结果发现，旨在改进质量的外部质量评估系统并没有产生预期的效果，相反，学位项目的质量仍然处于相对较低的水平。教育部开始警觉到议会挑剔与不满的眼光。[6]这进一步加重了政府对质量评估系统存在的合法性的质疑。另一方面，政府认为，评估报告对于最终的用户——学生、家长以及雇主而言过于厚重且含糊其辞，简单的是/否的认证声明将会更加符合公众的要求。[7]

6.1.2 荷兰积极回应博洛尼亚进程的挑战

在 20 世纪 90 年代初，高等教育质量保证朝着欧洲维度的发展是犹豫而缓慢的，质量保证的话语权仍然限定在国家范围之内。即使 1992 年的马斯特里赫特条约（Maastricht Treaty）第一次开创性的把高等教育列入欧洲政策的范畴，但仍未能对欧洲各国质量评估活动产生根本性的触动。然而，1998 年的《索邦宣言》，特别是 1999 年《博洛尼亚宣言》的发表，这先前相当宁静的欧洲质量评估风景似乎是遇到了一个"暴风急流"，在不断增长的建立欧洲高等教育区的强大气势之下，西欧各国掀起了巨大的波澜。[8]

5 Westerheijden, Don F, Cremonini Leon, Kolster, Renze et al. New Degrees in the Netherlands：Evaluation of the Bachelor-Master Structure and Accreditation in Dutch Higher Education. Final Report [EB\OL]. http://www.han.nl/start/graduate-school/nieuws/ nieuws/master-social-work-behoef/professor-kishore-mahbuba/rapport-ocw-discussie- ove/_attachments/new-degrees-netherlands-evaluationbama.pdf, 2010-8-24, p.41.

6 Harry F. De Boer, Jürgen Enders and Don F.Westerheijden. From paper to practice：two reforms and their consequences in Dutch higher education. In A.Gornitzka et al. Reform and Change in Higher Education：Analyzing Policy Implementation. http://www. springerlink.com/content/mm15476k33188743/fulltext.pdf, 2010-6-29, pp.104-105.

7 Westerheijden, Don F, Cremonini Leon, Kolster, Renze and et al. New Degrees in the Netherlands：Evaluation of the Bachelor-Master Structure and Accreditation in Dutch Higher Education. Final Report [EB\OL]. http://www.han.nl/start/graduate-school/ nieuws/nieuws/master-social-work-behoef/professor-kishore-mahbuba/rapport-ocw- discussie-ove/_attachments/new-degrees-netherlands-evaluationbama.pdf, 2010-8- 24, pp. 41-42.

8 Don F. Westerheijden, Movements towards a European Dimension in Quality Assurance

1999 年 6 月，欧洲 29 国教育部长齐聚意大利的文化古城博洛尼亚，共同签署的《博洛尼亚宣言》，开启了欧洲国家共同致力于实现超国家目标的博洛尼亚进程。《宣言》中提出了六个主要发展目标，第一，建立一种易读、可比的学位体系；第二、建立一个以学士——硕士两周期为基础的高等教育系统；第三，建立欧洲学分制度；第四、消除障碍、促进师生及学术人员的广泛流动；第五，促进欧洲各国在质量保证领域的合作，发展可比较的标准和方法；第六，促进高等教育的欧洲维度，其最终战略目标是到 2010 年建立一个统一的欧洲高等教育区。[9]尽管《宣言》中并没有对欧洲质量保证的远景做出十分清楚的表述，但事实证明，质量保证是建设欧洲高等教育区的重要基石。2001 年，博洛尼亚进程成员国教育部长会议发布的《布拉格公报》指出，博洛尼亚进程未来六大行动目标之一就是促进欧洲质量保证的合作。部长们认识到质量保证系统在促进欧洲范围内高等教育资格可比性的重要作用，强调各国质量保证系统相互信任、认可以及紧密合作的必要性。发展一个共同的资格框架、连贯的质量保证以及认证或证书机制将会促进欧洲高等教育学位在世界范围内的可读性和可比性。[10]这一理念随着博洛尼亚进程的不断深入而得以强化。

博洛尼亚进程对国家高等教育质量保证系统提出了至少两点设计上的要求：第一，质量保证的对象必须是学位项目，其重点在于学生能从高等教育系统中获得些什么，即学习结果；第二，欧洲范围内的透明度，即学习结果必需在整个欧洲高等教育区是可理解的。所以，在博洛尼亚进程中，质量保证的角色就是作为一种能够提供欧洲质量透明度的机制。[11]对许多欧洲高等

and Accreditation. In Don F. Westerheijden & Marlies Leegwater. Working on the European Dimension of Quality [EB/OL]. http://www.jointquality.org/content/denemarken/WorkingEuropeanDimension.pdf, 2011-2-16, p.16.

9 The Bologna Declaration of 19 June 1999. Joint Declaration of the European Ministers of Education [EB/OL]. http://www.bologna-bergen2005.no/Docs/00-Main_doc/990719 BOLOGNA_DECLARATION.PDF, 2011-2-14.

10 Prague Communique. Towards the European Higher Education Area.Communique of the meeting of European Ministers in charge of Higher Education in Prague on May 19th, 2001 [EB\OL]. http://www.ond.vlaanderen.be/hogeronderwijs/bologna/documents/MDC/PRAGUE_COMMUNIQUE.pdf,2011-2-16.

11 Don F. Westerheijden, Movements towards a European Dimension in Quality Assurance and Accreditation. In Don F. Westerheijden & Marlies Leegwater. Working on the European Dimension of Quality [EB/OL]. http://www.jointquality.org/content/denemarken/WorkingEuropeanDimension.pdf, 2011-2-16, p.22.

教育的决策者来说，认证似乎就是应对博洛尼亚挑战的最合适答案。还没有顾得上对其他可行的政策选择进行调查，认证突然间变得流行起来。对政策决策者及高等教育的利益相关者而言，认证的优势主要体现在以下几个方面：第一，可靠性、强劲性和效率。这主要是由于认证的一个显著特性就是对质量根据一定的标准做出是或否的简单判断；第二，与其它的质量保证机制相比，认证能够提供更大的透明度；第三，与西欧传统的质量评估方法相比，认证能够提供更好的消费者保护。因为只有质量达到一定的阀值认证才能通过。

作为 1999 年《博洛尼亚宣言》29 个签约国之一，《博洛尼亚宣言》激发了荷兰举国上下的大讨论。事实上，荷兰对《博洛尼亚宣言》提出建立一个统一的欧洲高等教育区的雄伟目标表现出极大的热情，上至议会、政府，再到荷兰大学协会、荷兰高等职业教育协会、学生组织、高等教育机构以及社会上最具影响力的团体等都是《博洛尼亚宣言》积极的拥护者与支持者。[12]这无疑与荷兰所谓的"小国情结（small country complex）"有着千丝万缕的联系。荷兰是一个高度开放的国家，荷兰对外部世界非常现实的依赖演绎成荷兰高度开放的政治、经济与文化。在教育领域，荷兰政府一直积极采取措施推动教育的国际化，如课程内容的国际化、吸引外籍教师和学生、为本国学生提供国外学习的机会等。进入 21 世纪，开放性、灵活性、国际化的高等教育成为荷兰政府的一个重要目标。然而"少数民族"语言（荷兰语）以及"古老的"的学位结构阻碍了荷兰高等教育在国际社会上的广泛认可，而《博洛尼亚宣言》倡导的建立一个易读、可比的学位体系、学士——硕士二级学位结构等改革恰好给荷兰高等教育走向国际化与现代化创造了一个重要的机遇，因而受到了高等教育利益相关者与政策制定者的广泛欢迎，他们深信，两周期学位结构可以使荷兰高等教育系统更加变得灵活与开放，它不仅能为荷兰本国学生提供更多在国际上发展的机会，同时也能够吸引更多的外国学生到荷兰来学习。正如一位颇有影响的荷兰大学校长这样讲道，"学士——硕士二级学位结构改革是荷兰大学的福音，因为它给大学提供了创造差异性的机会，使得荷兰大学无论对于本国还是国际上多样化的学生群体而言具有更

---

12 Karl Dittrich, Mark Frederiks and Marc Luwel. The Implementation of 'Bologna' in Flanders and the Netherlands. European Journal of Education, 2004, 39（3）: 299-300.

大的吸引力。"[13]2003 年 1 月，纽约时报周末版刊登了一篇题为《新欧盟》（The New E.U.）的文章。文章开头这样写道：

> 对于这所位于荷兰北部、建立于 1614 年的古老学府，格罗宁根大学正惊人地开始发生改变。这个秋季，它五年的学位项目分裂成了学士和硕士学位两个部分。不久，它将采纳新的欧洲学分系统。与此同时，这所大学的人事招聘工作者正忙着拉拢亚洲和东欧的年轻人到这个友好的中世纪城市来继续研究生课程的学习——当然是用英语。[14]

学士——硕士二级学位结构改革的同时伴随着对引入认证制度的大讨论。事实上，关于是否建立认证制度的辩论早在 1998 年就已经开始了。新的国际动态、绩效责任、质量的欧洲及国际透明度、高等教育系统的开放性以及非传统高等教育提供者的涌现成为引起这场举国上下大辩论的关键词。[15]高等教育界内外普通认为，为了确保荷兰高等教育在国际舞台上的透明度，提高其在欧洲知识市场上的竞争地位，荷兰高等教育的国际可读性、可比性、认可度以及竞争力都急需改进，而以往的质量保证机制已无法应对新的国际环境对高等教育提出的挑战，建立高等教育认证制度势在必行。2000 年的《高等教育与研究计划》（Higher Education and Research Plans，荷兰语简称 HOOP 2000）草案对荷兰高等教育系统引入认证制度的必要性进行了解释。草案指出，认证问题的症结在于高等教育领域不断加强的国际维度，新的国际环境对荷兰高等教育质量保证提出了新的要求。为此，草案表达了一个强烈的政治愿望，即通过一个独立的外部质量评估机构以加强高等教育系统的问责制，提升高等教育质量的国际标准，其目标是以认证的形式对学位项目授予一个正式的"质

---

13 Don F. Westerheijden, Eric Beerkens etc. The First Decade of Working on the European Higher Education Area. The Bologna Process Independent Assessment, Volume 2 Case Studies and Appendices [EB/OL]. http://ec.europa.eu/education/higher-education/doc/bologna_process/independent_assessment_2_cases_appendices.pdf, 2010-8-16, p. 46.

14 Robert Wagenaar. Creating a Culture of Quality. Quality Assurance at the University of Groningen [EB\OL]. http://www.ihep.org/assets/files/gcfp-files/WAGENAARONQA. pdf, 2010-12-26.

15 Margarita Jeliazkova & Don F. Westerheijden. The Netherlands：A Leader in Quality Assurance Follows the Accreditation Trend. In S.Schwarz and Don F. Westerheijden. Accreditation and Evaluation in the European Higher Education Area. Dordrecht：Kluwer Academic Publishers, 2004. 336.

量标签"（quality label）。[16]通过认证的"批准印章"（approval stamp），使得学位项目的质量变得更加透明易懂。

同年，在与高校及学生组织广泛协商的基础上，教育部发布了白皮书——《关注质量》，再次强调了"质量标签"的重要性。白皮书指出，"质量标签"不仅会提高荷兰高等教育学位的国际可读性和认可度，同时也能为进一步加强高等教育在国际层面上的合作奠定基础。[17]在最后递交给议会的政策文件《荷兰高等教育认证》中给出了引入认证制度的几条理由：[18]第一，促进荷兰高等教育的国际认可（recognition）；第二，提升学位项目的国际基准；第三，促进学位项目质量的透明度；第四，加强质量评估的独立性；第五，在学位项目达不到质量标准的情况下，阐明产生的严重后果。

在广泛讨论协商的基础上，2002 年 6 月，荷兰议会上下两院正式通过了关于两周期学位结构改革和认证制度的《高等教育法案》修正案，并于 2002 年的 9 月正式生效。荷兰《高等教育法案》修正案对认证制度做出了以下九条规定：[19]

第一、由国家认证机构负责对学位项目进行认证。国家认证机构最重要的使命之一就是发展国际合作框架，这是迈向欧洲质量合作的第一步。

第二、大学与高等职业院校建立一个统一的认证制度，以促进两个部门之间的相互渗透。但是，学术性学位项目与职业性学位项目在同一认证制度下分别应用两个不同的认证框架。原则上，大学可以提交职业性的学位项目进行认证，高等职业院校在也可以提交学术性的学位项目进行认证。

第三、认证标准的修正必须得到教育部的批准，并与议会进行协商。

第四、教育部对新设立的学位项目在通过认证后要进行"宏观效率"检

16 Witte, Johanna Katharina. Change of Degrees and Degrees of Change： Comparing Adaptations of European Higher Education Systems in the Context of the Bologna Process [EB/OL]. http://www.che.de/downloads/C6JW144_final.pdf, p.220

17 Witte, Johanna Katharina. Change of Degrees and Degrees of Change： Comparing Adaptations of European Higher Education Systems in the Context of the Bologna Process [EB/OL]. http://www.che.de/downloads/C6JW144_final.pdf, pp.228.

18 A.I. Vroeijenstijn. External Quality Assessment in Dutch Universities： Past and Future. In Barbara M. Kehm. Looking Back to Look Forward： Analyses of Higher Education after the Turn of the Millennium [EB\OL]. https://kobra.bibliothek.uni-kassel.de/bitstream/urn:nbn:de:hebis:34-2008051321483/1/wb67.pdF, 2010-8-24, p.48.

19 Witte, Johanna Katharina. Change of Degrees and Degrees of Change： Comparing Adaptations of European Higher Education Systems in the Context of the Bologna Process [EB/OL]. http://www.che.de/downloads/C6JW144_final.pdf, pp.239-241.

查,即教育部从一个宏观的视野来判断新学位项目的社会相关性和效益问题。

第五、原则上,只有通过认证的学位项目才有资格授予国家认可的学位,并可获得国家的财政资助。

第六、学位项目的认证周期为六年。

第七、认证机构在收到高校认证请求后的三个月内必须做出认证判断。认证报告必须向外界公开。

第八、认证机构每年要公布经其认可的质量评估机构的名单。高校也可自由选择那些不包括在名单上的评估机构。

第九、教育督察署的使命是对质量评估机构进行监督,并对学士——硕士二级学位结构的执行进行评估。

总的说来,荷兰认证制度的建立是由于新的国内、国际环境对荷兰高等教育质量保证提出了新的要求。正如 2004 年,荷兰教育部在其政策文件《质量的价格:国际高等教育通讯》(Price to Quality: International Higher Education Newsletter)[20]中指出,现有几乎没有一个话题不是围绕着不断增长的欧洲化和高等教育国际化。荷兰高等教育机构正越来越多地参与到国际化当中,其形式是多种多样,如学位项目中纳入国际维度,发展和提供境外教育等。国际化的意义已经远远超出了学生和教职人员的流动。建立认证制度的意义是双重的,一方面要确保高等教育机构的问责制,另一方面是促进荷兰高等教育在国际上的透明度、可比性、认可度与竞争力。

6.2　荷兰高等教育认证制度

荷兰高等教育认证制度是一个三层的组织架构:第一层是高校,由高校负责对学位项目进行自我评估;第二层是独立于高校的质量评估机构,由质量评估机构负责召集评估小组对学位项目进行外部评估;第三层是既独立于政府也独立于高校的认证机构,由认证机构对学位项目做出认证判断。认证制度实施的着重点在于四个方面:第一,通过一个独立运作的认证机构来确保公正性与信誉度;第二,认证机构通过公开、宽泛的认证框架对学位项目的质量进行理性判断;第三、认证机构的认证决策建立在质量评估机构对学

---

20 该政策文件的英文标题是根据荷兰语 Koers op kwaliteit, Internationaliseringsbrief hoger onderwijs 翻译而成。

位项目做出的评估报告的基础之上；第四，认证结果承载着重要的利害关系。这四点可以视为荷兰认证制度的四大要素，即一个独立运作的认证机构、公开的认证框架、开放的质量评估机构市场以及利益攸关的认证结果。

6.2.1　荷兰——佛兰德认证机构

由于在《高等教育法》修正案通过之前所做的筹备工作，荷兰认证署（The Netherlands Accreditation Organization, 荷兰语简称为 NAO）顺利地于 2002 年 8 月成立，其首要任务是为大学和高等职业院校既有和新设立的学位项目开发认证框架。为了获得高校的信赖和支持，认证署的董事会里有强大的来自学术共同体的代表。然而，国际化的发展迅速改组了这个新生的认证机构。在博洛尼亚进程有力的推动之下，荷兰和佛兰德时任的教育部长一致同意协调两国的认证系统，建立一个共同的认证组织。事实上，早在 2000 年，两国政府就表达了建立一个共同的高等教育认证组织的愿望。2003 年 9 月，荷兰与佛兰德共同签署了一项两国双边协议，荷兰——佛兰德认证机构（the Accreditation Organization of The Netherlands and Flanders, 荷兰语简称 NVAO。以下也把其称之为 NVAO）随之取代了刚刚成立的荷兰认证署。双方一致认为，一个运作良好、国际公认的认证制度是推动和促进高等教育学位项目国际可比性与透明度的一个先决条件。在经过荷兰上院与下院的审议批准后，2004 年 12 月，NVAO 获得了正式的法律地位，并于 2005 年 2 月 1 日完成了所有法律要求的程序。

6.2.1.1　NVAO 的法律地位

荷兰立法授予 NVAO 一个自治的行政机构的地位。NVAO 独立运作，享有充分的决策权，其认证判断不受任何政府机构的干预和影响。但是，NVAO 需要向荷兰——佛兰德部长委员会负责（Dutch-Flemish Committee of Ministers）。部长委员会由荷兰和佛兰德两国负责高等教育的国务大臣和部长组成。NVAO 的财政预算、年度报告需经过部长委员会的批准，其董事会成员由部长委员会任命。部长委员会每四年起草一份 NVAO 运作的报告。尽管部长委员会对 NVAO 的运作进行监督，但其没有任何权力干涉 NVAO 的认证决策，这从而确保了 NVAO 认证决策的独立性与公正性。根据两国的协定，只有在 NVOA 严重违反其认证职责并威胁到正常工作的情况下，部长委员会才可以进行干预。

6.2.1.2 NVAO 的使命与主要任务

NVAO 的使命就是"通过对学位项目进行认证从而独立地确保并促进荷兰和佛兰德高等教育的质量。此外，NVAO 还将致力于促进高等教育机构内部的质量意识，提高荷兰和佛兰德高等教育在国际背景下的定位。"[21]具体说来，NVAO 的使命与任务主要包括这样几个方面：第一，对高等教育机构提供的学位项目进行认证；第二，对高等教育机构拟定提供的学位项目的研究计划进行初始认证；第三，通过对高校和学位项目显著质量特征的评估，从而促进高校和学位项目的差异性；第四，促进荷兰和佛兰德两国认证系统的欧洲以及国际维度，并保持国际交往，以便达成国际协议和凝聚力；第五，承担荷兰——佛兰德部长委员会委托的其他工作；第六，在主要工作范围内促进对高等教育发展的公开辩论。[22]

6.2.1.3 NVAO 的国际定位

自 2003 年 9 月成立之日起，NVAO 一直保持着高度的国际视野，意欲在欧洲高等教育质量保证中扮演先锋角色。在两国协定的解释性说明中，重点强调高等教育质量的国际透明度，可以说，NVAO 从一开始被赋予的重任之一就是要在荷兰与佛兰德高等教育的国际化中发挥重要作用。为了充分履行这一职能，NVAO 拟定了以下五大国际化发展目标。[23]在其成立的几年时间里，NVAO 不仅在各国质量保证机构中获得了公认的地位，而且享有很高的国际声誉。

1. NVAO 在国际质量保证和认证组织中扮演积极的成员角色

NVAO 是以下三个国际质量保证与认证组织的积极成员：

第一、国际高等教育质量保证机构网络组织（International Network for Quality Assurance Agencies in Higher Education, INQAAHE）。国际高等教育质量保证机构网络组织（以下简称 INQAAHE）成立于 1991 年，其会员现已涵盖 200 多个国家和地区。该组织的主要目的是收集与传播关于高等教育质量

---

21 Report of the Committee for the Review of the Accreditation Organization of the Netherlands and Flanders（NVAO）Self-evaluation Report 2007. Part 2 NVAO Self-evaluation Report [EB\OL]. www.nvao.net/download.php%3Fid%3D505, *2011-2-18, p. 29.*

22 About NVAO [EB\OL]. http://www.nvao.net/about-nvao, 2010-11-18.

23 Introduction to NVAO's international activities [EB/OL]. http://www.nvao.net/international-introduction, 2010-12-22.

评估、改进等方面的理论与实践信息。作为 INQAAHE 的积极成员之一，NVAO 于 2006 年在海牙组织了 INQAAHE 两年一次的研讨会，有来自 40 多个国家的近 100 名与会者出席了此次研讨会。自 2008 年 6 月 1 日起，NVAO 开始接管 INQAAHE 秘书处，为 INQAAHE 提供的三名工作人员中，一名担任 INQAAHE 的董事会秘书，一名担任 INQAAHE 的行政官员，还有一名主要从事各种支持工作，特别是维护网站和开发与成员之间的联系与沟通。

第二、欧洲高等教育质量保证协会（European Association for Quality Assurance in Higher Education, ENQA）。NVAO 积极参与 ENQA 的年度成员大会，并于 2006 年在布鲁塞尔成功组织了一届成员大会。NVAO 执行董事会成员之一同时也是 ENQA 的董事会成员。在最近几年里，NVAO 还参与了欧洲跨国评估项目 II（the Transnational European Evaluation Project II）。

第三、欧洲高等教育认证联盟（European Consortium for Accreditation in higher education, ECA）。ECA 包括来自 10 个欧洲国家和地区的 15 个认证组织。2003 年 11 月，欧洲 12 个认证组织在科尔多瓦签署了第一份合作协议，这标志着欧洲高等教育认证联盟 ECA 的正式成立。2008 年 6 月，来自 10 个欧洲国家的 13 个认证组织签署了第二个合作协议。除了互认认证和质量保证决议，合作协议的另一个目的是提供认证决议信息、交流好的实践并在院校的国际化方面进行合作。NVAO 积极参与 ECA 的会员研讨会，并发挥着重要的作用。此外，NVAO 的主席同时也是 ECA 的副主席，NVAO 的执行董事成员之一也是 ECA 的管理小组成员。2006 年，ECA 领导了"透明欧洲认证决议和互认协议"（Transparent European Accreditation Decisions and Mutual Recognition Agreements, TEAM）项目。该项目受欧委会资助，由 NVAO 负责协调。TEAM 项目最重要的目标是为学生、认可机构、高等教育机构以及雇主开发在线的欧洲信息工具，使他们能够方便地查找与检索哪些院校和学位项目在欧洲范围内已经获得了认证。

2. 促进荷兰和佛兰德认证制度的国际领先地位，从而提升荷兰和佛兰德高等教育的国际形象

促进荷兰——佛兰德认证制度在国际上的领先地位有助于推动荷兰和佛兰德学位项目与资格的国际认可，从而提升两国高等教育的国际形象与吸引力。为此，NVAO 的代表积极参与各种国际会议与研讨会，并做出了积极的贡献。现在，荷兰的认证制度已经成为许多国家和地区学习的榜样，每年有

大量的国际代表团对 NVAO 进行访问。2006 年，访问代表团分别来自挪威、丹麦、瑞典、德国、英国、越南、坦桑尼亚、加纳、埃塞俄比亚、赞比亚、黑山、印度尼西亚、俄罗斯、哈萨克斯坦、日本以及中国等 16 个国家。这些国际交流无疑会对来访国家的质量保证系统产生一定的影响，如丹麦的认证制度就是建立在荷兰的经验之上。此外，NVAO 还积极向国际质量评估机构、国际认证组织以及其它国际机构提供有关认证方面的详细信息，这也进一步加强了荷兰认证制度在国际上的领先地位。[24]

3. 与其他认证机构进行合作，促进认证决定的相互认可

NVAO 的主要目标之一就是促进认证决定的相互认可。NVAO 深信，如果其做出的认证决定能够自动地得到国际认证组织和他国认证机构的承认，这无疑会增加荷兰与佛兰德地区学生以及毕业生的国际流动性，同时也会吸引更多的外国学生到荷兰和佛兰德地区继续学习或就业。

2010 年 6 月 17 日，NVAO 与日本学术学位和大学评估国家机构（National Institution for Academic Degrees and University Evaluation, NIAD-UE）共同签署了谅解备忘录，"双方就共同的利益进行合作，致力于建立战略联盟，加强两国外部质量保证系统的运作，从而提高荷兰、佛兰德以及日本高等教育的质量。"[25]双方合作的领域包括：第一，信息与专业知识的交流，包括主要的政策文件、业务信息，尤其是由荷兰、佛兰德以及日本高等教育机构提供的信息；第二，为双方工作人员提供适当的学习交流机会；第三，就质量保证项目进行合作；第四，在双方互惠互利的研究领域，特别是在评估、认证以及学习结果方面进行合作；第五，在任何双方同意的领域开展合作。双方共同希望，他们的合作不仅将有助于促进两国质量保证机构的信息交流，同时也能够加强日本与荷兰、佛兰德高等教育机构间的合作。[26]

2010 年 10 月，NVAO 与中国国际教育交流协会在北京签署了意向书，

24 Report of the Committee for the Review of the Accreditation Organization of the Netherlands and Flanders（NVAO）Self-evaluation Report 2007. Part 2 NVAO Self-evaluation Report. www.nvao.net/download.php%3Fid%3D505, 2011-2-18, p. 66.

25 Memorandum of Understanding between Accreditation Organization of the Netherlands and Flanders, The Netherlands and Flanders and National Institution for Academic Degrees and University Evaluation, Japan [EB\OL]. http://www.nvao.net/nieuws/2010/364, 2010-12-19.

26 Cooperation Agreement signed by NVAO and NIAD-UE [EB\OL]. http://www.nvao.net/nieuws/2010/364, 2010-12-22.

以增进双方的相互理解，探索在教育认证和交流方面进行合作的可能性。在中国与荷兰法律、法规框架下，双方致力于在以下领域寻求合作：第一，进一步促进学术交流、分享在认证实践中的良好经验；第二，互邀参加各自举办的会议与研讨会，并在双方共同感兴趣的领域合作组织各种研讨会。研讨会、会议的具体活动情况由双方共同友好协商决定；第三，双方将根据需要互相邀请和聘任专家学者，促进工作人员的相互交流。专家聘任和人员交流的具体细节将由双方共同友好协商决定；第四，双方将在中外合作办学、中外合作项目的认证方面进行合作，努力争取对认证决定的相互认可。[27]

4. 促进欧洲资格区（European Qualifications Area）的建立

为了进一步推动高等教育系统的可比较性和兼容性，促进学生、毕业生以及教学人员在欧洲高等教育区的流动，荷兰一直致力于促进欧洲高等教育区内认证决策的相互认可。2005 年，来自荷兰、佛兰德、挪威、奥地利、波兰以及瑞士六个国家负责认可外国资格的机构和认证组织共同签署了"关于自动认可资格的联合声明（Joint Declaration Concerning the Automatic Recognition of Qualifications）"。[28]这是朝着 NVAO 的最终目标，即建立一个欧洲资格区迈出的重要一步。在欧洲资格区范围内，各国政府当局将会自动认可不同国家和地区认证的学位和高校。

5. 积极主动地跟进质量保证和高等教育国际发展的步伐

NVAO 的第五个国际发展目标是积极跟进并影响高等教育质量保证的国际发展趋势，与国际步伐保持一致。NVAO 积极参与了联合国教科文组织和经济合作与发展组织（Organisation for Economic Co-operation and Development, OECD）共同组织的《跨境高等教育质量供给准则》（Guidelines for Quality Provision in Cross-border Higher Education）以及欧盟委员会倡议的《欧洲高等教育质量保证标准与准则》（the European Standards and Guidelines for Quality Assurance in Higher Education）与欧洲资格框架。

27 Letter of Intent for Cooperation between China Education Association for International Exchange and Accreditation Organization of the Netherlands and Flanders [EB\OL]. http://www.nvao.net/nieuws/2010/364, 2010-12-22.

28 Report of the Committee for the Review of the Accreditation Organization of the Netherlands and Flanders（NVAO）Self-evaluation Report 2007. Part 2 NVAO Self-evaluation Report [EB\OL]. www.nvao.net/download.php%3Fid%3D505, *2011-2-18, p. 67.*

2008 年，NVAO 成为欧洲高等教育质量保证注册处（European Quality Assurance Register for Higher Education, EQAR）的正式会员之一。EQAR 由欧洲高等教育质量保证协会、欧洲学生联盟（European Students' Union, ESU），欧洲大学协会（European University Association, EUA）以及欧洲高等教育机构协会（European Association of Institutions in Higher Education, EURASHE）等欧洲代表机构共同建立，旨在提高欧洲高等教育质量保证的透明度。它是支持欧洲高等教育区建设的一个重要信息工具，通过向公众提供有关质量保证机构的清晰可靠信息，促进欧洲范围内质量保证和认证决策的相互接受和认可，进一步增加欧洲质量的透明度，提高学生、高校、劳动力市场和社会对欧洲高等教育质量的信任和信心。通过 EQAR，学生、高等教育机构以及其他利益相关者可以很容易地识别哪些质量保证机构符合欧洲高等教育质量保证的标准和准则。EQAR 对 NVAO 的认可表明了其与欧洲共同的质量保证原则——《欧洲高等教育质量保证标准与准则》保持高度一致。正如佛兰德教育部长范登布鲁克（Vandenbroucke）所言，"从一开始，荷兰和佛兰德就是博洛尼亚进程中的领导者。EQAR 对 NVAO 的认可进一步证明了我们仍然处于领先优势。"[29] "人们经常把 NVAO 作为一个新的发展模式。有几个国家正准确地遵循着我们的所作所为，并希望我们新系统的所有文件很快就可以提供英文版本。我们是一个有吸引力的合作伙伴。"[30]

6.2.2 荷兰高等教育的认证框架[31]

荷兰高等教育的认证框架是 NVAO 与高等教育机构（包括政府资助的高校以及私立院校）、荷兰大学协会、学生组织、参与评估的专家以及教育部门的工会组织等利益相关者多方协商讨论的结果，并于 2003 年 5 月得到了国务

---

29 European Recognition for NVAO [EB\OL]. http://www.nvao.net/nieuws/2008/264, 2011-2-18.

30 Accreditation Organization of the Netherlands and Flanders, Reservoirs and Rapids: Annual Report 2008 Summary [EB\OL]. *www.nvao.net/news/2009/303, 2011-2-22, p 8.*

31 由于荷兰和佛兰德两国高等教育系统的差异，所以 NVAO 对其应用不同的认证框架。本文所指的认证框架是针对于荷兰高等教育系统的认证框架。NVAO 认证的对象是学位项目（degree programmes）。对于只颁发证书（Certificate）或文凭（Diploma）的学位项目或课程不在 NVAO 认证的范畴之内，这些学位项目或课程的质量由高等教育机构自身负责。非政府资助和认可的高等教育机构也可向 NVAO 申请研究生硕士学位项目（postgraduate Master's programmes）的认证或初始认证。

大臣的正式批准。[32]该认证框架的突出特点是宽泛性。考虑到院校的自主权和学位项目的多样性，NVAO 避免采用详细、指令性的认证标准，从而赋予了高校更多解释的空间。与此同时，执行学位项目外部评估的质量评估机构也被赋予了很大的自由空间。在参照认证框架的基础上，质量评估机构允许使用自己的评估框架，从而能够定期地调整学科专业标准以反映国际上最新的发展动态。

　　NVAO 认证的对象包括两大类，一类是高校已有且在荷兰高等教育学位项目官方注册处（the Central Register for Programmes in Higher Education, CROHO）登记注册的学位项目；另一类是高校计划设立的新的学位项目。NVAO 对这两类学位项目的认证分别称之为认证和初始认证（initial accreditation），并提供了两类不同的认证框架，即认证框架与初始认证框架。也就是说，认证框架针对的是高校既有的学位项目，初始认证框架针对的是计划设立的新的学位项目。初始认证被视为新设立的学位项目的"守门人"。认证框架包括六大主题和 21 个标准，适用于学术型学士、学术型硕士、专业型学士、专业型硕士（专业型学士与硕士学位主要由高等职业院校提供）四种类型的学位项目。初始认证框架包括六大主题和 19 个标准，也适用于这四种类型的学位项目。两个认证框架中的主题、标准和评估规则几乎相同，主要区别在于最后一个主题，即认证框架的最后一个主题是"结果"，而初始认证框架最后一个主题是"连续性条件"。因为对于既有的学位项目而言，重要的是评估其是否能够实现预先设定的目标即预期学习结果；而对于计划设立的新的学位项目而言，重要的是评估高校是否拥有建立该学位项目所需要的充足资源。

表 7　荷兰高等教育的认证框架

主题一：宗旨与目标	标准 1：学科专业具体要求
	准则：项目的预期学习结果要与国内和国际上专业同行和相关的专业学科领域设定的要求相符。
	标准 2：学士或硕士层次
	准则：项目的预期学习结果与国际上认可的学士或硕士资格相符。
	标准 3：专业取向（professional orientation）或学术取向

32 Report of the Committee for the Review of the Accreditation Organization of the Netherlands and Flanders（NVAO）Self-evaluation Report 2007. Part 2 NVAO Self-evaluation Report [EB\OL]. www.nvao.net/download.php%3Fid%3D505, *2011-2-18*, *p. 41.*

	准则：专业取向（高等职业院校提供的学位项目） ①预期学习结果要基于由相关职业领域规定的职业能力；②专业学士具有在特定的职业或职业领域从业的资格；③专业硕士具有在职业领域从事独立的或管理型职业所需要的资格。 学术取向 ①预期学习结果要符合科学学科和国际科学实践设立的要求；②学术学士具有进入至少一个学术硕士项目继续学习和进入劳动力市场的资格；③学术硕士具有进行独立科学研究或解决专业领域多学科和跨学科问题的资格。
主题二： 课程	**标准 1：专业或学术取向的要求** 准则：专业或学术取向的课程要符合以下要求： 专业取向 ①学生知识的开发主要是通过学习专业文献、学习从专业实践中获得的资料以及与专业领域的互动和应用性研究；②课程与专业领域的最新发展有可核实的联系；③课程要确保专业能力的发展并与当前的专业实践建立了可核实的相关联系。 学术取向： ①学生通过在相关学科领域中教学与科研的互动获取知识。②课程与相关学科的最新发展保持同步；③课程要确保科研能力的开发；④在适当的情况下，课程与当前相关的专业实践建立可核查的联系。 **标准 2：宗旨与目标和课程相符** 准则： ①课程是项目预期学习结果的充分体现。它涉及层次、取向和具体学科专业要求；②预期的学习结果充分地转化为课程的目标；③ 课程的内容要确保学生能够取得预期学习结果。 **标准 3：课程的连贯性** 准则：课程的内容是连贯的。 **标准 4：学习负荷** 准则：课程应能在规定的时间内成功完成。在可能的情况下，某些阻碍学习进展的、与项目相关的因素应予以清除。 **标准 5：入学要求** 准则：课程的结构与内容要与招生学生的资格相符 ①专业型学士项目：大学预科教育、较高的普通中等教育、中级管理培训或专业培训或在录取过程中表现出来的相似资格；②学术型学士项目：大学预科教育或在录取过程中表现出来的资格；③硕士项目（包括专业取向和学术取向）：学士学位或可能的选拔机制（视学科内容而定） **标准 6：学分** 准则：①专业型学士项目 240 学分；②学术型学士项目 180 学分；③专业型硕士项目至少 60 学分；④学术型硕士项目至少 60 学分。

	标准 7：结构与内容的连贯性
	准则：教育理念与教育的宗旨和目标保持一致；学习方法与教育理念相呼应。
	标准 8：学习评估
	准则：通过评估、测验和考试来确定学生是否取得了预期的学习结果或者部分地取得了预期的学习结果。
主题三：教学人员	标准 1：专业或学术取向的要求
	准则：专业取向：教学主要由能够把项目与专业实践联系起来的教师进行；学术取向：教学主要由有助于学科专业发展的研究人员进行。
	标准 2：教学人员的数量
	准则：有充足的教学人员实现项目期望的质量；
	标准 3：教学人员的素质
	准则：聘用的教学人员能够充分胜任教学工作，以确保项目的宗旨和目标得以实现。
主题四：服务	标准 1：设施
	准则：校舍和设施为达到预期的学习结果提供充分的保障。
	标准 2：辅导
	准则：在学习过程中给学生提供足够的辅导和信息；提供的辅导和信息要符合学生的需要。
主题五：内部质量保证系统	标准 1：定期评估
	准则：根据可核查的目标和措施对课程定期进行评估
	标准 2：改进措施
	准则：定期评估的结果作为可核查的改进措施，从而有助于项目目标的实现
	标准 3：教学人员、学生、毕业生和相关专业人员的参与
	准则：教学人员、学生、毕业生和相关专业人员积极地参与到院校内部的质量保证系统中。
主题六：结果	标准 1：取得的学习结果
	准则：取得的学习结果与项目的层次、定位和专业学科要求的目标相符
	标准 2：学习进展
	准则：阐明与其他相关项目可比的目标数字，以证明预期的成功率。

资料来源：NVAO Accreditation Framework（The Netherlands）14 February 2003.

6.2.3　认证框架下的质量评估机构

荷兰立法主张建立一个开放、自由的质量评估机构市场。为了对质量评估市场进行规范和管制，荷兰《高等教育和研究法案》规定，NVAO 每年都要拟定一批符合其要求的质量评估机构的名单。而要想获得资格加入名单之中，质量评估机构必须满足 NVAO "质量评估机构协议"（Protocol for Quality Assessment Agencies）中规定的要求。除了符合"质量评估机构协议"的要求之外，NVAO 每两年还要对质量评估机构进行一次审查。目前，NVAO 名单之中的质量评估机构主要有 ASIIN、Certiked、EAPAA、FIBAA、Hobéon、NQA 以及 QANU。其中 ASIIN 和 FIBAA 是两个来自德国的认证机构。每个评估机构都有不同的质量评估方法，高校可以根据其学位项目的发展与定位自由进行选择。但是，无论使用何种评估方法，NVAO 强调质量评估机构在评估过程中要对学位项目的内容和取得的学习结果给予足够的重视。

6.2.3.1　NVAO 对质量评估机构的要求

NVAO 对学位项目的认证决定是基于质量评估机构对学位项目做出的评估报告，评估报告必须能使 NVAO 对学位项目做出独立的认证判断，因此质量评估机构在荷兰认证制度中扮演着重要的角色。NVAO 对质量评估机构的要求主要体现在两方面：第一，NVAO 奉行的最严格的原则之一就是，质量评估机构必须是一个独立的组织，它必须独立于被评学位项目及学位项目所属高校，其质量评估活动必须独立地进行，不受任何利益相关者的干预和影响。质量评估机构必须要向 NVAO 提供证据表明，被评学位项目及其所属高校对其进行的评估活动没有施加任何影响，双方之间不存在任何利益关系。质量评估机构的章程、董事会成员的组成等必须提交 NVAO 进行核实。第二，NVAO 对质量评估机构负责召集的评估小组有严格的要求。评估小组包括四至六名成员，小组成员要满足四个方面的要求，即独立性、专业性、全面性以及权威性。小组成员的独立性体现在：①评估小组成员与质量评估机构之间最好不存在雇佣关系。这样做的理由是，荷兰高等教育质量评估机构运行的市场非常小，而且在很多情况下，高等教育机构与质量评估机构之间往往建立了长期的合作关系。如果评估小组成员作为质量评估机构正式雇员的话，那么高等教育机构与质量评估机构之间这种结构性的长期合作关系无疑会削弱质量评估的独立性；②小组成员在过去 5 年时间内与被评学位项目没有任何业务或个人关系往来；在过去 2 年时间内与被评学位项目所属高校没有任何业务或个人关系往来；③如果质量评估机构的雇员在过去五年时间内参与了对某一学位项目的咨询、调查或相关工作，那么，他（她）将不能作为该学位项目的评估小组成员；④评估小组成员在评估前必须签署独立性声明。小

组成员的专业性体现在：①专业领域的实践知识；②学科专业知识；③教学/
教育方法方面的专业知识；④与学生相关的知识。评估小组中要有一名学生
代表；⑤质量保证或审计方面的专业知识。评估小组的全面性是指评估小组
成员不仅具备相关学科、专业实践领域的知识，还要具备质量保证方面的知
识以及拥有以国际视野对学位项目进行评估的能力。权威性是指评估小组成
员应该是所在学科专业领域的权威或带头人。[33]

6.2.3.2　质量评估机构的评估框架

　　NVAO 的认证决策是建立在质量评估机构对学位项目做出的评估报告
的基础之上，质量评估机构对学位项目的外部评估是荷兰高等教育认证制
度的重要组成部分。本文以经 NVAO 授权批准的评估机构——荷兰大学质
量保证组织（Quality Assurance Netherlands Universities, 以下简称 QANU）
为例进行说明质量评估机构对学位项目进行评估时使用的评估框架。这是
评估机构对学位项目进行评估的重要标准或尺度。QANU 主要负责对荷兰
大学的学术质量进行外部评估。它的评估框架以 NVAO 的认证框架为基础，
并对 NVAO 的认证框架进一步操作细化，发展为主题、方面、标准以及检
查点四个部分。QANU 的评估框架必须符合 NVAO 的要求，这是 NVAO 认
可 QANU 作为评估中介机构并授权其对学位项目进行外部评估的一个重要
组成部分。QANU 的评估框架包括以下六大主题，21 个方面，具体评估标
准如下图所示：

表 8　质量评估机构 QANU 的评估框架

主题一：学位项目的目标	方面 1：特定领域的要求 标准：学位项目的最终资格[34]与荷兰和国外同行对相关领域的学位项目设立的要求相符。 检查点： ①学位项目的目标符合国内和国际上的学术和专业标准；②学位项目的最终资格，也就是毕业生应该取得的资格，来源于学位项目的目标；③学位项目的最终资格符合国内和国际上特定领域的要求；④学位项目的最终资格符合专业实践的要求。 方面 2：层次

33 NVAO Protocol for Quality Assessment Agencies The Netherlands. 22 August 2005 [EB\OL].
34 这里的最终资格也就是学习结果。

	标准：学位项目的最终资格与国际上公认的学士或硕士学位的资格描述相符。
	检查点：学位项目最终资格的层次与相应的（学士或硕士层次）都柏林描述或其他国际上公认的层次描述相符。
	方面 3：定位
	标准：
	①学位项目的最终资格是以学科、国际学术惯例以及未来专业领域相关实践的要求为基础；②大学学士学位资格能够使学生进入劳动力市场或至少进入一个硕士学位项目继续学习；③大学硕士学位资格能够使学生进行独立的学术研究或在专业实践领域解决多学科或跨学科问题。
	检查点：
	①大学学士学位的最终资格满足至少一个硕士学位项目的入学要求和进入劳动力市场要求的能力水平；②大学硕士学位的最终资格包括具有进行独立的学术研究或在专业领域解决多学科或跨学科问题的能力；③大学学位项目的最终资格充分涵盖了学术训练的一般特征。
主题二：学位项目	**方面 4：要求**
	标准：
	①学生掌握了相关学科领域教学与科研之间相融合的知识；②学位项目遵循了相关学科的发展，能够表明其结合了当前最新的学术理论；③学位项目能够确保学术研究领域技能的发展；④对那些适用的学位项目而言，学位项目与相关专业领域当前最新的专业实践建立了明确的联系。
	检查点：
	①教学与科学知识的发展相互作用；②教学充分涵盖了在适当的层次上特定领域和一般领域的知识；③学位项目与相关领域的专业实践建立联系。
	方面 5：学位项目的目标和宗旨与内容之间的关系
	标准：
	①课程内容充分反映了学位项目的最终资格，这既包括最终资格的水平和定位，也包括特定领域的具体要求；②学位项目的最终资格已经适当地转换成学位项目的目标或目标的组成部分；③学位项目的内容为学生取得最终资格提供了机会。
	检查点：
	①学位项目各部分的学习目标能够确保学习结果的充分实现；②课程的内容和结构有助于实现学位项目的最终资格。
	方面 6：学位课程的连贯性
	标准：学位项目的内容是连贯的。
	检查点：课程各部分的内容相互匹配，学生能够不断地巩固获得的知识和技能，并避免了不必要的重复。
	方面 7：学习负担

标准：学生应能在规定的时间内成功地完成学位项目。某些与学位项目相关的、阻碍学习进展的因素应尽可能地予以清除。

检查点：

①计划的学习负担与实际的学习负担相符合，学习负担均匀地分布于整个学位项目中；②学位项目中不包含任何不必要的障碍或其他阻碍学习进展的因素。

方面8：招生

标准：学位项目的结构和内容与招生学生的资格相符。

①大学学士学位项目入学要求：大学预科教育，从高等职业院校获得的预备教育（propaedeutic）证书或在录取过程中表现出来的类似资格；②硕士学位项目的入学要求：学士学位和可能的选拔（视学科内容而定）。

检查点：

①存在适当的入学要求，并检查确保学生符合这些要求；②选择某一学位项目的学生总体上都能满足课程的要求；③在入学前向学生提供的信息充分而现实地反映了学位项目的情况和毕业后的就业前景。

方面9：持续时间

标准：学位课程符合对课程数量方面的正式要求。大学学士学位通常180学分；大学硕士学位最低要求60学分。

检查点：学士学位项目的学习负担通常为180学分；硕士学位项目的学习负担最低为60学分。

方面10：学位项目结构和内容的协调

标准：教学理念与学位项目的目标和宗旨保持一致，教学方法与教学理念相呼应。

检查点：

①学位项目的教学理念与其目标保持一致。教学理念有助于发展学位项目、构建教学过程以及选择教学方法；②教学理念体现在学位项目之中；③交往时间、自学时间以及其他学习活动之间的关系最优化；④实习、毕业设计以及其他对学生能力进行最终测验的形式是学位项目的一个重要组成部分，并要确保这些形式的恰当性。

方面11：评估和考试

标准：评估和考试系统能够有效地表明学生是否已经取得了学位项目的合部或部分学习目标。

检查点：

①测试、评估和考试能够恰当地检查学生取得的资格；②测试、评估和考试与学位项目各部分的内容和学习目标保持一致；③就学习目标的实现程度而言，学位项目为学生提供了适当的反馈；④学位项目能够确保对学生评估的适当连贯性；⑤妥善地组织学生评估（如评估结果的公布、补考机会、补偿安排等）⑥考试委员会运作良好，有效地执行其法定职责。

主题三：教学人员的部署	方面 12：要求
	标准：教学主要由研究人员承担，这样有助于促进学科领域的发展。
	检查点：
	①教学主要由积极从事学术研究的教师承担；②学生要与学科或专业领域的榜样建立联系；③教学人员或负责开发学位项目的人员要与培养学生的专业实践领域建立适当的联系。
	方面 13：教学人员的素质
	标准：教学人员的水平能够充分地确保课程达到规定的要求。
	检查点：教学人员对执行所有教学和督导工作而言是充分的。
	方面 14：教学人员的素质
	标准：教学人员充分合格，从而确保学位项目的内容、教学和组织目标得以实现。
	检查点：
	①教师的教学质量足以确保学位项目的实施和基本教学理念的实现；②教师队伍的专业知识宽泛，足以支持学位项目的目标和资格；③人力资源和内部培训政策能够监督并促进教师的教学质量和表现。
主题四：设施与供应	方面 15：物质设施
	标准：住宿和物质设施对实施学位项目而言是充分的。
	检查点：
	①可用的教学设施对于学位项目而言是充足的，从而确保教学方法能够得以实施。②网络及通讯设施充足，并充分得以利用。
	方面 16：对学生的支持和指导
	标准：对学生的支持和指导以及向学生提供的信息是充分的，能够促进学生的进展。
	检查点：
	①学生进展登记制度有效并且内容充实；学生能够及时的收到关于他们学习进展情况的信息。②辅导员能够充分地重视学生的学习进展；③学士学位项目的第一年要具有必要的选择性和指导性效果；在第一学年的期末要向学生提供未来几年课程学习的建议。④辅导、咨询和信息服务要符合学生的需要。
主题五：内部质量保证	方面 17：评估学习结果
	标准：根据可证实的目标对学位项目进行周期性评审。
	检查点：
	①学位项目的负责人员周期性地对教学过程和教学环境的变化进行监督。②使用一定的标准对教学过程进行监督，从而检查预期的学习结果是否得以实现。
	方面 18：质量改进措施
	标准：评估的结果作为质量改进措施的基础，这些措施能够改进课程，从而有助于实现学位项目的目标。
	检查点：

	①对教学进行监督的过程能够促进教学系统的实际改正；②在预期的学习结果没有实现的情况下能够真正地引入改进措施。
	方面 19：教师、学生、校友以及专业领域代表的参与 标准：教师、学生以及雇用毕业生的专业领域代表积极地参与学位项目的内部质量保证。 检查点： ①利益相关者（教师、学生、校友以及相关领域的专业人士）参与到对教学过程的监督和对教学环境的修改当中；②学位项目委员会恰当地履行其法定职责。
主题六： **学习结果**	**方面 20：已经取得的水平** 标准：已经取得的学位项目的最终资格与对其设定的水平、定位和特定领域的具体要求保持一致。 检查点： ①毕业生取得的最终资格与学位项目的目标资格保持一致；②毕业设计的内容和水平符合授予的学位；③毕业生能够在他们得以培养的领域恰当地开展工作。 **方面 21：教学结果** 标准：为了对教学结果进行测量，已经设立了与其他相关学位项目进行比较的目标数字；教学结果要符合这些目标。 检查点： ①负责学位项目的部门已经设定了与其他相关学位项目进行比较的目标数字，如学生成功率（每年的毕业生数）和学习持续时间。②实际的学生成功率要符合学位项目的目标。

资料来源：Quality Assurance Netherlands Universities. QANU Protocol. Guide to External
Quality Assessment of bachelor's and master's degree Programmes in Research-
oriented University [EB\OL]. http://www.uklo.edu.mk/quality/QANUkader
EN.pdf, 2011-2-16.

　　评估小组以 QANU 的评估框架为基础，根据评估框架中的标准对学位项目的每一方面进行评估。每一方面都要给出一个总体评定，评定分为四个等级：即不合格、合格、良好和卓越。如果一个方面的评定结果为不合格，可以通过同一主题下其他方面的良好或卓越评分得以补偿，并提供令人信服的证据。如果分析表明该方面的质量严重低于规定标准，那么补偿也是不可能的。评估小组根据加权方法得出每一主题的总体评分。评分结果为不合格的主题不可以通过其它评分为良好或卓越的主题得以补偿。评估小组对学位项目质量的评估以对全部主题的评估为基础，六大主题必须全部得到合格及以上的评定，学位项目的评估结果才能为合格；如果有一个主题评分为不合格，那么学位项目的评估结果也为不合格。[35]

6.2.4　认证实施程序

NVAO 对学位项目的认证是基于认证框架内的主题、标准与准则，其认证程序包括高校的自我评估、质量评估机构的外部评估、NVAO 的认证决策以及公布认证报告等几个连续的步骤。NVAO 的认证和初始认证都遵循了《欧洲高等教育区质量保证标准和准则》中相关的要求。

6.2.4.1　高校的自我评估

高校自评是认证程序中的第一步。高校负责对学位项目进行评估并形成一份自评报告，学位项目的自评报告是评估小组对其进行外部质量评估的基础。自评报告一般要遵循固定的结构，涵盖认证框架内规定的主题、标准和准则。每一个主题都要用自评报告的一个章节进行讨论。自评报告要以事实为证据来说明学位项目是如何满足认证框架中的每一条标准。评估小组要对这些证据进行检查，根据其拥有的专业知识来判断学位项目是否真正地符合这些标准。原则上，自评报告要包括对学位项目的自我批判和自我反思，所以自评报告被视为保密文件，只供评估小组对学位项目的评估之用，不对外公开（NVAO 也包括在内）。高校向 NVAO 提出认证申请的文件卷宗中不包括自评报告。高校把自评报告送到质量评估机构，向其提出外部质量评估申请。

初始认证的第一步是高校负责撰写一份项目计划卷宗，然后直接递交给NAVO，向其提出初始认证申请。项目计划卷宗通常包括根据初始认证框架中的主题和标准对计划项目进行描述的说明书、计划项目与相关专业领域的要求相符的说明书、开发该计划项目所需支出的财务报表以及所需教学人员数量及其资格的说明等方面。

6.2.4.2　质量评估机构的外部评估

认证程序的第二步是质量评估机构对学位项目进行外部质量评估，评估的重点是学位项目的学习结果。由质量评估机构负责召集一个评估小组，小组成员的构成要符合 NVAO 的要求。评估小组由拥有相关的学科专业知识和

---

35 Quality Assurance Netherlands Universities. QANU Protocol. Guide to External Quality Assessment of Bachelor's and Master's Degree Programmes in Research-oriented University [EB\OL]. http://www.uklo.edu.mk/quality/QANUkaderEN.pdf, 2010-12-16.

实践经验的专家组成。在通常情况下，还包括一名学生、一名教学专家以及一名拥有质量评估或审计方面专业知识的专家。在对学位项目进行评估之前，评估小组要做出一份关于特定专业领域的参照框架，以此来确定该学位项目应该达到的预期学习结果。评估小组使用的参考框架应至少涵盖 NVAO 认证框架内规定的主题、标准和准则。评估小组对学位项目进行的现场考察涉及与教学人员、学生、管理人员等进行座谈，对图书馆、实验室等设施进行检查等活动，以对学位项目的自评报告进行核实、补充。在自评报告和实地考察的基础之上，评估小组撰写评估报告。

评估小组的评估报告是 NVAO 对学位项目做出认证决策的基础，所以评估报告要按照固定的格式，必须满足严格的要求：首先，质量评估机构要介绍其在评估中采用的工作方法，评估遵循的程序。质量评估机构可以根据相关学科领域的国际标准来开发自己的评估框架，但是其应用的评估框架必须包含 NVAO 认证框架中规定的主题和标准，并且要遵守 NVAO 认证框架中规定的评估规则；其次，评估报告至少要根据 NVAO 认证框架中规定的六个主题和每个主题对应的标准对学位项目进行评估。每个标准的判断分为卓越、良好、满意、不满意四个等级，对每个标准的评估形成了对该主题进行评估的基础。每个主题和标准的评估必须通过事实和分析来证实。换言之，评估报告中必须提供详实的证据来证明评估报告的结论。这是评估小组的评估决定具有法律效力的前提条件。每两年，NVAO 与质量评估机构举办一次会议，就评估程序、评估报告的内容以及透明度的要求进行讨论。[36]第三，评估报告要对学位项目做出一个结论性的评价，即学位项目符合一般的质量标准或不符合一般的质量标准；第四，评估报告要对评估小组的构成、每位成员的专业知识、经验、权威性以及独立性进行清晰地阐述。评估报告要送回高校，由高校核对是否存在事实性错误。最后，高校把质量评估机构做出的评估报告呈递给 NAVO，向其提出学位项目认证申请。

对于初始认证而言，在通常情况下，初始认证的外部评估由 NVAO 负责召集评估专家。此外，高校也可以要求质量评估机构对其计划设立的新的学位项目进行外部评估。在这种情况下，评估小组成员的组成必须得到 NVAO

---

36 Report of the Committee for the Review of the Accreditation Organization of the Netherlands and Flanders（NVAO）Self-evaluation Report 2007. Part 2 NVAO Self-evaluation Report. www.nvao.net/download.php%3Fid%3D505, *2011-2-18, p. 61.*

的批准。初始认证评估小组成员中不包括学生代表。质量评估的重点在于计划项目潜在的学习结果。评估小组的评估活动要遵循 NVAO 初始认证框架中的标准、准则以及规则。在现场考察和项目计划的基础之上，评估小组在评估报告中写下他们客观调查的结果、主观考虑以及最后的结论，并向 NVAO 明确提出积极或否定的建议。评估报告要符合两点要求，第一，评估报告至少要根据初始认证框架中的六大主题对计划项目进行评估；六大主题下的每个标准都要做出满意或不满意的判断，这从而形成了对每一个主题进行评估的基础。对每个主题也要做出满意或不满意的判断，而且这些判断要用尽可能详实、准确的事实和分析来证明。第二，评估报告要阐明其遵循的评估程序，使用的评估方法、参考框架以及事实和信息的来源。

学位项目的外部评估报告必须对外公开。在向外界公开之前，质量评估机构做出的评估报告要送回高校以核对是否存在事实性的错误。除了正式的评估报告以外，评估小组还会对学位项目的薄弱之处提出改进建议。改进建议通常有三种不同的表达形式，一种是评估小组的建议包括在评估报告中；第二种情况是评估小组的建议以一封保密信函的形式传达给高校。由于该信函的保密性质，所以评估小组只会把它送到被评高校的执行董事会；第三种情况是高校明确声明其不希望收到任何评估建议。这三种表达质量改进建议的形式都由高校自身做出选择。

6.2.4.3　NVAO 对学位项目的认证

NVAO 的认证决策建立在明确、公开的认证标准之上。为了确保决策过程的严谨性，NVAO 规定，任何一个学位项目的认证决策都必须由 NVAO 的政策顾问和执行董事会成员共同协商，决不允许由一个人单独做出。在一些棘手的情况下，执行董事会需要召开多次会议进行讨论，甚至董事会成员也要参与到认证决策中来。同时，为了使认证更加透明化，NVAO 举办了多次报告会向质量评估机构介绍其内部的决策过程。在这些会议中，与会各方就评估程序、评估报告的内容要求以及认证决策的透明度等方面进行协商讨论。[37]

---

37 Report of the Committee for the Review of the Accreditation Organization of the Netherlands and Flanders（NVAO）Self-evaluation Report 2007. Part 2 NVAO Self-evaluation Report [EB\OL]. www.nvao.net/download.php%3Fid%3D505, *2011-2-18*, *p. 58.*

NVAO 根据认证框架中的评估标准对质量评估机构的评估报告、报告的整体结论、评估小组的构成以及使用的评估方法进行评估，验证学位项目是否符合一般（generic）的质量[38]。对于每一个评估报告，NVAO 都要非常谨慎、认真地对质量评估机构是否遵守了质量评估机构协议，评估报告是否包含了详实、准确的信息等方面进行核实，以确保认证决策的独立性、有效性与公正性。NVAO 认为，他们不仅要"体会（评估报告）字里行间的意思、寻找疑问之处，同时也要考虑高校和质量评估机构的'表现'记录。"[39]在做出最后的认证决策前，NVAO 会通知高校其拟定的决策，给高校两个星期的时间做出回应。随后，NVAO 在认证报告中写下调查结果和对学位项目的认证决定。NVAO 的认证决定只有两种，即是或否。认证的有效期为 6 年。

NVAO 根据初始认证框架中的标准对评估报告、报告的整体结论进行评估，验证计划项目是否有潜力满足一般的质量。如果项目计划符合初始认证框架中规定的所有标准和准则，NVAO 会做出一个积极肯定的认证决定。认证有效期为六年。如果评估报告不足以让 VNAO 信服的话，NVAO 可以采取几种可能的方法进行核实。一种是要求高校和评估小组提供补充信息；或是要求评估小组对项目计划重新进行评估，或亲自任命外部专家进行调查。如果这些补充的程序仍不能产生对计划项目进行认证判断所需的足够信息的话，VNAO 可以要求该计划项目撤回其认证申请，或者对其做出一个否定的认证决定。

6.2.4.4 公开认证结果

荷兰立法规定，评估报告以及 NVAO 的认证决定应予以公开。NVAO 在其网站上发布了所有关于认证和初始认证的决定以及包括评估报告在内的相关文件。此外，为了提高国际声誉，高校通过认证的翻译员将其学位项目的认证决定翻译成英文发布在 NVAO 英语版本的网站上。这种信息在很大程度上实现了认证制度的公众问责和透明度功能。NVAO 的目标是使评估报告和

---

38 NVAO 所谓的一般质量（generic quality）的意思也就是门槛质量（threshold quality）。

39 Report of the Committee for the Review of the Accreditation Organization of the Netherlands and Flanders（NVAO）Self-evaluation Report 2007. Part 1 Report of the Committee for the Review of the Accreditation Organization of The Netherlands and Flanders（NVAO）[EB\OL]. www.nvao.net/download.php%3Fid%3D505, *2011-2-18, p. 32.*

认证决定以及其他一些相关的文件更易于一般公众的访问和获取，最大可能地满足了不同利益相关者——学生、劳动力市场、高等教育机构以及社会——的需要。

与以往的质量评估制度不同，在认证制度中，NVAO 的认证结果对高校而言利害攸关。肯定的认证结果意味着高校授予的学位能够获得政府的认可、学位项目有资格得到政府的财政拨款、在该学位项目注册的学生有资格获得政府的资助等。

6.2.4.5　高校对负面认证结果的申诉

根据行政总法（General Administrative Act），高校有权对学位项目的负面认证结果提出申诉。高校可以首先向 NVAO 提出申诉，这称之为内部申诉。NVAO 成立了专门的外部咨询委员会来处理这种案件，NVAO 会根据咨询委员会提出的意见对学位项目做出最后的认证决定。如果内部申诉的认证决定仍然是否定的，高校可以进一步向国务理事会的行政司法部门（the Administrative Jurisdiction Department of the Council of State）提出申诉。自荷兰认证制度实施之日起，先后有八起高校向 NVAO 发起的内部申诉和一起高校向国务理事会行政司法部门提出的申诉。[40]

6.2.4.6　教育部的宏观效率检查

教育部的宏观效率检查主要针对初始学位项目的认证。如果项目计划的初始认证结果是肯定的，那么高校就有资格向教育部申请对该项目进行宏观效率检查，以确认该项目是否能够得到政府的资助。教育部的宏观效率检查主要围绕着这样一些问题，如某些地区是否已经提供了相同或类似的项目？劳动力市场对该项目毕业生的需求如何？该学科领域是否需要此类计划项目？等等。在通过教育部的宏观效率检查后，该项目就有资格得到政府的资助，在该项目注册的学生可获得政府的补助金和贷款等。私立高校的学位项目不需要向教育部申请宏观效率检查，因为政府的资助通常不面向私立高校提供的学位项目。

---

40 Report of the Committee for the Review of the Accreditation Organization of the Netherlands and Flanders（NVAO）Self-evaluation Report 2007. Part 2 NVAO Self-evaluation Report [EB\OL]. www.nvao.net/download.php%3Fid%3D505, 2011-2-18, *p. 59-60.*

6.3 荷兰高等教育认证制度的特点

与 20 世纪 80 年代建立的质量评估制度相比，在博洛尼亚进程推动之下建立的荷兰认证制度呈现出以下六个显著的特点：

6.3.1 NVAO 掌舵荷兰高等教育认证系统

荷兰认证制度的一个突出特点是其三层的组织架构。第一层是高校，第二层是质量评估机构，第三层是 NVAO。三层的组织架构导致了三次评估：第一次是学位项目的自评；第二次是质量评估机构对学位项目的外部评估；第三次是 NVAO 对质量评估机构做出的评估报告的评估。NVAO 的认证决策是建立在质量评估机构对学位项目做出的评估报告的基础之上。但是，NVAO 的认证决策决不是简单地在评估报告上盖一个"橡皮图章"。也就是说，NVAO 的作用决不是以往质量评估系统中高等教育督察署所扮演的"元评估"角色。实际上，NVAO 在高等教育认证系统中拥有绝对的权力与威望，质量评估机构只是充当了 NVAO 的代理人，代表 NVAO 对学位项目实施外部评估。NVAO 至上的权威主要表现在以下方面：第一，如果 NVAO 认为评估报告提供的信息不够充分和清晰，那么其有权拒绝对学位项目进行认证；第二，即使评估报告提供了足够的信息和洞察，NVAO 也有权对评估报告提出质疑。一方面，NVAO 可以要求质量评估机构就某一具体的标准或主题进行更加明确的阐述；另一方面，NVAO 甚至可以拒绝接受质量评估机构对学位项目做出的评估结论。在这种情况下，NVAO 首先举行听证会。在听证会仍不能消除 NVAO 对评估报告的疑虑的情况下，NVAO 有权任命核查委员会，由核查委员会负责对学位项目进行现场考察，就引起 NVAO 质疑的方面撰写专题评估报告。在评估报告以及核查委员会做出的专题报告的基础上，NVAO 对学位项目做出最后的认证决定。2003 至 2006 年间，NVAO 共启用了七次核查委员会。在这七个案例中，NVAO 共做出了五个否定的、一个肯定的认证决定，在最后一个案例中 NVAO 完全否定了评估报告。除了举行听证会或启用核查委员会外，NVAO 也可采用其他具体的程序，这取决于 NVAO 对评估报告的内容以及学位项目质量的质疑程度。也就是说，只要 NVAO 认为评估报告存有任何一点疑问的话，他有绝对的权力要求质量评估机构进行澄清或对其予以否定。41

---

41 Report of the Committee for the Review of the Accreditation Organization of the

6.3.2　认证结果承载着重要的利益关系

　　荷兰的认证制度基本上是以阈值质量作为认证标准的认证制度，[42]所以也称之为"门槛"或"阈值"认证。NVAO的认证结果对高校而言利害攸关。肯定的认证结果有三重重要的意义：第一，学位项目有资格在荷兰高等教育学位项目中央注册处登记注册，由该项目授予的学位会得到国家的承认；第二，通过认证的学位项目有资格获得政府的资助；第三，在该项目注册的学生有资格获得政府的支持，如补助金和贷款。由于政府的拨款和对学生的资助通常不面向私立高校，所以对私立高校而言，如果其提供的学位项目通过了认证，那么由该学位项目授予的学位会得到国家的认可。总之，认证成为高校授予的学位获得政府的认可、财政拨款以及学生获得资助的先决条件。然而，如果学位项目不能通过NVAO的认证，那么，负面的认证结果对高校而言是相当严厉、苛刻的——荷兰高等教育学位项目中央注册处将把该学位项目从其名单之中删除，不允许高校继续提供该学位项目。那些通不过认证的学位项目可能会给予两年的改进期或恢复期。然而，政府规定在改进期内学位项目不允许继续招生，而且也没有资格获得国家的资助。

　　同样，如果NVAO对计划项目的初始认证结果是肯定的，那么该计划项目就有资格在荷兰高等教育学位项目中央注册处正式登记注册，由该项目授予的学位也会得到国家政府的承认和资助。如果计划项目的认证结果是否定的，那么该计划项目将被依法予以取缔。

6.3.3　认证制度的首要目的是绩效责任

　　荷兰认证制度是确保所有高等教育机构提供的学位项目达到一定标准的"门槛"认证，其目的就是要确保纳税人的钱花的物有所值，消费者的利益能够得到充分的保护。认证与政府的认可和财政资助紧密相连。非常现实的认证结果使得"质量游戏"、"战略博弈"的风险随之大幅上升，这从而导致了质量评估过程的动力发生了根本性的改变。主要表现在两个方面，第一，

Netherlands and Flanders（NVAO）Self-evaluation Report 2007. Part 2 NVAO Self-evaluation Report [EB\OL]. www.nvao.net/download.php%3Fid%3D505, *2011-2-18, p. 54.*

42 Report of the Committee for the Review of the Accreditation Organization of the Netherlands and Flanders（NVAO）Self-evaluation Report 2007. Part 1 Report of the Committee for the Review of the Accreditation Organization of The Netherlands and Flanders（NVAO）[EB\OL]. www.nvao.net/download.php%3Fid%3D505, *2011-2-18, p.34.*

高等教育机构自评的角色发生了改变。如果说在形成性质量评估中,一个真正的自评报告是可能的话,那么在一个利益攸关的认证制度中,它往往会演变为纯粹的"自我推销"。正是由于"畏惧"负面认证结果对学位项目的严厉制裁才导致了高校各种形式的风险规避(risk-avoidance);第二,在认证制度中,外部评估小组的角色也从学术同行转变为往往在认证标准方面拥有卓越知识的"专家"。同时,这些专家也必须是睿智的"法官",因为他们需要能够对存在着"风险规避"忧患的自评报告做出敏锐的事实判断,[43]需要对自评报告中陈述的事实是否与 NVAO 认证框架中的标准与准则是否相符合进行"验证"。这就使得评估小组的关注点从学位项目的内容转移到结构、程序性的事宜上来。此外,利益攸关的认证结果也给评估小组造成了很大的压力,由于担心学位项目可能会面临的危险,他们也不情愿在评估报告中提出有关批评和质量改进的建议。[44]格雷阿姆(P.Graham)与特罗(M. Trow)等学者曾经指出的,"从根本上讲,认证过程是有问题的。验证并向公众确保高等教育机构运作良好的过程与高校的绩效改进互不兼容。因为高校质量的改进需要建立在对其实力和弱点不断评估的基础之上,而认证过程产生的是一个夸大高校优势而掩盖其弱点的公共关系文件。认证的验证功能无疑压倒了质量改进。这恰恰与我们对认证所要求的质量改进功能相反。"[45]

随着认证结果对高校有着越来越大的利害关系,认证已经成为政府对高等教育实施的一种新的治理方式,认证的战略重心指向了确保高校的绩效责任而逐渐偏离以往质量评估系统中以质量改进为导向的目标。正如一位部评估专家所言,"荷兰高等教育认证制度不是关于质量,它是关于问责制与政府资金"。[46]

---

43 Don F. Westerheijden, Movements towards a European Dimension in Quality Assurance and Accreditation. In Don F. Westerheijden & Marlies Leegwater. Working on the European Dimension of Quality [EB\OL]. http://www.jointquality.org/content/denemarken/Working EuropeanDimension.pdf, 2011-2-18, pp.27-28.

44 Report of the Committee for the Review of the Accreditation Organization of the Netherlands and Flanders(NVAO)Self-evaluation Report 2007. Part 1 Report of the Committee for the Review of the Accreditation Organization of The Netherlands and Flanders(NVAO)[EB\OL]. www.nvao.net/download.php%3Fid%3D505, 2011-2-18, p. 27.

45 P. Graham, R. Lyman and M.Trow, Accountability of Colleges and Universities: An essay. New York: Columbia University.转引自 Lee Harvey. The Power of Accreditation: Views of Academics. Journal of Higher Education Policy and Management, 2004,26(2):221.

46 Report of the Committee for the Review of the Accreditation Organization of the

6.3.4　认证的重心向学习结果转移

自 20 世纪 90 年代伊始，荷兰教育的重心开始从教学过程转向以能力为基础的学习过程。在以能力为基础的教育体系中，教育成为一种基于输出的过程，并通过对学习者取得的结果来予以衡量。随着博洛尼亚进程成员国教育部长会议公报对学习结果重要性的不断强调，以学习结果为基础构建欧洲高等教育区无疑对欧洲各国高等教育质量保证产生了很大的影响，学习结果渐渐成为荷兰高等教育认证制度的重心所在。NVAO 在以下三个层面对学习结果进行评估：

第一层面，学位项目要明确地界定其预期的学习结果（intended learning outcomes）。这是学生在毕业时应该获得的能力。评估小组首先要判断学位项目的预期学习结果是否与该层次的都柏林描述符中的要求相匹配。另外，评估小组还要评估学位项目预期的学习结果是否符合国内以及国际层面上对该专业领域的要求。

第二层面，判断学位项目潜在的学习结果。这是学生在该学位项目学习能够获得的能力。这主要通过判断课程的内容和结构是否能使学生在规定的时间内取得预期的学习结果；教学设备、设施，如多媒体中心、实验室、实习场所、学科专业的数据库等是否能为学位项目的顺利开展、达到预期的学习结果提供充足的保障等。其它一些能够促进学生取得预期学习结果的重要因素，如教师的数量以及素质等也在评估的范畴之内。

第三层面，评估学生取得的学习结果。这是学生在毕业时实际获得的能力，主要通过对学期论文、毕业论文或毕业设计等进行检查，以此判断学生实际获得的学习结果，并与预期的学习结果进行对比。

通过结合预期的、潜在的以及实际取得的学习结果，NVAO 以此判断一个学位项目是否履行了它对学生以及社会做出的承诺。这是 NVAO 进行认证判断的重要基础。

Netherlands and Flanders（NVAO）Self-evaluation Report 2007. Part 1 Report of the Committee for the Review of the Accreditation Organization of The Netherlands and Flanders （NVAO）[EB\OL]. www.nvao.net/download.php%3Fid%3D505, *2011-2-18*, *pp.21-22.*

6.3.5 认证基于国际上公认的标准，致力于促进学位项目的可比性与透明度

荷兰高等教育认证制度强调学位项目的国际定位，NVAO 对学位项目的认证是基于相关学科专业领域国际认可的标准。2003 年，NVAO 的认证框架中整合了国际上公认的"都柏林描述符"（Dublin Descriptors），把其作为学士、硕士学位项目出口资格（exit qualification）的参考点以监督学位项目的质量。[47]在认证框架的第一大主题"宗旨与目标"中对学科专业提出的具体要求就是，学位项目的预期学习结果要与国内和国际上专业同行和相关的专业学科领域设定的要求相符；学位项目的预期学习结果要与国际上认可的学士或硕士资格相符。

同时，NVAO 要求质量评估机构对学位项目进行评估时使用的参考框架不仅要符合相关学科专业的具体要求，而且也要与国际上相关领域学士或硕士学位的要求保持一致，反映国际最新发展前沿与动态。事实上，NVAO 认证标准的国际化定位是与荷兰高等教育国家资格框架的目标相吻合。荷兰国家资格框架的核心就是把都柏林描述符持续不断地扩大应用到国家高等教育的三个周期内，而 NVAO 认证过程的主要组成部分就是对学位项目是否与同一层次的都柏林描述符相兼容的"验证过程"。[48]其主要目标就是要确保荷兰的学士、硕士学位资格与国际上尤其是欧洲高等教育资格框架保持一致。

荷兰高等教育学位改革的重要目标之一就是促进学生的国际流动性，这既包括外国学生的流入也包括本国学生的流出。而认证制度是实现荷兰高等教育的国际可比性与透明度，增强荷兰高等教育的吸引力，促进学生国际流动的一个重要措施。为了促进学生在国际上的流动，对学位文凭持有者所掌握的知识、技能和能力提供一幅清晰的画面是十分重要的。而荷兰认证框架以国际上公认的都柏林描述符为参考点对学位项目进行认证更有助于促进高

---

47 The Higher Education Qualifications Framework in the Netherlands, a Presentation for Compatibility with the Framework for Qualifications of the European Higher Education Area. Self-certification Document, 2008 [EB\OL]. http://nvao.net/page/downloads/NQF_Dutch_National_Qualifications_Framework.pdf, 2011-2-20.

48 Self-Certification of the Dutch and Flemish National Qualifications Frameworks for Higher Education vis-à-vis the Overarching Framework for Qualifications of the European Higher Education Area. Report of the Verification Committee on The Netherlands, 2 February 2009 [EB\ OL]. http://nvao.net/page/downloads/NQF_Dutch_Report_verification_committee.pdf, 2011-1-26. p.12.

等教育的可比性、透明度与吸引力。近年来，到荷兰高等教育机构学习的国际学生数量呈不断增长之势，2007/2008 年度，荷兰高等教育系统中共接收了大约 70,000 名国际学生，其中包括 46,000 名攻读学位，24,000 名参与流动或合作学位项目。[49]外国学生数量的增长在一定程度上证明了荷兰高等教育的国际吸引力。

表 9　荷兰大学硕士学位项目注册情况

	2005	2006	2007
学生总数	27,645	41,176	51,795
外国学生	4,614	5,736	7,040
所占比例	16.7%	13.9%	13.6%

资料来源：Don F. Westerheijden, Eric Beerkens and ect. The First Decade of Working on the European Higher Education Area. The Bologna Process Independent Assessment, Volume 2 Case Studies and Appendices [EB/OL]. http://ec.europa.eu/education/higher-education//doc/bologna_process/independent_assessment_2_cases_appendices.pdf, 2011-2-18.

6.3.6　重视高校内部的质量保证系统

重视高校内部的质量保证是荷兰高等教育质量保证政策的一个重要特点，这一点不仅体现在以往的质量评估系统中，认证制度对高校内部质量保证系统的重视也是清晰可见的。NVAO 认证框架的第五大主题就是关于高校内部的质量保证。这个主题要评估学位项目的质量周期——计划——执行——检查——行动（即 Plan-Do-Check-Act, PDCA 周期）是否完成。高校要证明，其内部的质量保证以及质量改进是一个结构性、永久性的过程，而且，高校还要致力于寻找存在的薄弱环节，并努力采取改进措施以提高质量。此外，评估的重点还包括不同利益相关者——教师、学生、工作人员、校友及专业人员参与内部质量体系的程度。这些利益相关者对此做出的承诺是内部质量保证系统的另一个

---

49 Don F. Westerheijden, Eric Beerkens and ect. The First Decade of Working on the European Higher Education Area. The Bologna Process Independent Assessment, Volume 2 Case Studies and Appendices [EB/OL]. http://ec.europa.eu/education//higher-education//doc/bologna_process/independent_assessment_2_cases_appendices.pdf, 2011-2-18. p.35.

重要特征，他们的承诺可以有多种表现形式，如参与到院校决策过程中来，他们的建议反映到学位项目的发展上等。评估小组还要对项目的改进措施在何种程度上有效地付诸实施进行评估。核查高校内部的质量保证形式是停留在纸上的文字还是真正落到实处，以及取得了怎样的效果。初始认证也把内部质量保证体系纳入认证框架之中。作为新的计划项目，高校需要证明从一开始学位项目就朝着可以接受水平的质量方向努力。

7 迈向新的认证制度：荷兰质量保证政策的第二次范式转型

有人指出，外部质量保证机制是（政府对高等教育机构）"有组织的不信任（organized distrust）"的政策工具。根据这一逻辑，质量保证的不断蔓延以及把外部质量保证"硬化"为认证，实际上都是在指向进一步侵蚀的信任。与此同时，政策制定者与高等教育的管理者都为这种情况感到遗憾与悲叹，并希望把系统回到一种"高度信任"的状态。然而，一个根本问题是：是否还有可能再度回到这种状态——清白一旦丢失还有可能恢复吗？

——唐·维斯特海吉登（Don Westerheijden）[1]

在经过两年多来与高等教育内外众多利益相关者共同协商讨论的基础上，荷兰计划于 2011 年正式实施新的认证制度。在新的认证系统中，院校审计成为两层系统结构的一个重要组成部分。从本质上看，新的认证制度将更多的着眼于学位项目的内容，采用"轻触方法（light touch approach）"，重新回归对高校的"高度信任"，加强高校对质量保证系统的所有权。其目的是减轻高校的行政负担，加强高校内部的质量文化，提高实质性的质量。这意味着荷兰高等教育质量保证政策的又一个新范式——以院校审计为基础的认证制度的建立。

---

1 Don F. Westerheijden. The Changing Concepts of Quality in the Assessment of Study Programmes, Teaching and Learning. In Alessandro Cavalli. Quality Assessment for Higher Education in Europe. London: Portland Press ltd, 2007.15.

7.1 新范式建立的动因：既有认证制度面临的合法性危机

荷兰自 2002 年正式建立并实施认证制度以来，取得了一定积极的效果，如提升了高等教育的国际形象与吸引力、促进了学生的流动、取缔了一大批商业私立院校提供的"低劣"项目从而确保了学生的利益等。但是，认证制度实施过程中存在的一些问题引起了社会各界的强烈不满。早在 2007 年之前，荷兰大学协会就已经对此展开了激烈的辩论。在高校看来，认证制度过多地关注与教育质量并不直接相关的程序与过程，繁文缛节官僚化，造成了高校沉重的行政负担，不符合成本效益。高校承认，认证制度在严厉取缔那些达不到"阈值"质量标准的项目方面卓有成效，但关键的问题是，认证过多地强调问责制而几乎忽视了高等教育的质量改进与提高。政府认为，认证制度不能灵活迅速地回应公众对质量问题的关注。总之，高等教育系统内外普遍认为改革势在必行，并于 2007 年夏天发起了对认证制度的修订工作。

7.1.1 NVAO 对质量评估机构和高校的信任危机导致了过度干预

NVAO 的认证决定是建立在两次验证的基础之上。第一次验证是质量评估机构通过现场考察对学位项目的自评报告进行验证；第二次验证是 NVAO 对质量评估机构做出的评估报告进行验证。NVAO 自身不能直接获取学位项目的自评报告。自评报告对 NVAO 是不公开的。NVAO 的认证决定是基于质量评估机构对学位项目做出的评估报告，评估报告是认证系统的基石。然而常常发生的情况是，NVAO 对评估报告提出额外的问题、组织听证会，甚至派出核查小组进行调查。NVAO 有权对质量评估机构进行批评、提出补充评估的要求，甚至拒绝接受其评估报告。当 NVAO 对评估报告提出问题甚至是质疑的时候，高校和评估机构都认为难以接受，特别是对 NVAO 在有些情况下使用核查委员会对评估报告的"合理怀疑"进行调查时持强烈抵触情绪。这自然导致了评估机构和高校的不满，造成了与 NVAO 之间的紧张局势。在他们看来，NVAO"干涉"了认证系统的正常运行，因为一些问题并没有实质性的意义，不具有进行补充调查的必要性和价值。事实上，高校和评估机构对 NVAO 有权对评估报告做出一个独立的判断并不持异议。然而问题在于，他们抱怨 NVAO 干预过度——不知在什么情况下 NVAO 又会质疑哪些问题，这几乎是"不可预测的"。[2]

对于来自高校和质量评估机构的批评与不满，NVAO 声称，其根本目的就是要确保评估报告明确清晰、有理有据，从而可以做出一个实质性的认证决策。基于这一点考虑，那么向高校和质量评估机构提出疑问、对评估报告进行额外的证实、调查也是情里之中的事情，这是能够做出正确、有效的认证决策所必需的。NVAO 认为，其作为认证系统中的监管机构，他的立场就是要在认证决策中发挥明确的证实作用，而并不是在质量评估机构提供的评估报告上简单地盖一个"橡皮图章（rubber stamp）"。[3]

导致高校、质量评估机构与 NVAO 之间严重"紧张"的根本症结在于 NVAO 对质量评估机构和高校的信任度过低甚至说是不信任。荷兰立法的初衷在于创造一个自由的质量评估机构市场，期望这种形式能够提高评估的质量并降低评估的价格。为了规范市场，确保评估机构的信誉度，NVAO 每年都要公布一批经其认可授权的评估机构的名单。从理论上讲，质量评估机构在认证系统中的角色是为 NVAO 提供有效、可靠证据的"数据收集家（data collectors）"，充当 NVAO 的代理人。然而在实践中，尽管 NVAO 采取了签订协议等各种措施确保评估机构符合其规定的要求，但是 NVAO 对其代理人仍然不能给予充分的信任。一方面是宽泛的认证框架，一方面是对评估报告的严格审查。评估报告必须证明，评估小组严格遵循了评估协议。任何对评估协议的偏离都需要在评估报告中进行详细的说明。NVAO 的行为表明，其对评估机构不仅缺乏信任，甚至某种程度上，这些质量评估机构并没有被视为认证系统的一部分，而只是作为高校的扩展部分——因此他们和学位项目一样也需要接受 NVAO 的评审。[4]NVAO 对质量评估机构和高校的信任危机导

---

2 Report of the Committee for the Review of the Accreditation Organization of the Netherlands and Flanders（NVAO）Self-evaluation Report 2007. Part 2 NVAO Self-evaluation Report [EB/OL]. www.nvao.net/download.php%3Fid%3D505, *2011-2-20, pp. 56-57.*

3 Report of the Committee for the Review of the Accreditation Organization of the Netherlands and Flanders（NVAO）Self-evaluation Report 2007. Part 2 NVAO Self-evaluation Report [EB/OL]. www.nvao.net/download.php%3Fid%3D505, *2011-2-20, pp. 73-74.*

4 Report of the Committee for the Review of the Accreditation Organization of the Netherlands and Flanders（NVAO）Self-evaluation Report 2007. Part 1 Report of the Committee for the Review of the Accreditation Organization of The Netherlands and Flanders（NVAO）[EB/OL]. www.nvao.net/download.php%3Fid%3D505, *2011-2-20, p. 26.*

致了一大堆的文档在 NVAO、质量评估机构以及高校之间传递，结果造成了高校严重的认证负担。认证过程中的这种官僚主义的繁文缛节已经严重动摇了认证制度存在的合法性根基。

7.1.2　认证制度的质量改进目标严重弱化

一个国家的质量保证系统需要协调好两个目的，即质量改进和公众问责。极端地走向任何一极都会导致系统的合法性危机。"一个质量保证系统，如果仅仅依靠同行评审而不考虑任何高等教育系统以外的需要，那么存在着高等教育机构脱离社会的极端孤立主义，从而也冒着剥夺其存在合法性的危险。反过来，如果质量保证系统仅仅局限于向公众以及政府当局提供问责制，这无疑忽视了高等教育机构的基本组织特性，因此存在着不被专业人员认真对待的风险。"[5]在荷兰的认证制度中，问责制是其首要目标，而以往在质量评估系统中强调的质量改进似乎已经退到了幕后。质量改进目标的弱化主要体现在以下方面。

第一，荷兰立法对未通过认证的学位项目实施极其严厉的制裁会导致一些"意外"的后果。一方面，高校会采取各种风险规避来试图通过认证，向评估机构提供各种"证据资料"证明其自身符合 NVAO 的"阈值"质量标准。这无疑会造成高校与评估机构之间的"质量游戏"越演越烈，高校关心的是标准而非质量本身；另一方面，由于意识到负面认证决定对学位项目带来的严重后果，所以评估机构对学位项目做出"负面"的评估结果的可能性会很小。事实上，质量评估机构常常处于一种尴尬的两难境地：一方面是高校的"锤头"——高校支付评估机构高额的评估费用，当然希望评估机构能够帮助自己跨过认证的门槛从而避免严厉的认证制裁；另一方面是 NVAO 的"铁砧"——NVAO 对其评估报告严格检查，要求提供透明的、有理有据的评估证据。这就导致了一个令人遗憾的结果——质量评估机构倾向于在评估报告中不涉及任何关于质量改进的建议，同时也不清晰地表明他们的批评意见。因为，评估报告中对学位项目提出的质量改进建议很可能会引起 NVAO 对学位项目质量的怀疑，NVAO 常常把评估报告中这些关于质量改进的建议视为对学位项目的负面意见，这很可能会加重 NVAO 对学位项目做出"否定"认

5　Don F. Westerheijden, John Brennan &Peter A.M Maassen. Changing Contexts of Quality Assessment: Recent Trends in West European Higher Education. GH Utrecht: The Netherlans, 1994. 39.

证结果的可能性。因此，评估机构逐渐在评估报告中避免出现这类言论。正是由于担心 NVAO 把建议看成是学位项目存在的弱点,借以提出额外的问题、拒绝报告或者甚至做出"负面"的认证决定，评估机构往往不愿意在评估报告中提出批评或质量改进的建议。这也无疑对认证制度的质量改进目标造成了一定的"侵蚀"。[6]

第二，荷兰认证制度是一种门槛认证（threshold accreditation），门槛质量在荷兰认证制度中起着主导作用，认证过程以程序为导向，而很少关注学位项目的内容以及阈值水平以上的质量改进，表现出很强形式主义和条文主义。不可否认，门槛认证具有一定的重要性，它能确保纳税人的钱花的物有所值，保护学生的利益，尤其是在驱逐"劣质"项目进入高等教育市场方面能够发挥重要作用。但是门槛认证存在的一个重要问题是其缺乏为质量的改进和提高提供一种真正有效的动力。对高校而言，其"疲于奔命"的根本目标是想证明其提供的学位项目满足一定的"门槛"质量，从而可以获得一个正式的质量标签。这是学位项目生存立命之本。然而，获得正式标签之后，质量改进的动力何在？肯定的认证结果意义重大，但可能也只是一次性的好处。当认证制度的公众问责制目标变得日益强大，而质量改进逐渐弱化，其存在的合法性也会不断受到质疑。因为认证系统只履行公众问责而忽视质量改进的话，考虑到高校需要承担的高额认证成本以及沉重的行政负担，那么其对高校以及公众产生的附加值可能趋近为零。

7.2 新的认证制度

建立新的认证制度的主要原因是减轻官僚化的繁文缛节、降低高校的行政负担,促进高校质量的改进。NVAO 的政策官员范盖伦（Stephan Van Galen）对认证制度改革的背景这样解释道,"荷兰开展高等教育质量保证工作已经二十多年了。当从质量评估转向认证制度时，我们把工作重点坚决地放在了外部问责上，这使得质量提高目标明显式微。随着新认证方法的引入，我们想把项目认证的责任返回到讲师，而与行政和政策相关的更多程序将在院校层

---

6 Report of the Committee for the Review of the Accreditation Organization of the Netherlands and Flanders（NVAO）Self-evaluation Report 2007. Part 1 Report of the Committee for the Review of the Accreditation Organization of The Netherlands and Flanders（NVAO）[EB\OL]. www.nvao.net/download.php%3Fid%3D505, 2011-2-20, p. 27.

面上进行评估。我们藉此希望刺激推动高校的质量得以提高"。[7]

7.2.1 新认证制度形成过程中的广泛协调

为了确保新的认证制度与高校的日常运作保持协调，从而有效地培养高校的质量文化，新的认证系统的设计是建立在高等教育系统内外所有利益相关者广泛磋商讨论的基础之上。

2007 年，教育部委托 NVAO 成立一个由学生组织、荷兰大学协会、荷兰高等职业教育协会、私立高等教育协会（Platform of recognised private institutions in the Netherlands, PAEPON）组成的指导小组（steering group），就认证制度的改革进行讨论。指导小组就新的认证制度的一般轮廓达成了四点共识：第一，认证程序应更加节省时间，更符合成本效益；第二，认证的对象仍然是学位项目；第三，认证的重心是学位项目的内容和学习结果；第四，学位项目的质量受院校层面决定和影响的方面需要在院校层面进行评估。这一共识随后转交给雇主组织等其他利益相关者进行讨论。随后，教育部长把最后达成的协议递交给议会进行表决，并委托 NVAO 负责开发新的质量保证系统的框架。在深入研究其他国家实施的质量保证系统的基础之上，NVAO 行动的第一步就是邀请欧洲同行参与到新的认证系统的设计中来。2008 年 1 月，来自瑞士、奥地利、英国、挪威以及德国的代表共聚海牙就新的系统的大纲进行广泛讨论。与会者还包括来自荷兰和佛兰德的利益相关者。来自荷兰的有，荷兰大学协会、荷兰高等职业教育协会、私立高等教育协会、学生组织以及几个商业质量保证机构；来自佛兰德的有：佛兰德大学理事会（the Flemish University Council, VLIR），佛兰德大学学院（the Flemish University College, VLHORA），佛兰德学生联盟（the Flemish Student Union, VVS）。国际同行们一致认为，目前许多欧洲国家的质量保证系统正朝着院校审计与项目评估相结合的方向发展，而且越来越走向融合——院校审计和项目评估相辅相成，互为补充。通过与国际同行的讨论，荷兰新的质量保证系统的轮廓迅速变得清晰起来，NVAO 开始起草认证框架的初稿，随后组织了利益相关者进行第二轮的协商讨论。协商的结果又提交给学生、审计师、大学管理人员、质量保证人员等参与的研讨会，听取来

7　Accreditation Organisation of the Netherlands and Flanders, Reservoirs and Rapids: Annual Report 2008 Summary [EB\OL]. *www.nvao.net/news/2009/303, 2011-2-20, p17.*

自他们的意见。新的认证制度的磋商过程详见下表。

表 10　荷兰和佛兰德新认证制度的磋商过程

日　期	主要行动者	进　展
2007 年夏天	荷兰教育部提出要对认证制度进行修订。	
2007 年 9 月	来自学生组织、荷兰大学协会、荷兰高等职业教育协会、私立高等教育协会的代表组成指导小组。	就新认证系统的大致轮廓达成了共识；由 NVAO 负责开发一个适用于荷兰和佛兰德的新认证框架。
2007 年秋天	NVAO 对芬兰、新加坡、美国、英国、苏格兰、德国、瑞士、挪威和瑞典九个国家在院校和项目层次上实施的认证过程进行了深入的研究。	找出这些国家认证系统的优势和薄弱之处。
2008 年 1 月	来自瑞士、奥地利、英国、挪威和德国质量保证和认证机构的代表共聚海牙就荷兰和佛兰德改革认证系统的计划进行讨论。	代表一致认为：许多欧洲国家的质量保证系统正朝着院校审计与项目评估相结合的方向发展。
2008 年春天	来自荷兰的代表——荷兰大学协会、荷兰高等职业教育协会、私立高等教育协会、学生组织以及几个商业性质的质量保证机构与来自佛兰德的代表——佛兰德大学理事会、佛兰德大学学院以及佛兰德学生联盟共同进行磋商；荷兰和佛兰德利益相关者进行第二轮的磋商；磋商的结果又提交给学生、教师、审计师、大学管理人员、质量保证人员等参与的大型研讨会进行讨论，听取来自他们的意见。	起草新的认证框架
2008 年 6 月	指导小组进行的协商。	试验项目的框架得到了政府和利益相关者的同意。
2008 年秋天	进行 9 个院校审计的试验。	NVAO 和荷兰高等教育督察署对试验进行了评估。
2009 年 1-2 月	进行了 11 个有限项目评估的试验。	NVAO 和荷兰高等教育督察署对试验进行了评估。
2009 年 3 月	与院校审计和项目评估的参与者对试验进行讨论。与院校审计和项目评估的参与者就有关认证要求的文档进行讨论。	对认证框架进行了修订。为了减轻行政负担，对院校审计和项目评估要求的文档达成了共识。

2009 年 3 月末	荷兰和佛兰德的主要行动者进行磋商。	对认证框架进行修订。
2009 年 4 月	在荷兰与佛兰德教育部长正式会议上进行讨论。	框架准备写入新的荷兰法。
2009 年冬天	新的荷兰法提交荷兰议会进行讨论。	

资料来源：Van Galen, Stephan, Woutersen, Mirjam and etc. Balancing Quality Enhancement and Accountability: Reforming the Dutch and Flemish Accreditation System.

7.2.2 新认证制度下的认证框架

新的认证制度由院校审计和学位项目认证两大部分共同构成，院校审计是基础，学位项目认证建立在院校审计的基础之上。也就是说，高校可以首先向 NVAO 申请院校审计，如果审计结果显示院校内部的质量保证系统运作良好，那么 NVAO 允许该校提供的所有学位项目申请有限认证（limited programme accreditation）。所谓学位项目有限认证是指只对学位项目的内容、预期的学习结果以及取得的学习结果进行认证，其目的在于减轻以往认证程序中的繁文缛节，从而能够使学术人员投入到项目的评估中来。如果院校审计的结果是负面的，或者高校放弃申请院校审计，那么该校提供的所有学位项目必须向 NVAO 申请综合认证（comprehensive programme accreditation）。学位项目综合认证与以往认证制度中对学位项目实施的认证很类似。"在可能的情况下轻，在必要的时候重"。正如 NVAO 的政策官员武特森（Mirjam Woutersen）对新的认证制度特征的刻画，"院校审计是可选的。在通过一个积极的院校审计后，院校提供的学位项目可以申请有限程度的评估；如果高校放弃审计选择，那么由该校提供的学位项目必须经过更广泛的认证程序。"[8]根据新的认证制度的组织特点，笔者把其称之为以院校审计为基础的认证制度。

以院校审核为基础的认证制度涉及六个认证框架，即高校质量保证认证框架、学位项目有限认证框架、学位项目综合认证框架、初始有限认证框架、初始综合认证框架以及特色认证框架。这六个认证框架分别适用于不同的对象。在新的认证制度中，不仅学位项目要根据两个框架进行认证，新设立的学位项目也要根据两个框架进行认证，即初始有限认证框架（Limited initial

---

8 Accreditation Organisation of the Netherlands and Flanders. Reservoirs and Rapids: Annual Report 2008 Summary [EB\OL]. *www.nvao.net/news/2009/303, 2011-2-20, p. 17.*

accreditation）和初始综合认证框架（Extensive initial accreditation）。这取决于高校是否顺利通过了 NVAO 的院校审计。高校院校审计的肯定结果是其新设立的学位项目进行初始有限认证的先决条件。如果高校院校审计的结果为否定，那么其新设立的学位项目必须申请初始综合认证。

由于初始有限认证与学位项目有限认证、初始综合认证与学位项目综合认证的差异很小，只是前者比后者多一个评估主题，即初始学位项目是否拥有充分的财政资源。所以本文只对院校审计、学位项目有限认证以及学位项目的综合认证进行介绍，它们构成了荷兰高等教育新的认证制度的核心。

7.2.2.1 高校的院校审计

高校院校审计的目标旨在确认高校是否已经实施了一个有效的质量保证系统，从而能够确保其提供的学位项目的质量。或者说，对高校院校审计的评估就是为了确认高校是否拥有一个可以担保其学位项目质量的运作良好的质量保证系统。高校的院校审计围绕着五大主题，即教育质量的愿景、政策、输出、提高政策以及组织和决策结构。这五大主题也就是要回答五个连贯的问题：第一、就教育质量而言，高校的愿景是什么？第二、高校打算如何实现这一愿景？第三、高校如何衡量愿景实现的程度？第四、高校如何提高教育质量？第五、如何分工负责？这五大主题转换成五个评估标准，外部审计小组要对每一个评估标准做出一个加权并证实的判断，判断分为三个等级：符合、部分符合或不符合标准。最后，审计小组对被评高校做出总体判断，即根据教育质量愿景，高校是否已经实施了一个有效的质量保证系统，从而能够确保其提供的学位项目的质量。判断也分为三个等级，即肯定的、有条件肯定或否定。

表 11 高校院校审计的评估框架

主题一：教育质量愿景	标准 1：高校拥有一个受到广泛支持的质量愿景，并致力于发展质量文化。
主题二：政策	标准 2：高校奉行适当的政策以确保质量愿景的实现。政策涵盖的领域至少要包括教学、教学及工作人员、设施、研究融入教学之中以及教学、专业领域和学科之间的相互关系（该标准并不涉及对研究本身的评估）。
主题三：输出	标准 3：高校已经深入地掌握了其教育质量愿景实现的程度。对学位项目的质量定期进行衡量和评估，评估人员包括学生、教学人员、校友以及专业领域的代表。

主题四：质量提高政策	标准 4：高校要证明，如有需要它能够系统地改进学位项目的质量。
主题五：组织和决策结构	标准 5：就学位项目的质量而言，高校要建立有效的组织和决策结构，该结构明确规定了主管部门和各自的职责，学生和教学人员也包括在内。

资料来源：Assessment Frameworks for the Higher Education Accreditation System 6 December 2010 [EB/OL]. http://nvao.net/page/downloads/Assessment_frame works_for_the_higher_education_accreditation_system_6_Dec_2010.pdf.

7.2.2.2　学位项目有限认证

学位项目有限认证框架包括三个主题，即预期学习结果，教学环境以及取得的学习结果。这三个主题也就是要回答三个问题：第一，学位项目预期的学习结果是什么？第二，如何实现预期的学习结果？第三，是否实现了预期的学习结果？与以往的认证框架相比，有限认证框架留给学位项目足够的空间，使其能够强调自身的特色，目的在于激发学位项目的创造性与多样性。

表 12　学位项目有限认证框架

主题一：预期学习结果	标准 1：学位项目的预期学习结果具体表现为内容、层次和定位；内容、层次和定位要符合国际要求。
	解释：就层次（学士或硕士）和定位（专业或学术取向）而言，预期学习结果要符合荷兰高等教育资格框架的要求。此外，学位项目的内容要与所在专业和学科领域当前设立的国际要求和视野保持一致。
主题二：教学环境	标准 2：课程、教学人员、与学位项目相关的具体服务以及设施能够使学生取得预期的学习结果。
	解释：课程的内容和结构能够使学生取得预期的学习结果。教学人员的素质以及与学位项目相关的具体服务和设施的质量对帮助学习取得预期的学习结果具有非常重要的意义。课程、教学人员、服务以及设施共同构成了一个有凝聚力的教学环境。
主题三：评估取得的学习结果	标准 3：学位项目拥有适当的评估系统，从而可以证明取得的预期学习结果。
	解释：通过中期或期末考试、毕业设计、毕业生在工作实践或研究生项目中的表现来证明学习结果实现的程度。考试和评估必须是有效、可靠和透明的。

资料来源：Assessment Frameworks for the Higher Education Accreditation System 6 December 2010 [EB/OL].　http://nvao.net/page/downloads/Assessment_ frameworks_for_the_higher_education_accreditation_system_6_Dec_2010.pdf.

7.2.2.3　学位项目综合认证

　　学位项目综合认证框架包括六大主题，即预期学习结果、课程、教学人员、服务和设施、质量保证系统以及评估取得的学习结果。这六大主题也就是要回答六个问题：第一，学位项目的预期学习结果是什么？第二，课程设计如何有助于实现预期学习结果？第三，教学人员的素质怎样？第四，教学设施和服务（如图书馆、实验室、学生辅导等）的质量如何？第五，如何确保学位项目的质量？第六，是否实现了预期的学习结果？这六大主题转换为十六条评估标准，外部评估小组对每一个标准都要做出加权并证实的判断，判断分为不满意、满意、良好和卓越四个等级。最后，评估小组要对学位项目的总体质量做出一个证实的结论，结论也分为不满意、满意、良好和卓越四个等级。

表 13　学位项目的综合认证框架

主题一：预期学习结果	标准 1：学位项目的预期学习结果具体表现为内容、层次和定位；内容、层次和定位要符合国际要求。
	解释：就层次（学士或硕士）和定位（专业或学术取向）而言，预期学习结果要符合荷兰高等教育资格框架的要求。此外，学位项目的内容要与所在专业和学科领域当前设立的国际要求和视野保持一致。
主题二：课程	标准 2：课程的定位能够确保学生在科学研究和专业实践领域的技能发展。
	解释：课程与学科和专业领域的最新发展建立了明显的联系。
	标准 3：课程内容能够使学生取得预期的学习结果。
	解释：学习结果已经充分地转换成课程实现的目标；课程在内容上是连贯的。
	标准 4：课程结构有助于学生的学习，能够使学习取得预期的学习结果。
	解释：教学理念与预期的学习结果保持一致，教学形式与教学理念紧密联系。
	标准 5：课程与招生学生的资格保持一致。
	解释：入学要求要现实，并着眼于预期的学习结果。
	标准 6：课程是可行的。
	解释：消除阻碍学生发展的不利因素。
	标准 7：就课程的范围和持续时间而言，学位项目要符合法律规定。
	解释：学士学位项目（专业定位）：240 学分； 　　　　学士学位项目（学术定位）：原则上最低 180 学分； 　　　　硕士学位项目（专业定位）：原则上最低 60 学分； 　　　　硕士学位项目（学术定位）：原则上最低 60 学分。

主题三：教师	标准 8：学位项目建立了有效的人事政策。 解释：为满足课程的要求，人事政策规定了资格、培训、考核以及人员编制情况。 标准 9：在课程的内容、专业知识以及组织方面，教师要合格称职。 解释：教师的专业知识满足为学位项目设定的要求。 标准 10：教师数量对实现课程的目标而言是充足的。
主题四：服务和设施	标准 11：宿舍和设施对实现课程的目标而言是充足的。 标准 12：对学生的辅导和提供的信息有助于促进学生的发展，并符合学生的需求。
主题五：质量保证	标准 13：对学位项目定期进行评估，在一定程度上根据可估计的目标。 解释：学位项目保证了预期学习结果、课程、教学人员、服务和设施，评估以及取得的学习结果的质量；学位项目也收集有关成功率和师生比方面的管理信息。 标准 14：这些评估结果构成了对质量改进采取措施的基础；质量改进有助于学位项目目标的实现。 标准 15：学位项目委员会、考试委员会、教学人员、学生、毕业生以及相关专业领域的代表积极地参与学位项目的内部质量保证。
主题六：评估和取得的学习结果	标准 16：学位项目拥有适当的评估系统，从而可以证明取得的预期学习结果。 解释：通过中期和期末考试、毕业设计、毕业生在工作实践或研究生项目中的表现来证明学习结果实现的程度。对学生而言，这些考试和评估必须是有效、可靠和透明的。

资料来源：Assessment Frameworks for the Higher Education Accreditation System 6 December 2010 [EB/OL]. http://nvao.net/page/downloads/Assessment_ frameworks_for_the_higher_education_accreditation_system_6_Dec_2010.pdf.

7.3 以院校审计为基础的认证制度的特点

新的认证制度沿承了以往认证制度的一些特点，如运行规则与《欧洲高等教育质量保证标准与准则》相符合；认证范围覆盖研究型大学、大学学院、高等职业院校以及私立高等教育机构；学位项目认证仍然处于中心地位；NVAO 对学位项目的认证决策仍然以评估小组的评估报告为基础；评估小组的评估报告与 NVAO 的认证决策对外公开；采用宽泛的认证框架，尊重高校的自主权与学位项目的多样性等。但是，以院校审计为基础的认证制度呈现出一些新的特点，具体表现在以下几个方面：

7.3.1 荷兰——佛兰德认证组织的地位得到了进一步的加强

在新的认证制度中，NVAO 作为由荷兰和佛兰德两国政府共同签署成立的认证机构的地位不仅没有改变，事实上，NVAO 的地位得到了进一步的巩固与加强，具体表现在以下方面：第一，对高校内部的质量保证系统（院校审计）进行评估的审计小组由 NVAO 负责召集、任命；NVAO 在审计小组对高校内部的质量保证系统做出的咨询报告的基础上进行认证决策，如果 NVAO 认为咨询报告存在问题或有任何质疑，NVAO 有权要求审计小组做进一步的澄清；第二，对学位项目进行外部评估的评估小组成员可以由高校自身选择，但必须提交 NVAO 进行审批，由 NVAO 正式任命。高校也可以委托质量评估机构负责召集评估小组，但也必须提交 NVAO 审批通过。此外，协助评估小组工作的秘书也必须由 NVAO 进行培训并颁发鉴定证书；第三，对新设立的学位项目进行外部评估的评估小组必须由 NVAO 负责召集并正式任命，协助评估小组工作的外部秘书必须由 NVAO 进行培训并颁发鉴定证书。

如果说在以往的认证制度中，对学位项目进行外部评估的评估小组成员由质量评估机构负责召集任命，小组成员的构成只需符合 NVAO 的要求就可行的话，那么在新的认证制度中，NVAO "义不容辞"地承担起这一职责，这也就意味着 NVAO 试图把对学位项目进行外部评估的控制权从质量评估机构转移到自己手中，权力的向上集中进一步巩固、加强了 NVAO 在新的认证制度中的地位。这同时也预示着荷兰意欲建立一个开放、自由的质量评估机构市场的愿望进一步走向 "流产"。

7.3.2 新的认证制度的目的在于重建质量提高与绩效责任之间的平衡

荷兰在博洛尼亚进程推动之下建立的认证制度是一种确保所有高等教育机构提供的学位项目达到一定标准的 "门槛" 认证，或称 "阈值" 认证。在荷兰的语境中，认证就是 "对学位项目质量是否满足一定标准的正式判断。"[9]通过认证的学位项目由 NVAO 对其授予一个正式的 "质量标签"，而 "质量标签" 与高校的生存发展利益攸关。在这个不断要求提高透明度的时代，认证

9　Wynand Wijnen, Accreditation in The Netherlands: an Improvement of External Quality Assessment? In Alessandro Cavalli. Quality Assessment for Higher Education in Europe. London: Portland Press ltd, 2007.127.

制度演变成为实现高等教育绩效责任的一个重要组成部分。当荷兰高等教育质量保证的重心逐渐从质量改进转向绩效责任的同时也渐渐偏离了使其合法存在的"正轨"。正如著名高等教育质量保证专家哈维指出，"欧洲轻率而仓促地冲向了认证，而采纳的方法是基于对认证是什么、认证可以实现什么的天真幼稚的看法。这基本上是用一种未经权衡的、想当然的方法把认证推向了合法化。认证既不中立也不慈善；它并非与政治无关。恰恰相反，认证路线是高度政治化的。从根本上看，它是关于权力的转移，一种掩盖在消费者需求和欧洲一体化外衣之下、背后隐藏着新公共管理思想的权力转移。"[10]"当'大厦'（认证）不断增长，变得更加具体和指令化，学术的异化也将随之增加。学术人员感受到了一种信任的缺乏和对自己学术判断的削弱。这随之而来的去技术性（deskilling）以及缩减的自治与自由创造了一种顺从的场景，并最终就像在其它质量保证领域中所看到的那样——游戏、篡改以至对整个（认证）过程的颠覆。而质量改进要进入议事日程还有很长的路要走，如果它真的就存在于认证过程中的话。"[11]

为了纠正以往认证制度在实施过程中的繁文缛节、条文主义，减轻给高校造成的沉重行政负担，新的认证制度的出发点和着重点在于通过引入一种基于高度信任的"轻触"评估方法——院校审计，加强高校对质量保证系统的所有权，促进高校的质量文化，激励高校的质量目标超越阀值，从而重建质量提高与绩效责任之间的平衡。[12]新的认证制度的目标非常鲜明，即高等教育质量保证不仅要满足问责制也要提高教育质量，二者必须携手前进。这是国家高等教育质量保证政策得以存在的合法性根基。

7.3.3 高等教育质量保证与国家资格框架紧密联系

在 2003 年的《柏林公报》中，博洛尼亚进程成员国教育部长们首次提议建立一个欧洲高等教育区总体资格框架（overarching framework of qualifications of the EHEA），该框架也称之为博洛尼亚框架（Bologna Framework）。其目的旨

---

10 Lee Harvey. The Power of Accreditation：Views of Academics. Journal of Higher Education Policy and Management, 2004, 26（2）：207-208.

11 Lee Harvey. The Power of Accreditation：Views of Academics. Journal of Higher Education Policy and Management, 2004, 26（2）：221-222.

12 Van Galen, Stephan, Balancing Quality Enhancement and Accountability：Reforming the Dutch and Flemish Accreditation System [EB/OL]. http://www.ecaconsortium.net/event/hague2009/doc/Case_study-Netherlands.ppt, 2011-1-20.

在促进欧洲高等教育的可比性和透明性，促进学生在高等教育系统内部和高等教育系统之间流动，消除学生流动的障碍，创造一种共同的资格语言，从而推动博洛尼亚进程总体目标的实现。《柏林公报》指出：

> 部长们鼓励成员国为各自的高等教育系统制定一个可比、兼容的资格框架，该框架应根据学习负担、学位层次、学习结果、能力和概况（profile）对资格进行描述。我们也承诺制定一个欧洲高等教育区的总体资格框架。

> 在这些框架内，学位应该界定不同的学习结果。第一、二周期的学位应该有不同的取向和各种概貌（profile），以适应个人、学术界和劳动力市场需求的多样化。根据《里斯本公约》，第一周期的学位应该准许进入第二周期的学位项目。第二周期的学位应该准许进入博士阶段学习。[13]

2005 年的《卑尔根公报》采纳了《柏林公报》中关于建立欧洲高等教育区总体资格框架的提议：

> 我们采纳建立欧洲高等教育区总体资格框架，它包括三个周期（在具体国家背景下可能包括中间资格）、对每一周期基于学习结果和能力之上的通用描述（generic descriptors）以及第一、二周期的学分范围三部分。到 2010 年，我们致力于制定与欧洲高等教育区总体资格框架相兼容的国家资格框架，并于 2007 年开始启动这项工作。[14]

2007 年，伦敦教育部长会议通过的《伦敦公报》进一步肯定了建立欧洲高等教育区总体资格框架和国家资格框架的重要性：

> 资格框架是在欧洲高等教育区内实现高等教育的可比性和透明性，以及促进学生在高等教育系统内部和高等教育系统之间流动的重要工具。资格框架也应该有助于高等教育机构开发以学习结果和学分为基础的学习模块和学位项目，并促进资格和以往各种学习

---

13 "Realising the European Higher Education Area". Communique of the Conference of Ministers responsible for Higher Education in Berlin on 19 September 2003[EB\OL]. http://www.bologna-berlin2003.de/pdf/Communique1.pdf, 2010-11-28.

14 The European Higher Education Area-Achieving the Goals. Communique of the Conference of European Ministers Responsible for Higher Education, Bergen, 19-20 May 2005[EB\OL]. http://ec.europa.eu/education/policies/educ/bologna/bergen.pdf, 2010-11-28.

的认可。

我们注意到，在实施国家资格框架方面已经取得了初步的进展，但还需要更多的努力。我们承诺到 2010 年，充分实施经欧洲高等教育区总体资格框架验证的国家资格框架。这是一项富有挑战性的任务，我们敦请欧洲理事会对分享国家制定资格框架的经验给予支持。我们强调，为了鼓励学生和教师更广泛的流动性并提高其就业能力，资格框架必须制定实施。

国家资格框架不仅与欧洲高等教育区总体资格框架相兼容，也将与欧盟委员会对欧洲终生学习资格框架的提议保持一致，我们对此感到满意。

我们认为，卑尔根会议通过的欧洲高等教育区总体资格框架是促进全球背景下欧洲高等教育发展的一个核心元素。[15]

2009 年的《鲁汶公报》把进一步发展国家资格框架列为下一个十年欧洲高等教育区的优先计划，"国家资格框架的发展是实施终身学习的重要步骤。我们的目标是：到 2012 年，国家资格框架完全实施，并为实现对照《欧洲高等教育区总体资格框架》的自我验证做好准备工作。"[16]

荷兰于 2005 年开始启动高等教育资格框架的准备工作，并在 2009 年顺利完成了国家资格框架与欧洲高等教育区总体资格框架的验证过程，这意味着荷兰高等教育国家资格框架与欧洲高等教育区总体资格框架相互兼容。欧洲高等教育区总体资格框架和国家资格框架的建立对博洛尼亚进程成员国高等教育质量保证产生了深远的影响。质量是国家资格框架中的一个主要元素，没有质量的资格是没有价值的资格，质量保证对国家资格框架的实施具有至关重要意义。[17]欧洲高等教育区总体资格框架要求，国家质量保证系统需要以

---

15 Towards the European Higher Education Area: Responding to Challenges in a Globalised World. London Communique. 18 May 2007 [EB/OL]. http://www.enqa.eu/files/London%20Communique%20-%2018-05-2007.pdf, 2011-2-20.

16 The Bologna Process 2020 – The European Higher Education Area in the New Decade. Communique of the Conference of European Ministers Responsible for Higher Education, Leuven and Louvain-la-Neuve, 28-29 April 2009 [EB/OL]. http://www.ond.vlaanderen.be/hogeronderwijs/bologna/conference/documents/leuven_louvain-la-neuve_communiqu%C3%A9_april_2009.pdf, 2011-1-18.

17 Quality Assurance and Qualifications Frameworks [EB/OL]. http://www.enqa.eu/files/Quality%20Assurance%20and%20Qualification%20Frameworks.pdf, 2010-12-26.

国家资格框架为参照。这意味质量保证必须与国家资格框架建立紧密的联系，国家质量保证机构需要在发展和实施国家资格框架中扮演重要角色，他的一个重要作用就是"帮助"高校向外界证明他们提供的学位项目与国家资格框架之间的链接与联系。荷兰国家资格框架以国际上通用的都柏林描述符作为参考框架，而 NVAO 认证过程的重点就是对学位项目是否与同一层次的都柏林描述符相兼容的"验证过程"。NVAO 负责确保荷兰高等教育资格框架中第一、第二周期学位项目的质量。因此，NVAO 对学位项目认证的标准是：学位项目的出口资格（exit qualification）是否与一般的、国际上接受的对该层次（学士或硕士）的资格描述相符合。NVAO 的认证框架中整合了都柏林描述，把其作为学士、硕士学位项目出口资格的参考点以监督学位项目的质量。

这一点在荷兰新的认证制度中得以"淋漓尽致"地体现出来。不论是学位项目的有限认证、综合认证，还是初始学位项目的有限认证、综合认证，NVAO 认证框架主题一的评估标准明确表明，学位项目的预期学习结果不仅要与所在学科专业领域当前设立的国际要求保持一致，同时也要符合荷兰国家高等教育资格框架的要求。新的认证框架与既有的认证框架评估标准的这一点变化就足以证明了博洛尼亚进程对荷兰高等教育质量保证产生的强大影响。

表 14　新旧认证框架中主题一评估标准的对比

2003 年认证框架之主题一： 宗旨与目标	2011 年认证框架之主题一： 预期学习结果
标准 1：学科专业具体要求 准则：项目的预期学习结果要与国内和国际上专业同行和相关的专业学科领域设定的要求相符。 **标准 2：学士或硕士层次** 准则：项目的预期学习结果与国际上认可的学士或硕士资格相符。 **标准 3：专业取向（professional orientation）或学术取向** 准则：专业取向（高等职业院校提供的学位项目）①预期学习结果要基于由相关职业领域规定的职业能力；②专业学士具有在特定的职业或职业领域从业的资格；③专业硕士具有在职业领域从事独立的或管理型职业所需要的资格。	**标准 1：**学位项目的预期学习结果具体表现为内容、层次和定位；内容、层次和定位要符合国际要求。 **解释：**就层次（学士或硕士）和定位（专业或学术取向）而言，预期学习结果要符合荷兰高等教育资格框架的要求。此外，学位项目的内容要与所在专业和学科领域当前设立的国际要求和视野保持一致。

学术取向 ①预期学习结果要符合科学学科和国际科学实践设立的要求；②学术学士具有进入至少一个学术硕士项目继续学习和进入劳动力市场的资格；③学术硕士具有进行独立科学研究或解决专业领域多学科和跨学科问题的资格。	

7.3.4　高等教育质量保证的重心聚焦于学习结果

尽管 1999 年的《博洛尼亚宣言》和 2001 年的《布拉格公报》中并没有涉及学习结果，然而自 2003 年的《柏林公报》起，学习结果成为博洛尼亚进程部长会议公报、欧洲大学协会、欧洲学生联盟等组织发布的正式报告、教育改革声明中出现的高频词汇。

部长们鼓励成员国为各自的高等教育系统制定一个可比、兼容的资格框架，该框架应根据学习负担、学习层次、学习结果、能力以及概况（profile）对资格进行描述。我们也承诺制定一个欧洲高等教育区的总体资格框架。

——（2003 年《柏林公报》）

我们采纳了建立欧洲高等教育区总体资格框架，它包括三个周期（在国家背景下包括中间资格的可能性）、每一周期以学习结果和能力基础的通用描述和第一、二周期的学分范围三部分。

——（2005 年《卑尔根公报》）

我们强调，要使接受高等教育所获得的资格更适合劳动力市场的需求和进一步学习的需要，课程改革非常重要。今后，要集中力量消除三个周期的入学和周期间晋级的障碍，并集中力量合理地实施以学习结果和学习负担为基础的欧洲学分转换和累积制度（ECTS）。

资格框架是在欧洲高等教育区内实现高等教育的可比性和透明性，以及促进学生在高等教育系统内部和高等教育系统之间流动的重要工具。资格框架也应该有助于高等教育机构开发以学习结果和学分为基础的学习模块和学位项目，并促进资格和以往各种学习的认可。

我们要求高等教育机构进一步发展与企业主的合作关系，促进正在进行的以学习结果为基础的课程创新。

为了发展以学生为中心、以学习结果为基础的学习模式，接下来应该综合全面地考虑国家资格框架、学习结果与学分、终生学习以及以往学习的认可问题。

——（2007年《伦敦公报》）

成功的终身学习政策将包括认可以往学习的基本原则和程序，认可是以学习结果为基础，而不论这些知识、技能和能力的获得是通过正规的或非正规的学习途径。

我们重申高等教育机构教学使命的重要性和正在进行的面向学习结果的课程改革的必要性。……学术界与学生和雇主代表密切合作，为不断增长的学科领域继续开发学习结果和国际参照点。

——（2009年《鲁汶公报》）

从以上我们可以清楚地看到，学习结果在2003年的《柏林公报》中用来描述国家资格框架，2005年的《卑尔根公报》作为欧洲高等教育区总体资格框架每一周期都柏林描述符的基础，到2007年的《伦敦公报》，学习结果的使用进一步扩展，成为欧洲学分转换与累积制度、课程改革和创新、学习模块和学位项目的基础。在2009年的《鲁汶公报》中，学习结果被进一步应用到终身学习领域。博洛尼亚英国专家亚当教授（Stephen Adam）这样讲道，"学习结果已经从作为边缘的工具上升至实现欧洲高等教育彻底改革的重要策略……在方法和实践上以学习结果为支撑，一个崭新而统一的欧洲高等教育基础结构正在迅速崛起。它的目的旨在使欧洲高等教育系统更富效率、竞争力、兼容性和可比性，而同时尊重学术自治和高校、国家多样性的要求。"[18]

2007年博洛尼亚进程评估报告指出，尽管博洛尼亚进程在一些具体行动目标方面取得了一定进展，但是孤立地看待这些成就是远远不够的，因为博洛尼亚进程的所有方面都是相互依存的。两大主题把博洛尼亚进程所有的行动路线贯穿起来，一是聚焦学习者，二是聚焦学习结果。报告建议，如果博洛尼亚进程要成功地满足学习者的需求和期望，那么所有成员国的国家资格

---

18 Stephen Adam, Learning Outcomes Current Developments in Europe: Update of the Issues and Applications of Learning Outcomes Associated with the Bologna Process [EB/OL]. http://www.ond.vlaanderen.be/hogeronderwijs/bologna/BolognaSeminars/documents/Edinburgh/Edinburgh_Feb08_Adams.pdf, 2011-1-18.

框架、学分转换和累积制度、文凭补充、对以往学习的认可和质量保证系统都必须建立在学习结果的基础之上，这是实现博洛尼亚进程许多重要目标的一个关键性先决条件。2009 年博洛尼亚进程评估报告进一步指出，有效实施学习结果对于成功地实现博洛尼亚进程的主要目标——发展三周期学位体系的国家资格框架、欧洲学分转换和累积制度、文凭补充、认可资格和以往学习、提供灵活的终身学习路径和渠道具有重要的作用。[19]

　　在博洛尼亚进程推动之下以学习结果为基础构建欧洲高等教育区无疑对欧洲高等教育质量保证产生了很大的影响。伴随着欧洲高等教育从以教师为主导的模式向以学生为中心，以学习结果为基础的学习模式转变，学习结果成为质量保证的重心和关键所在。欧洲高等教育质量保证协会明确指出，高等教育外部质量保证必须对预期学习结果以及学生实际获得的学习结果给予更多的关注。这一点在荷兰新的认证制度中也是生动地得以体现出来。如果说在以往的认证制度中 NVAO 对学位项目认证的重心开始向学习结果转移的话，那么在新的认证制度中，整个认证的重心都是紧紧地围绕着学习结果而展开的。学位项目有限认证框架的三个主题——学位项目预期的学习结果是什么、如何实现预期的学习结果、是否实现了预期的学习结果——无一不是与学习结果环环相扣。同样，在学位项目综合认证框架的六个主题中，无论是课程设计、教学人员、服务与设施还是质量保证系统都是为实现学位项目预期的学习结果而服务的。可以说，在博洛尼亚进程深远的影响和强大的推动力之下，荷兰高等教育质量保证几乎已经完全步入了博洛尼亚进程理想中的"轨道"。

---

19 Andrejs Rauhvargers, Cynthis Deane & Wilfried Pauwels. Bologna Process Stocktaking Report 2009 [EB/OL]. http://www.ond.vlaanderen.be/hogeronderwijs/bologna/conference/documents/Stocktaking_report_2009_FINAL.pdf, 2011-1-18.

8 结 语：思考与启示

在这些复杂多样的国家质量保证模式的背后，我们可以仔细观察到一些基本特征：高等教育机构对社会公众的责任以及高等教育机构与质量保证机构之间合作的必要性正在推动着高等教育质量保证系统朝着坦诚、公开的质量对话的方向发展，这是一种信任的真正基础。

——布鲁诺·屈尔瓦勒[1]

我们需要时刻记住的是，质量保证机制本身并不是目的，他们的最终目标是提高教学和科研的质量。

——博洛尼亚后续小组[2]

1985 年，荷兰政府发布了重要的政策文件——《高等教育：自治与质量》，它标志着荷兰高等教育发展史上的一个重要转折点。正是在这个文件中，政府提出了"远距离调控"的哲学，承诺扩大大学的自治，前提条件是对大学的质量进行评估。1988 年，荷兰高等教育质量评估制度正式建立，以六年为一周期对所有大学提供的学位项目进行评估。2003 年，荷兰引入认证制度从而取代了运行十年之久的质量评估。然而几年之后，认证制度由于过于官僚

---

1 Programme-oriented and Institutional-oriented Approaches to Quality Assurance: New Developments and Mixed Approaches [EB/OL]. http://www.enqa.eu/files/ENQA%20 workshop%20report%209.pdf, 2011-2-16.

2 Jon Haakstad. External Quality Assurance in the EHEA: Quo Vadis? Reflections on functions, legitimacy and limitations [EB/OL]. http://www.nokut.no/Documents/NOKUT/ Artikkelbibliotek/Generell/Foredrag/Haakstad_External%20Quality%20Assurance%2 0in%20the%20EHEA_2009.pdf, 2011-2-20, p.1

化、繁文缛节而给高校造成了沉重的行政负担等原因受到高等教育系统内外的严厉指责。2007 年，荷兰开始对认证制度进行修订，并预计于 2011 年开始实施以院校审核为基础的认证制度。荷兰高等教育质量保证的发展离不开整个欧洲的大环境，特别是在博洛尼亚进程的强大推动之下，荷兰高等教育质量保证在很大程度上与欧洲的发展动态保持同步。

8.1 荷兰高等教育质量保证政策的演变

根据霍尔的政策范式理论，荷兰高等教育质量保证政策共经历了三个范式：第一个是质量评估政策范式；第二是个认证制度的政策范式；第三个是刚刚建立的以院校审核为基础的认证制度政策范式。

8.1.1 质量评估范式

荷兰高等教育质量评估制度建立于 1988 年，它标志着是荷兰质量保证政策第一个范式的正式开始。质量评估政策范式的主要特征表现在以下几个方面：第一，从政策问题界定来，它产生的根源来自荷兰政府与大学关系的重新界定。这不仅仅意味着政府与高校之间权力与责任的重新分配，更重要的是政府对高校调控的目标与工具随之发生了改变，这从而导致了政府调控的全新调控框架。换言之，在荷兰政府新的调控框架中，质量保证成为政府调控高等教育的新型政策工具。为了提高高等教育系统的效率与效益、激励高校的创新性、灵活性以及多样性，使其能够对日益变化的社会需求迅速做出反应，政府要部分撤退，并承诺扩大高校的自治，但政府放松管制的条件是对大学的输出进行严格控制。质量评估成为荷兰政府制衡高校的一个有力政策杠杆。大学自治与质量评估是一枚硬币的正反两面——要想获得自治，大学必须要对其提供的教育担负起质量责任，大学必须要向政府、社会证明，他们的教育质量靠得住。一个正式的质量评估制度是荷兰政府从严格的中央集权控制到高校自我管制的一个重要先决条件。第二，从政策目标来看，质量评估的主要目标是质量提高，绩效责任处于从属地位。这主要是由于质量评估系统掌握在大学的保护伞组织——荷兰大学协会手中。大学愿意听取评估小组的意见和建议，评估结果为大学提供了一个质量改进的起点。质量评估就是要致力于发现弱点，然后改进和提高大学的质量。所以荷兰质量评估是大学自身质量改进的工具，而不是政府对大学进行质量控制的工具。它主要是服务于为大学而不是政府。第三，政策工具的设置包含了几个要素：①荷兰大学协会负责对大学的外部质量进行评估。也就是说，荷兰大学的质量评估是运行在大学自我管制的框架之下，而不是由政府来掌控；②高等教育督察署承担元评估的角色，即对整个质量评估系统进行监督，以及对大学质量评估的后续行动进行检查；③质量评估以同行评审而非绩效指标为基础；④质量评估结果与政府拨款或其他方面没有建立任何直接的联系。

质量评估制度对荷兰大学产生了一定积极的影响。第一，在质量保证政策实施以前，大学内部的质量管理极属罕见。相比之下，在质量政策实施之后，大学的质量问题得到了更多的关注，并被提到了大学决策者的重要议事日程之上。许多大学成立了专门委员会或聘任专门人员负责内部的质量管理；第二，质量问题不仅仅提上了大学决策者的议事日程，更重要的是大学已经积极采取措施解决自评报告和评估报告中提出的有关质量问题。当然，这并不意味着投入的资源和采取的措施能够产生立竿见影的效果；第三，大学对质量评估制度的满意度相当高。如果考虑到高等教育机构往往对外来的干预和监督持一种排斥态度的话，那么这种转变是相当惊人的。从这一点来看，质量评估制度已经深入到"象牙塔"，质量文化开始在大学内部慢慢生根。[3]然而，在经过多年的运行之后，政府和社会各界对质量评估的支持度式微。这一方面是由于高校的质量评估慢慢演变成例行公事、面子工程（window dressing）；另一个更重要的原因是由于新的国内、国际形势对高等教育质量保证提出了新的要求，而既有的质量评估制度已不能有力地应对这种挑战。

表15　政策范式一：质量评估（1988-2002）

政策范式	质量评估制度
问题界定	政府与大学关系的重新界定，以质量换自治
政策目标	质量提高与绩效责任
政策工具	评估
政策工具的设置	荷兰大学协会掌舵整个质量评估系统 高等教育督察署负责元评估 评估对象：大学提供的学位项目

3　M.M.H. Frederiks, D.F.Westerheijden and P.J.M. Weusthof. Effects of Quality Assessment in Dutch Higher Education. European Journal of Education, 1994, 29（2）: 196-197.

	质量评估以同行评审而非绩效指标为基础 评估过程：高校自评 　　　　　现场考察 　　　　　公布评估报告 　　　　　高校的后续行动 　估结果与政府拨款没有建立任何直接联系
政策价值取向	扩大大学的自治权 提高大学的创新性、灵活性与多样性 物有所值
政策制定过程	广泛协商，达成共识 主要行动者：教育部、荷兰大学协会、学生组织、荷兰科学研究组织、荷兰皇家科学与艺术学院、专业协会以及其他一些利益集团

8.1.2　认证制度范式

2003 年荷兰正式建立认证制度，这标志着荷兰高等教育质量保证政策的第二个新范式。认证制度政策范式的主要特征体现在以下几个方面：

第一，从政策问题界定来看，如果说政府、公众对问责制的呼吁以及大量非传统高等教育提供者的涌现是驱动认证制度产生的内部动力的话，那么真正促成认证制度建立的是《博洛尼亚宣言》这一外部"触发性事件"。在这里，"触发性事件"也可以说是霍尔在政策范式理论中所提到的"异常事件"。霍尔指出，"与科学范式一样，政策范式也可能受到在现有范式条件下出现的异常情况的影响……对付这些异常情况的努力可能需要进行调整现有政策路线的试验，但是如果范式确实不能对付这些不协调的发展，这些试验将导致政策失败，从而逐渐削弱现有范式的权威，甚至其倡议者的权威。"[4]《宣言》中倡导的建立学士——硕士二级学位结构、易读、可比的学位体系等改革建议恰好为荷兰高等教育走向国际化、现代化创造了一个重要的机遇，从而"激发"了荷兰高等教育的改革。随着 2002 年关于学士——硕士两级学位结构改革法案的正式通过，建立认证制度变得顺理成章，因为这是确保荷兰高等教育在国际上的透明度、可比性、吸引力与竞争力的有力工具。

第二，从政策目标来看，认证制度的首要目标是绩效责任。事实上，早

4　岳经纶，郭巍青：中国公共政策评论（第 1 卷）[M]，上海：上海人民出版社，2007.9。

在质量评估第一个周期（1988-1993）结束时，政府就明确指出，外部质量评估必须提供一幅清晰的教育质量的图画。在这里，提供清晰的质量图画就是要加强质量评估的问责制，向政府、公众提供明确的有关高校质量的信息。[5] 随着第二个评估周期的开展，大学质量提高的愿景被渐渐冲淡。这也是可以理解的。任何一个质量保证系统的理想状态都是高等教育机构为了自身的利益而不是政府开展质量保证活动。然而一个不能忽略的重要事实是，当高等教育机构的经费来源高度依赖于政府的财政资助时，尤其是像荷兰这样一个国家，来自政府的财政拨款占到大学总收入的 70%以上，政府是不会仅仅满足于以质量提高为导向的质量保证系统——它还必须履行另外一个更重要的职能，即绩效责任。所以，在认证制度的政策范式里，其主要目标是"验证"高等教育机构提供的学位项目是否达到一定的"门槛"质量，从而确保纳税人的钱花的物有所值，学生作为消费者的利益能够得到充分的保护。当然，荷兰认证制度还承载着另外一个重要的目标，即提高荷兰高等教育在国际上的透明度、可比性、认可度与竞争力。荷兰一直致力于促进欧洲高等教育区内认证决策的相互认可，推动高等教育系统的可比较性和兼容性，促进学生、毕业生以及教学人员在欧洲高等教育区范围内的流动。

第三，从政策工具及其设置来看，荷兰认证制度包括几个重要的元素：（1）过一个独立的认证机构 NVAO 对学位项目授予一个"质量标签"，NVAO 对学位项目的认证决定基于质量评估机构对学位项目做出的评估报告；（2）由经过 NVAO 授权认可的质量评估机构负责对高校进行外部质量评估，这些评估机构完全独立于被评学位项目及其所属高校。这也就意味着在以往的质量评估制度下由荷兰大学协会负责进行的外部评估现在变成了由完全独立于大学的质量机构进行；（3）一个公开的认证框架。质量评估机构对学位项目的评估要基于 NVAO 的认证框架，评估机构可以根据相关学科领域的国际标准来开发自己的评估框架，但是必须包含 NVAO 认证框架中规定的主题和标准，并且要遵守 NVAO 认证框架中的评估规则。NVAO 对学位项目的认证也要严格按照认证框架中的标准和准则；（4）认证结果是一个是或否（yes/no）的二元判断，通过了 NVAO 的认证有三重意义：学位项目授予的学位能够得

5 A.I. Vroeijenstijn. Improvement and Accountability: Navigating between Scylla and Charybdis. Guide for External Quality Assessment in Higher Education. London: Jessica Kingsley Publishers Ltd, 1995. 67.

到政府的认可；学位项目有资格获得政府的拨款；在该学位项目注册的学生有资格获得政府的资助。（5）原来在质量评估系统中担任"元评估"的高等教育督察署的角色发生了改变，它现在被赋予的任务是监督认证系统的整体运作。这是一个相当轻松的角色，仅靠拥有 NVAO 董事会的一个席位以及数份监测报告便可完全其使命。[6]因此它对高校的影响大大减弱了。

自 2003 年开始，NVAO 已经对荷兰高等教育机构提供的 2600 多个学位项目进行了认证，认证的实施产生了一定积极的影响。NVAO 的认证标准是基于相关学科领域国际上认可的标准，所以认证制度的实施提升了荷兰高等教育的国际地位与竞争力，同时还严厉取缔了一大批商业私立高校提供的劣质项目，从而"净化"了高等教育市场，保护了学生、家长及雇主的利益。但是，由于认证制度的政策目标是问责制，所以其关注的重心并非学位项目的内容而是与对学位项目外部评估相关的程序性事宜上。荷兰认证制度包含了三层组织架构，NVAO 的认证决定是建立在对学位项目两次"验证"的基础之上：第一次是质量评估机构根据评估框架中的标准和准则对学位项目进行验证；第二次是 NVAO 根据认证框架对质量评估机构做出的评估报告进行"验证"。利害攸关的认证结果使得高校忙于准备各种"证据"试图通过这种"验证"，从而能够获得一个正式的"质量标签"。从这个意义上讲，认证制度是政府强加在高等教育机构之外的一种以绩效问责为导向的新的治理方式，质量本身并不是认证制度真正的意义所在。当高校与其自身质量之间的沟壑越来越大，认证制度也就偏离了"正轨"，并最终动摇了其存在的合法性基础。

表16　政策范式二：认证制度（2003-2010）

政策范式	认证制度
问题界定	既有质量评估制度的合法性受到质疑； 博洛尼亚进程为荷兰高等教育质量保证提出了新的要求
政策目标	绩效责任与质量提高
政策工具	认证

6　Witte, Johanna Katharina. Change of Degrees and Degrees of Change： Comparing Adaptations of European Higher Education Systems in the Context of the Bologna Process [EB/OL]. http://www.che.de/downloads/C6JW144_final.pdf, p.250.

政策工具的设置	认证对象：大学、高等职业院校以及私立高等教育机构提供的所有学士、硕士学位项目 认证制度的主要组成元素： 　　一个独立运作的认证机构 NVAO 　　开放的质量评估机构市场 　　公开的认证框架 　　利益攸关的认证结果
政策价值取向	加强问责制、提升荷兰高等教育的国际透明度、可比性、竞争力与吸引力，促进学术人员的流动
政策制定过程	广泛协商，达成共识 主要行动者：教育部、荷兰大学协会、荷兰高等职业教育协会、学生组织、私立高等教育协会、质量保证机构等

8.1.3 以院校审计为基础的认证制度范式

2011 年，荷兰正式实施以院校审计为基础的认证制度。与既有的认证制度相比，新的认证制度在目标、实现目标的工具以及设置等方面都进行了修正，所以笔者认为，以院校审计为基础的认证制度是荷兰高等教育质量保证政策的第三个范式。新范式的主要特征体现在以下方面：

第一，从政策问题的界定来看，如果说建立第二个政策范式的主要诱因是外部力量的话，那么新政策范式的主要动力来源于解决既有范式在实施过程中产生的垢病——条文主义、繁文缛节，从而给高校造成的沉重行政负担；第二，从政策目标来看，新政策范式的引入主要是为了促进高校的质量文化，激励高校致力于超越质量阀值，并最终回归质量保证系统的本真意义——质量提高。2007 年荷兰教育部在发布的《高等教育、研究和科学战略议程》（Strategic Agenda for Higher Education, Research and Science）中指出，荷兰不仅要建立一个在国际上具有吸引力、竞争力、享有较高的国际声望与形象、并且与现代社会需要紧密相连的高等教育系统，同时还要倡导高等教育机构在学生的动机、努力和观念方面营造一种雄心勃勃的学习文化。这就驱使高等教育机构不仅仅要保证基本的教育质量，更重视的是能够以一种最优的方式开发学生的潜力和才华。[7]第三，从政策工具来看，为了减轻高校的行政负

---

7 Don F. Westerheijden, Eric Beerkens and ect. The First Decade of Working on the European Higher Education Area. The Bologna Process Independent Assessment, Volume 2 Case Studies and Appendices [EB/OL]. http://ec.europa.eu/education/higher-education//doc/bologna_process/independent_assessment_2_cases_appendices.pdf,

担，新的认证制度中组合了院校审核和认证两个质量保证工具，试图回归一个以质量提高为导向的认证方法。院校审计的重点放在高等教育机构内部的教学质量保证系统上，其目的是试图加强高校对质量保证系统的所有权，强调高校自身在质量保证中的责任，刺激高校营建一种真正的质量文化，让高校成为质量保证系统真正的"主人"。第四，在政策工具的设置上，新的认证制度与以往的认证制度相比有几个变与不变的地方：（1）NVAO 的地位没有改变。事实上，NVAO 在新的认证制度中的地位得到了进一步的巩固与加强。（2）在新的认证制度中，NVAO 的认证框架发生了改变，主要体现在两方面，即高等教育质量保证与国家资格框架紧密联系、高等教育质量保证的重心聚集于学位项目的学习结果。

表 17　政策范式三：以院校审计为基础的认证制度（2011-）

政策范式	以院校审计为基础的认证制度
问题界定	既有认证制度的繁文缛节给高校造成了严重的行政负担，成本效益较低； 既有认证制度严重偏离了质量提高的政策目标
政策目标	促进高校的质量文化，平衡质量提高与绩效责任
政策工具	院校审计与认证相结合
政策工具的设置	院校审计：对高校内部的质量保证系统进行评估 认证对象：大学、高等职业院校以及私立高等教育机构提供的所有学士、硕士学位项目 认证制度的主要组成元素： 　　一个独立运作的认证机构 NVAO 　　六个认证框架
政策价值取向	激励高校的质量目标超越阀值； 加强高校对质量保证系统的所有权； 减轻认证程序中的繁文缛节； 减轻高校的行政负担
政策制定过程	广泛协商，达成共识 主要行动者：荷兰教育部、荷兰大学协会、学生组织、荷兰高等职业教育协会、私立高等教育协会、质量保证机构、佛兰德大学理事会、佛兰德大学学院以及佛兰德学生联盟等。

2010-8-16, p.46-47.

8.1.4 研究结论

荷兰是欧洲高等教育质量保证的先锋国家。回顾荷兰高等教育质量保证政策的演变，我们可以清楚地看到，催生荷兰高等教育质量保证政策产生与变迁的主要动力其实与质量本身的问题关系不大。先是在 20 世纪 80 年代"评估型国家"崛起的浪潮之中，荷兰政府在以"远距离调控"、"物有所值"、扩大大学自治、提高大学的创新性与灵活性的旗帜之下，率先在欧洲建立了质量评估制度。十年之后，这先前相当宁静的质量评估风景在 1999 年《博洛尼亚宣言》的强大气势之下掀起了巨大的波澜。可以说，博洛尼亚进程开创了包括荷兰在内许多欧洲国家质量保证的新时代。尽管博洛尼亚进程对不同国家产生了不同的影响，但总的说来，它在促进认证制度上升为西欧国家主要的质量保证机制的过程中起到了根本性的作用。在认证制度下，荷兰高等教育质量保证政策的根本价值诉求就是要提高高等教育系统的国际透明度与可比性，确保基本质量、实现绩效问责。这也许正验证了著名学者尼夫的话，"'质量'被塞进了满是各种问题的旅行袋里，同时，学术界发现自己正在遭受一群'质量保证者们'不断发出的刺耳噪音的困扰。质量背后的问题与'质量'本身关系不大。与之相关的是质量标准的制定者，而从质量标准的制定者到对学术事业心脏的控制仅仅是一小步之遥"。[8]所以，在某种意义上，"我们今天所说的关于质量保证和认证的行话无非是描述竞争的人类群体争夺对最持久的文明机构之一——大学进行控制的愿望和需要的最新话语形式而已。"[9]驱动质量保证政策建立与范式转型的最根本的动力在于国家的需求。在过去二十多年的时间里，荷兰政府使用的质量概念中一个不变的常量是绩效问责。因为政府深信自己有责任与义务代表社会履行对高等教育的职责。这是荷兰政府在质量保证问题上保持一贯立场的重要因素，所以绩效责任仍将是国家质量保证的一个重要政策目标。但是，高等教育质量保证不能违背高等教育本身的规律。大学 800 多年来惊人的历史存在在很大程度上归因于

---

8 转引自 Hans J.A. van Ginkel and Marco Antonio Rodrigues Dias, Institutional and Political Challenges of Accreditation at the International Level. In Global University Network for Innovation. Higher Education in the World 2007. Accreditation for Quality Assurance：What is at State? New York：Palgrave Macmillan, 2007:40.

9 Global University Network for Innovation（Eds），Higher Education in the World 2007.Accreditation for Quality Assurance：What is at Stake? New York：Palgrave Macmilian, 2007.25.

她能够把其内部与外部的质量，即研究高深学问与满足外部环境的需要很好地协调起来。质量保证政策偏向任何一方而与另一方的背离都将会动摇其存在的合法性根基。实际上，荷兰高等教育质量保证政策范式变迁的一条主线是紧紧围绕着质量提高与绩效责任这两个政策目标而展开的——先是以质量提高为导向的质量评估、到绩效责任占统治地位的"门槛"认证，再试图重建质量提高与绩效责任的平衡。伴随着政策目标的变迁，荷兰高等教育质量保证的工具也经历了从以同行评审为基础的质量评估到"高压严厉型"的认证，再到向"轻触型"的质量保证方法转型。然而，这种轻触型，即以院校审核为基础的新的认证制度的是否能够产生预期的效果——减轻官僚主义、繁文缛节、促进高校的质量文化、平衡绩效责任与质量改进等仍是悬而未决的。在国家质量保证系统中，如果没有高校本身对质量的承诺，那么它只是一个"僵化"的系统，质量提高是难以实现的。这在很大程度上取决于国家质量保证机构 NVAO 与高等教育机构之间是否能够建立一种真正平等、信任的关系。事实上，当质量的话语权从大学自身到"被迫"交由政府或其代理人掌控的时候，这同时也就意味着政府对高等教育机构不信任的开始。正如欧洲高等教育保证领域著名学者维斯特海吉登在回顾了欧洲二十多年来质量保证机制的演变后这样深刻地讲道：

> 有人指出，外部质量保证机制是（政府对高等教育机构）"有组织的不信任（organized distrust）"的政策工具。根据这一逻辑，质量保证的不断蔓延以及把外部质量保证"硬化"为认证，实际上都在指向进一步消蚀的信任。而与此同时，政策制定者与高等教育的管理者都为这种情况感到遗憾与悲叹，并希望把系统转回到质量保证的"高度信任"状态。然而，一个根本问题是：是否有可能回到高度信任的状态？[10]

荷兰高等教育质量保证政策的演变不仅反映了整个欧洲范围内可观察到的发展趋势，可以说，它是欧洲，尤其是在以博洛尼亚进程推动之下十多年来整个欧洲高等教育区质量保证发展的一个生动而具有代表性的"缩影"。无论是荷兰高等教育质量保证系统与国家资格框架紧密联系，还是质量保证的

---

10 Don F. Westerheijden. The Changing Concepts of Quality in the Assessment of Study Programmes, Teaching and Learning. In Alessandro Cavalli（Eds），Quality Assessment for Higher Education in Europe. London： Portland Press ltd, 2007.15.

重心聚焦于学习结果，这都是与欧洲高等教育质量保证的步伐保持同步。欧洲维度高等教育质量保证的目的旨在促进欧洲高等教育区内高等教育系统的相互信任、提高透明度以及提供可靠的信息。透明、合作仍是欧洲高等教育质量保证发展的主线。而这仅仅是欧洲高等教育质量保证旅程的开始。所以，在这种背景之下，如何既要提高质量保证的透明度又要改进教育质量、如何协调高等教育机构与质量保证机构之间共同的责任、如何处理高等教育机构日益增长的多样性（多样性的机构类型、学科领域、学生群体等）、如何应对高等教育日益扩大的国际化与流动性、如何遏制质量保证成本与官僚主义的增长等，这些问题不仅仅是荷兰，也是世界各国高等教育质量保证发展面临的重要挑战。

8.2 对我国高等教育质量保证的政策建议

我国高等教育质量保证政策产生的社会背景是我国在由社会主义计划经济向市场经济转型时，政府决定改革以往对高校的集权管理与直接干预，转而通过质量评估这一间接的管理模式来扩大高校的办学自主权，使其能够适应社会主义市场经济的大环境，成为自我发展、自我管制的办学主体。1985年5月《中共中央关于教育体制改革的决定》明确指出，"国家及其教育管理部门要加强对高等教育的宏观指导和管理，教育管理部门还要组织教育界、知识界和用人部门定期对高等学校的办学水平进行评估。"[11]1990年10月，原国家教委颁布了我国第一部关于高等教育评估的法规——《普通高等学校教育评估暂行规定》。《暂行规定》对普通高校本科教学评估提出了三种形式，即合格评估、办学水平评估和选优评估。到2001年底，教育部已对`178所高校完成了合格评估、26所高校完成了水平评估，另外还对16所高校进行了优秀评估。[12]2002年，教育部将《暂行规定》中提出的三种评估形式，即合格评估、办学水平评估和选优评估整合为高等学校本科教学工作水平评估，并于同年印发了《普通高等学校本科教学工作水平评估方案（试行）》。2003年，教育部在《2003-2007年教育振兴行动计划》中明确提出建立五年一周期的全国通高等学校教学工作水平评估制度，并印发了《教育部办公厅关于对

---

11 《中共中央关于教育体制改革的决定》（中发[1985] 12号），1985年5月27日。
12 康宏：我国高等教育评估制度：回顾与展望[J]，高教探索，2006（4）：21。

全国 592 所普通高等学校进行本科教学工作水平评估的通知》。2004 年，教育部对 2002 年印发的《评估方案（试行）》进行了修订，并发布了新的《普通高等学校本科教学工作水平评估方案（试行）》。同年，教育部又印发了《关于全面开展高职高专院校人才培养工作水平评估的通知》以及《教育部关于对独立学院办学条件和教学工作开展专项检查的通知》，并于 2006 年下发了《普通高等学校独立学院教育工作合格评估实施方案》。普通高校、高职高专以及独立学院的评估主要是针对本科教学工作水平的综合评估。另外还有一类评估是针对研究生教育质量的评估。研究生评估主要有研究生院评估、博士硕士学位授权点评估以及一级学科整体水平评估等形式。2005 年，我国正式建立了对博士、硕士授权点进行六年一周期的质量评估制度。目前，我国已经形成了涵盖各类高校、涉及本科及研究生层次的高等教育质量保证系统。这对于确保我国高等教育的质量起到了一定积极的作用。同时，由于我国高等教育质量保证完全由政府发起，质量保证政策实施过程中一些问题日益突出，这些问题主要表现在以下方面：

第一，政府在高等教育质量保证中占绝对的主导地位，质量保证呈现出明显的政府行为特征。1990 年的《普通高等学校教育评估暂行规定》明确指出，普通高等学校教育评估是国家对高等学校实行监督的重要形式，由各级人民政府及其教育行政部门组织实施。[13]1998 年的《高等教育法》进一步从法律的高度规定了政府在质量保证中的地位，即高等学校的办学水平、教育质量，接受教育行政部门的监督和由其组织的评估。正是由于我国高等教育质量评估是政府对高校实行的一种监督和管理形式，所以政府是质量评估的绝对主体，高校是被评估的对象，中介组织只是作为一种对政府行为的补充，处于边缘地位。在质量评估系统中，从有关法律、法规的制定、评估指标的建立到政府组织专家对高校进行评估，整个过程基本上都渗透着政府的意志和价值取向，表现出很强的政府行为。

由于政府的绝对主体地位，所以一个由政府、社会以及高校三方共同构建的高等教育质量保证系统还远远没有成形。尽管目前我国建立了一些质量评估中介机构，如教育部高等教育教学评估中心、高等学校与科研院所学位与研究生教育评估所、辽宁省教育评估事务所、江苏省教育评估院、上海市

---

13 《普通高等学校教育评估暂行规定》，中华人民共和国国家教育委员会（第 14 号），1990 年 10 月 31 日。

教育评估院、山东省高等教育评估中心等，但是这些机构往往是作为政府部门的附属机构，是政府功能的一种延伸。由于"依附于政府机构建立起来的社会中介机构不得已体现出对政府工作安排的依附性"，[14]其运作基本上采取的是"接受委托"的做法，所以这些评估机构的"独立性"由于其对政府的"依附性"而大打折扣。

第二、尽管我国已经建立了涵盖不同院校、不同学位层次的高等教育质量保证系统，但是至今还没有建立一个专门负责高等教育质量保证的全国性组织，这在某种程度上造成了我国高等教育质量保证工作的多头管理、职能不清、工作重复等问题。目前，我国高等教育评估在教育部统一领导之下，由教育部各个部门分头实施：如高教司负责本科教学工作评估；社政司负责高校人文社会科学重点研究基地评估；学位管理与研究生教育司负责研究生教育评估等。这使得高校每年都要接受各种名目繁多的政府评估，在给高校造成了沉重的行政负担，导致了高校的评估"疲乏"。正如有大学校长指出，"什么都要评估，什么都要检查，学校里一年到头评估不断，今天财务大检查，明天审计大检查，后天物价大检查，而且还是交叉检查；教学要评估，学科要评估，211要评估，985要评估，社会科学研究基地要评估……[15]"政府发起质量评估的初衷在于扩大高校的办学自主权，然而事实上，政府对大学的控制并没有减少，而只是通过另外一种"含蓄"的话语形式代表了以往"赤裸裸"的控制。

第三、高等教育质量保证的主要目的是为政府服务，质量提高目标处于从属地位。我国高等教育质量保证政策是作为政府管理、调控高等教育的一种工具或手段，由于政府在质量保证系统中的绝对主体地位，所以质量保证政策的总体目标是为政府服务，而高校的质量改进与提高则处于从属地位。这可从政府发布的一系列政策文件中清晰地看出。1990年的《普通高等学校教育评估暂行规定》明确指出，"普通高等学校教育评估的主要目的是增强高等学校主动适应社会需要的能力，发挥社会对学校教育的监督作用，自觉坚持高等教育的社会主义方向，不断提高办学水平和教育质量，更好地为社会

14 王战军等：中国高等教育评估实践的问题及对策[J]，清华大学教育研究，2004，25（6）：62。

15 纪宝成：大学评估太多了[N]，人民日报，2008-3-26（11）。转引自阚阅：当代英国高等教育绩效评估研究[M]，北京：高等教育出版社，2010.200。

主义建议服务。"[16]2004 年，教育部发布的《普通高等学校本科教学工作水平评估方案（试行）》进一步指出，普通高等学校本科教学工作水平评估贯彻"以评促改、以评促建、以评促管、评建结合，重在建设"的原则，通过水平评估进一步加强国家对高等学校教学工作的宏观管理与指导，促使各级教育主管部门重视和支持高等学校的教学工作，促进学校自觉地贯彻执行国家的教育方针，按照教育规律进一步明确办学指导思想、改善办学条件，加强教学基本建设，强化教学管理、深化教学改革，全面提高教学质量和办学效益。[17]同年教育部发布的《高职高专院校人才培养工作水平评估工作指南（试行）》中也体现了这种精神。总的来说，一方面由于我国高等教育质量保证政策承载的目标过多而存在着模糊现象，另一方面由于政府在整个质量保证政策制定以及实施过程中的主导地位而导致了政策目标体现着一种很强的政府意愿与价值取向。

第四、质量评估框架以高校的构成要素为主导，忽视学生的学习结果。当前我国高等教育质量保证的评估框架主要存在两方面的问题：一是评估体系重视输入方面的指标，而对于学生的学习结果给予较少的关注。《普通高等学校本科教学工作水平评估指标体系》的七个一级指标中的前四项——办学指导思想、师资队伍、教学条件与利用以及专业建设与教学改革，涉及的都是高校教学基本构成要素方面的内容。这与当前国际上高等教育质量保证以学习结果为中心正好"背道而驰"。二是我国的质量评估指标体系已经远远落后于时代发展的要求。如《高职高专院校人才培养工作水平评估工作指南（试行）》中指出，评估工作关注的基本要点是三个"符合度"，即学校培养目标和质量标准符合社会、学生需要和国家规定的程度；学校实际工作状态符合学校确定的培养目标和质量标准的程度；学校人才培养结果（毕业生）符合学校确定的培养目标和质量标准的程度。[18]高等教育质量、质量标准是个动态的概念。所以，质量评估框架既要考虑我国的国情，同时也要反映相关学科领域国际发展前沿以及国际劳动力市场对毕业生的要求。而我国当前的评估

---

16 中华人民共和国国家教育委员会令（第 14 号），《普通高等学校教育评估暂行规定》，1990 年 10 月 31 日。

17 教育部办公厅关于印发《普通高等学校本科教学工作水平评估方案（试行）》的通知，教高厅[2004] 21 号。

18 教育部办公厅：《关于全面开展高职高专院校人才培养工作水平评估的通知》，教高厅 [2004] 16 号。

指标体系还没有把国际维度纳入其中。

表 18 我国普通高等学校本科教学工作水平评估指标体系

一级指标	二级指标
1. 办学指导思想	1.1 学校定位 1.2 办学思路
2. 师资队伍	2.1 师资队伍数量与结构 2.2 主讲教师
3. 教学条件与利用	3.1 教学基本设施 3.2 教学经费
4. 专业建设与教学改革	4.1 专业 4.2 课程 4.3 实践教学
5. 教学管理	5.1 管理队伍 5.2 质量控制
6. 学 风	6.1 教师风范 6.2 学习风气
7. 教学效果	7.1 基本理论与基本技能 7.2 毕业论文或毕业设计 7.3 思想道德修养 7.4 体育 7.5 社会声誉 7.6 就业
特色项目	

资料来源：教育部办公厅，教育部办公厅关于印发《普通高等学校本科教学工作水平评估方案（试行）》的通知，教高厅 [2004] 21 号。

表 19 我国高职高专院校人才培养工作水平评估指标体系

一级指标	二级指标
1. 办学指导思想	1.1 学校定位与办学思路 1.2 产学研结合
2. 师资队伍建设	2.1 结构 2.2 质量与建设

3. 教学条件与利用	3.1 教学基础设施
	3.2 实践教学条件
	3.3 教学经费
4. 教学建设与改革	4.1 专业
	4.2 课程
	4.3 职业能力训练
	4.4 素质教育
5. 教学管理	5.1 管理队伍
	5.2 质量控制
6. 教学效果	6.1 知识能力素质
	6.2 就业与社会声誉
特色与创新项目	

资料来源：教育部办公厅：《关于全面开展高职高专院校人才培养工作水平评估的通知》，教高厅[2004] 16 号。

结合当前我国高等教育质量保证中存在的各种问题，笔者提出以下政策建议：

8.2.1 建立独立的质量保证机构，协调政府、高校与质量保证机构之间的关系

在某种程度上可以说，我国高等教育质量保证是政府试图通过另外一种"政治技术"——质量评估的方式来取代以往对高校的严格管制。政府对高校发起质量评估的初衷在于扩大高校的办学自主权，使其真正成为依法自主办学的主体，从而能够对外界迅猛变化的需求及时做出反应。然而，由于政府在质量保证系统中作为绝对主体的强势地位以及第三方——独立的质量保证机构的未发育或者说是未成熟，从而导致了政府与高校之间仍然是一种控制与被控制、评估与被评估的关系。笔者认为，要解决当前我国高等教育质量保证中的这种困境需要做好两方面的工作。首先，高校自主权的扩大以及高校灵活性与创新性的提高需要政府在高等教育质量保证系统中对其角色进行重新定位。政府的角色与职能应该是"掌舵者"而不是"划桨者"，政府必须从具体繁琐的质量评估事务中撤退，进而在更高层面上发挥宏观调控及监督作用。通过颁布有关法律、法规，使我国高等教育质量保证朝着规范化、法制化的方向发展。在这一点上，荷兰的经验值得我们借签。与我国高等教

育管理体制相类似，荷兰大学自成立之日起，国家就宣称对其负有完全责任，有意要把大学占为自己的囊中之物，并在 1876 年的《高等教育法案》中第一次进行了明文规定。所以，荷兰大学历来被视为公共机构，他们一方面得到政府大量的资助，另一方面受到政府严格与详细的管制。[19] 从伯顿·克拉克的高等教育协调三角形来看，荷兰高等教育明显靠近国家权威，而远远"躲避"了市场力量的影响。这种状况可以说一直持续到 20 世纪 80 年代初。然而自 1985 年荷兰政府颁布具有里程碑意义的白皮书——《高等教育:自治与质量》，开启了高等教育机构以质量换其自治权之路以来，先是由高等教育督察署充当政府的"传感器"，监督着高校的质量评估以及高校采取的后续行动，再到通过独立的行政机构——NVAO 来确保所有的学士、硕士学位项目达到一定的质量标准，荷兰政府一直脱身于对高等教育质量保证的具体操作与实施当中。正是由于政府的这种"远距离操纵"，高校的自主权得以扩大，其灵活性、创新性以及适应性也随之提高。现在，无论在国际还是国家层面上，荷兰大学与其它大学的校际合作和伙伴关系的建立呈不断增长之势。荷兰大学已成为科英布拉集团（Coimbra Group）[20]、欧洲创新大学联盟（European Consortium of Innovative Universities）、欧洲研究型大学联盟（League of European Research Universities）以及世界大学网络（Worldwide Universities Network）的积极成员。此外，高校自主权的扩大也促进了其开拓第三方资金的能力。在过去的十多年里，荷兰大学来自第三方的合同收入一直呈上升趋势。2005 年，大学总预算中平均约 25% 来源于第三方合同，而在一些大学，这个比例已经超过 30%。[21] 这在一定程度上表明，荷兰大学已经具备了在高等教育市场上成功运作的能力。

其次，与政府职能转变相呼应的是建立独立性、专业性的高等教育质量

---

19 Adolf Cohen and Meta van der Steege. An Historical Overview of the State and Higher Education in the Netherlands. European Journal of Education, 1982, 17（3）: 272-276.

20 科英布拉集团（The Coimbra Group，简称 CG）成立于 1985 年，是由 38 个欧洲大学组成的大学网络，其中不乏众多欧洲最古老及最富声望的大学。科英布拉集团得名于葡萄牙的科英布拉大学，这是欧洲最古老的大学之一。

21 Harry de Boer. Higher Education Governance Case Study: the Netherlands. In The extent and impact of higher education governance reform across Europe, Final report to the Directorate-General for Education and Culture of the European Commission, Part Three: Five case studies on governance reform [EB/OL]. http://ec.europa.eu/education/pdf/doc236_en.pdf, 2010-04-22.

保证机构。质量保证机构不应作为政府的附庸，它必须既独立于政府也要独立于被评院校。这样一方面可以避免政府通过质量评估机构把其意愿和价值取向强加于高等教育机构之上，另一方面可以确保质量保证机构运作的公正性与客观性。《欧洲高等教育质量保证标准与准则》中明确指出，质量保证机构应该保持一定程度的独立性，这意味着他们能够自主地运作，外部质量保证程序和方法的界定、外部评估专家的提名和任命以及评估报告中的结论和建议都是自主、独立决定的，不受政府、高等教育机构以及其它利益相关者等第三方的影响。[22]目前，博洛尼亚进程 48 个成员国和地区中只有 6 个国家的高等教育外部质量保证系统由教育部实施集权管理。

图 3　NVAO 与政府、高等教育以及社会的关系图

在荷兰的质量保证系统中，政府把其监管高等教育质量的权力转交给一个独立的行政机构——NVAO，由 NVAO 来确保高等教育的质量。事实上，NVAO 处于政府、高等教育机构以及社会构建的三角形的中心地带，正是由于它的独立性——它既独立于高等教育机构也独立于教育部以及其它政府机构，这不仅确保了 NVAO 认证的客观性与公正性，更重要的是使高等教育机构能够免于政府的直接干预。正如 NVAO 的主席迪特里希博士所指出的，"政治家可以继续保持一定的距离，因为（我们）正在以严肃的态度对待质量。这对高校、对政界来说都是一件好事。他们无需对偶发事件做出反应，他们可以放心。（因为）有一个机构（NVAO）正在密切关注着（高等教育）的质量。我相信我们代表高校已经成功地创造了政治家们信任（高等教育）的基石，因为我们可以坚信，我们所看到的（质量）是合乎标准的。我相信这是送

22 Standards and Guidelines for Quality Assurance in the European Higher Education Area [EB/OL]. http://www.enqa.eu/files/ESG_3edition%20（2）.pdf, 2010-11-22.

给政治家们的一条极好的消息。"[23]

8.2.2 高等教育质量保证的政策目标需要在绩效责任与质量提高之间保持适度的平衡

总的来说，国家高等教育质量保证政策主要服务于两大目的，即质量提高与绩效责任。荷兰学者 Vroeijenstijn 把这两大目的分别比作为"斯库拉"与"卡律布狄斯"，也就是说，如果高等教育外部质量保证的目的仅限于质量改进和提高时，它必将会触礁于"斯库拉"，因为外部利益相关者的问责诉求无法满足；如果外部质量保证的目的过分强调绩效责任，那么它又将被"卡律布狄斯"所淹没，因为高等教育的质量改进受到极大地扼制。Vroeijenstijn 用这两个极端的比喻在于说明高等教育外部质量保证系统必须在这两个目的之间保持适度的平衡。

大学早已不再是可以静处一隅、远离纷争的"象牙之塔"，当其从社会边缘走向轴心地带、当其开展的各种活动——无论教学、科研还是服务不仅越来越多地依赖纳税人的钱，而且越来越多地与国家、社会以及个人的福祉、前途、竞争力紧密相关时，大学自然地从中世纪享有的豁免权、迁徙权等特权地位转到了被要求承担责任和义务的状态。毋须质疑，大学需要履行其社会责任，但这种社会责任已经远远超出了为国家、社会培养有理想、有道德、有文化、具备创新、自由、平等、民主精神的公民。更重要的是，大学需要证明纳税人的钱被用到了正当之处，政府的投入是物有所值的，学生、雇主等利益相关者的权益得到了保护等等。但最根本上，大学是一个学术组织，是探索、传授高深学问的场所，国家、社会"赖以取得的新的发现和明智判断的'涓细的智慧溪流'"[24]都源于此。质量是大学的应有之意，孕育其中，相伴共生。正如尼夫所言，质量不是"在这里逗留"，仅仅从横跨几个世纪以来大学惊人的历史存在这一不证自明的道理来看，质量从来没有离开过大学。大学 800 多年来惊人的历史存在很大程度上归因于她能够很好地把其内部质量——探寻知识和追求知识——和外部质量——灵活地回应外部环境迅猛变化的需要——有机地统一起来。因此，高等教育质量保证系统存在的合法性

23 Accreditation Organisation of the Netherlands and Flanders, Reservoirs and Rapids: Annual Report 2008 Summary [EB/OL]. *www.nvao.net/news/2009/303, 2010-12-16, P 9.*
24 [美]约翰·S·布鲁贝克著，王承绪等译：高等教育哲学[M]，杭州：浙江教育出版社，2001.13。

是必须能够把二者有机地统合起来，偏向任何一方必然会导致其存在的合法性危机。

荷兰高等教育质量保证政策范式的演变有力地说明了这一点。在质量评估范式里，其主要的政策目标是质量提高，绩效责任处于从属地位。这主要是由于质量评估系统掌握在大学的保护伞组织——荷兰大学协会手中，荷兰大学协会负责外部质量评估，所以政府最初设想的政策目标相应地由绩效责任与质量提高转变为质量提高与绩效责任，词汇顺序的简单变换却代表着质量评估重心的显著差异。这也正是"荷兰模式"受到广泛赞誉的原因所在。然而，政府是不会仅仅满足于以质量提高为导向的质量保证系统——它还必须履行另外一个更重要的目的，即绩效责任。事实上，在第一个质量评估周期结束时，政府就明确指出，外部质量评估必须能够向政府、社会提供清晰的质量信息，必须加强大学的绩效责任。荷兰大学的经费来源中政府的财政资助占有相当大的比重，所以，政府对大学绩效责任的强调不仅是不可避免的，也是"情里之中"的事情。2002 年，荷兰正式建立高等教育认证制度，其首要目标就是要通过"验证"高等教育机构提供的学位项目达到一定的"门槛"质量从而确保高校的绩效责任。荷兰的认证制度基本上是以阈值质量作为主要标准的认证制度，门槛质量在荷兰认证制度中起着主导作用。对公立高校而言，认证就是为了得到政府资助的门槛认证；对私立高校而言，认证就是为了得到政府的正式认可。认证过程中表现出很强的形式主义和条文主义，注重的是认证的过程和程序，而严重忽视了学位项目的内容以及阈值水平以上的质量改进。所以荷兰认证制度被指责为"（它）不是关于质量，它是关于问责制与政府资金。"正是由于其对高等教育机构绩效责任的过分强调，荷兰高等教育质量保证渐渐偏离了其"正轨"，认证制度的条文主义、繁文缛节给高校造成了沉重的行政负担，最终导致了荷兰质量保证政策向第三个政策范式的迈进。在 2011 年开始实施的新的政策范式中，它的主要目标是通过促进高校的质量文化，激励高校致力于超越质量阀值，从而使得绩效责任与质量提高目标保持适度的平衡。

我国高等教育质量保证政策表现出很强的绩效责任导向。2004 年，教育部发布的《高职高专院校人才培养工作水平评估工作指南（试行）》中明确指出，"评估的本质是根据一定的教育目标和标准，运用一定的途径和方法，对学校的人才培养工作进行一种价值判断，即对学校教育目标和标准适应社会需要的程度和人才培养工作达到教育目标和质量标准的程度做出价值判断……评估的核心是建立标准，评估指标体系是标准的分解……评估的关键是通过系统的搜集学校人才培养工作的主要信息，在准确了解实际情况的基础上，实事求是地进行科学分析，做出正确的价值判断。"[25]通过该政策文本可以看出，我国高等教育质量评估实际上是一个确定标准——收集资料——事实与标准进行对比——做出判断的"验证"过程。如果说该过程与质量本身有关，那么充其量也只是该过程的一个"副产品"而已。正如哈维和奈特（Peter Knight）所指出的，"重要的是要注意，质量与标准并不是一回事。"[26]借鉴荷兰二十多年来走过的曲折道路，我国高等教育质量保证政策必须把绩效责任与质量提高有机地结合起来，偏向任何一方必然会动摇其存在的合法性根基。

8.2.3 建立国际基准的专业认证制度，促进我国高等教育的吸引力与国际竞争力

在全球化、国际竞争日益激烈的背景下，高等教育质量评估仅仅作为政府管理、调控高等教育的一种工具已经远远不能应对新形势提出的挑战。如何提高我国高等教育的国际竞争力？如何使我国高等教育质量得到国际社会的普遍认可？如何使我国的学位在国际学术界以及国际劳动力市场上更具竞争力与吸引力？新的国际形势对我国高等教育质量保证工作提出了新的挑战。改革开放三十年来，来华留学人数从 1978 年的 1236 人增长到 2008 年的 22.35 万人，增加了 170 多倍。[27]2010 年，外国留学人员总数首次突破 26 万人。到 2020 年，外国留学生人数预计达到 50 万，我国将成为亚洲最大的国际学生流动目的地国家。[28]在国际金融危机的背景下，中国经济仍保持稳定的增长，国际社会越来越多地希望了解中国这个最大的市场，这无疑为来华留

---

25 教育部.《关于全面开展高职高专院校人才培养工作水平评估的通知》，教高厅 [2004] 16 号.

26 Lee Harvey and Peter Knight. Transforming Higher Education. Buckingham: Open University Press and Society for Research into Higher Education, 1996.转引自 Lee Harvey. The Power of Accreditation: Views of Academics. Journal of Higher Education Policy and Management, 2004, 26（2）: 207.

27 http://news.qq.com/a/20091019/000279.htm, 2011-3-26.

28 http://www.dzwww.com/xinwen/guoneixinwen/201103/t20110316_6213907.htm, 2011-3-26.

学工作创造了难得的发展机遇。但是，我们也应该清晰地认识到，来华留学人数中亚洲学生，尤其是来自发展中国家的学生，如泰国、越南、印度尼西亚、印度、哈萨克斯坦以及巴基斯坦等占有很大的比例。而与此同时，我国的学生大部分选择美国、英国、德国、法国等国家作为留学目的国。根据亚欧会议教育秘书处为 2011 年 1 月在哥本哈根召开的高官会议提供的草案报告，多年来亚洲和欧洲之间的流动性总体情况并没有实质性的改变，并显示出很大的不平衡。从亚洲流入到欧洲的学生人数是欧洲流入到亚洲学生人数的近 9 倍。中国仍位于世界三大学生输出国之首。[29]

针对国内以及国际的发展趋势，笔者认为，在我国目前已经完成了普通高等学校、高职高专等院校的第一轮评估工作的情况下，我国高等教育质量保证下一阶段的工作重点应放在建立以国际标准为基础的专业认证制度，提升我国高等教育的国际形象，促进我国高等教育的透明度与吸引力。我国已在一些专业领域，如工程教育开展了与国际标准相对接的评估工作，但这是远远不够的。某一学科专业的竞争力与吸引力不仅仅受其所附属的大学学术声誉的影响，更重要的是其学科设立的基准。我国高等教育质量保证应从国际上最新的发展形势着眼，开拓新的质量保证机制。在国际化的背景下，学科或专业认证应成为重要的发展方向。从现状调查以及国际发展趋势来看，高等教育评估——这种柔性的、学院式管理（collegially managed）的外部质量保证模式正明确地转向一种政府和其它利益相关者更为关注、并发挥更大影响力的认证模式。对很多高等教育系统而言，无论是在博洛尼亚进程推动之下的欧洲，还是在世界上的其他区域，认证已成为一种"霸权式"的质量保证方式。高等教育的区域、国际流动，多种类型的高等教育新型提供者，联合学位、联合项目等多种提供方式，高等教育利益相关者对清晰并易获取的高等教育质量信息的诉求等等，都为认证的发展提供了强大的推动力。[30]在这种新的时代背景下，我国高等教育质量保证要在既有的质量评估制度之上建立以学科专业为基本单元、以国际标准为参考框架的认证制度，一方面要严格取缔那些达不到"质量标准"的专业项目，另一方面提升我国高等教育

---

29 周满生：亚欧会议教育进程述评[J]，教育研究，2011（3）：89。

30 Mala Singh. The Governance of Accreditation. In Global University Network for Innovation. Higher Education in the World 2007. Accreditation for Quality Assurance: What is at State? New York：Palgrave Macmillan, 2007. 96.

的吸引力与国际竞争力。

8.2.4　重视高等教育质量保证活动中学生的参与

学生是高等教育最重要的利益相关者之一。1998 年联合国教科文组织世界高等教育大会发表的《21 世纪世界高等教育宣言：展望与行动》中对此做出了明确的声明。2005 年建立的《欧洲高等教育质量保证标准与准则》中强调，对高等教育机构进行外部质量评估的专家小组成员中必须包括一名或多名学生。学生参与高等教育质量保证一般分为五个层次，即国家质量保证机构的治理；高等教育机构或学位项目的外部评审；外部质量评审的咨询工作；内部质量保证过程；高校自评报告的准备工作。根据 2009 年的博洛尼亚进程评估报告统计，在博洛尼亚进程 48 个成员国和地区中，有 19 个国家和地区的学生参与了以上五种层次的质量保证工作；只有 2 个国家的学生没有参与或仅参与了一种层面的质量保证工作。[31] 所以，学生参与高等教育质量保证成为欧洲高等教育区建设的一个重要特征。这一点在荷兰高等教育质量保证中也得到了很好的体现。无论质量保证政策的范式如何转型，从质量评估到认证制度再到以院校审计为基础的认证制度，学生作为外部质量评估的评估小组成员成为一道永恒而鲜明的"风景"。相比之下，我国高等教育质量评估的"专家库"成员中很难觅到学生的"身影"。学生是高等教育、高等教育质量的重要利益相关者，所以要把学生纳入到高等教育质量保证活动中来，重视学生在高等教育质量保证中的作用。

8.2.5　提高我国高等教育质量保证的国际化程度

我国《国家中长期教育改革和发展规划纲要（2010-2020）》明确提出，"加强与联合国教科文组织等国际组织的合作，积极参与双边、多边和全球性、区域性教育合作。"我们必须认识到，进一步扩大教育对外开放在国家发展中承载着重要的使命，这也是提高我国高等教育的国际化水平、提升我国高等教育的竞争力与影响力的重要途径。在这种背景之下，我国高等教育质量保证机构一方面要努力成为国际质量保证网络组织的正式会员，另一方面要积极参与国际以及地区性质量保证机构网络组织的各项活动，提高我国高等教

31　Andrejs Rauhvargers, Cynthis Deane & Wilfried Pauwels. Bologna Process Stocktaking Report 2009 [EB/OL]. http://www.ond.vlaanderen.be/hogeronderwijs/bologna/conference/documents/Stocktaking_report_2009_FINAL.pdf, 2010-12-26.

育质量保证的国际声誉，促进我国高等教育质量保证能够得到国际社会的普遍认可。此外，我国高等教育质量保证还要努力邀请相关学科领域的国际专家学者参与到高等教育的外部质量评估中来，外部评估小组中吸纳国际成员已成为欧洲高等教育质量保证国际化最常见的方式。

8.2.6 重视高校内部的质量保证，质量保证的最终目标是提高教育质量

高等教育质量保证最根本的立足点在于高等教育的发展。在由国家政府倡议甚至是以"强制性"的方式建立起来的外部质量保证系统显然是"粘贴"于大学之外的。如果大学本身不予以主动而积极地配合，那么很难触动大学内部质量文化的营建。质量的确保与提高主要是通过高校本身内部的质量保证系统，而并非局外人（政府或中介机构）的质量控制或质量测量。没有运作良好的高校内部质量保证系统，建立任何形式的外部质量保证机制都是没有多大意义的。"质量保证机制本身并不是目的，他们的最终目标是提高教学和科研的质量。质量的根本责任在于学术界。外部质量保证系统的贡献是次要和支持性的。致力于更高质量的最基本动力必须来自高校本身——他们内部的质量保证系统和质量文化。[32]荷兰高等教育质量保证系统的所有权经历了从大学到外部独立的政府机构再试图回归大学的钟摆过程有力地说明了高等教育质量保证必须遵循高等教育自身的规律。高等教育质量保证必须加强高校自身在质量保证中的责任，加强高校对质量保证系统的所有权，让高校成为质量保证系统真正的"主人"。

---

32 Jon Haakstad. External Quality Assurance in the EHEA: Quo Vadis? Reflections on functions, legitimacy and limitations [EB/OL]. http://www.nokut.no/Documents/NOKUT/Artikkelbibliotek/Generell/Foredrag/Haakstad_External%20Quality%20Assurance%20in%20the%20EHEA_2009.pdf, 2011-1-18.

参考文献

（一）中文文献

1. 伯顿·克拉克主编，王承绪等译：高等教育新论——多学科的研究[M]，杭州：浙江教育出版社，1988。

2. 陈振明：政府再造——西方"新公共管理运动"述评[M]，北京：中国人民大学出版社，2003。

3. [荷]杜威·佛克马，弗朗斯·格里曾豪特编著，王浩，张晓红等译：欧洲视野中的荷兰文化——1650-2000年：阐解历史[M]，广西师范大学出版社，2007。

4. [荷]弗兰斯·F·范富格特主编，王承绪等译：国际高等教育政策比较研究[M]，杭州：浙江教育出版社，2001。

5. 高迎爽：法国高等教育质量保障历史研究（20世纪80年代至今）——基于政府层面的分析[D]，上海：华东师范大学，2010。

6. 教高厅[2004]16号.《关于全面开展高职高专院校人才培养工作水平评估的通知》。

7. 教高厅[2004]21号.《普通高等学校本科教学工作水平评估方案（试行）》。

8. 阚阅：当代英国高等教育绩效评估研究[M]，北京：高等教育出版社，2010。

9. 康宏：我国高等教育评估制度：回顾与展望[J]，高教探索，2006，4。

10. 蓝于琛:荷兰与德国统合主义式改革的政治经济分析[D],国立政治大学,2004。

11. [英]玛丽·亨克尔、布瑞达·里特主编,谷贤林等译:国家、高等教育与市场[M],北京:教育科学出版社,2005。

12. 托马斯·R·戴伊:理解公共政策[M],北京:北京大学出版社,2006。

13. 王战军等:中国高等教育评估实践的问题及对策[J],清华大学教育研究,2004(6)。

14. 魏姝:政策中的制度逻辑——美国高等教育政策的制度基础[M],南京:南京大学出版社,2007。

15. [荷]耶勒·费舍,安东·黑姆耶克著、张文成译:荷兰的奇迹:荷兰的就业增加、福利改革、法团主义[M],重庆:重庆出版社,2008。

16. [美]约翰·S·布鲁贝克著,王承绪,郑继伟等译:高等教育哲学[M],杭州:浙江教育出版社,2001。

17. 约翰·布伦南,特拉·沙赫著,陆爱华等译:高等教育质量管理——一个关于高等院校评估和改革的国际性观点[M].上海:华东师范大学出版社,2005。

18. 岳经纶,郭巍青:中国公共政策评论(第1卷)[M],上海:上海人民出版社,2007。

19. 张东升:当代各国政治体制——荷兰[M],兰州:兰州大学出版社,1998。

20. 张健雄:荷兰的社会政治与经济[M],北京:社会科学文献出版社,1999。

21. 中发[1985],12号,《中共中央关于教育体制改革的决定》。

22. 中华人民共和国国家教育委员会令(第14号),《普通高等学校教育评估暂行规定》。

(二)外文文献

1. A.Gornitzka. Reform and Change in Higher Education: Analyzing Policy Implementation. Springer Netherlands, 2005.

2. A.I. Vroeijenstijn. Improvement and Accountability: Navigating between Scylla and Charybdis. Guide for External Quality Assessment in Higher Education. London: Jessica Kingsley Publishers Ltd, 1995.

3. About NVAO [EB/OL]. http://www.nvao.net/about-nvao.

4. Accreditation Organisation of the Netherlands and Flanders. Reservoirs and Rapids: Annual Report 2008 Summary [EB/OL]. www.nvao.net/news/2009/303.

5. Achievements, Challenges and Perspectives [EB/OL]. http://www.duz.de/docs/downloads/duz_spec_Bologna.pdf.

6. Adolf Cohen and Meta van der Steege. An Historical Overview of the State and Higher Education in the Netherlands. European Journal of Education, 1982, 17 (3) .

7. Alessandro Cavalli. Quality Assessment for Higher Education in Europe. London: Portland Press ltd, 2007.

8. Alma Craft. Quality Assurance in Higher Education: Proceedings of an International Conference Hong Kong, 1991. London: The Falmer Press, 1992.

9. Andrejs Rauhvargers, Cynthis Deane,Wilfried Pauwels. Bologna Process Stocktaking Report 2009[EB/OL]. http://www.ond.vlaanderen.be/hogeronderwijs/bologna/conference/documents/Stocktaking_report_2009_FINAL.pdf.

10. Andrew Geddes. The Quest for Institutional Autonomy in the Dutch Higher Education Sector. Higher Education, 1990, 20 (1) .

11. Assessment Frameworks for the Higher Education Accreditation System 6 December 2010 [EB/OL]. http://nvao.net/page/downloads/Assessment_frameworks_for_the_higher_education_accreditation_system_6_Dec_2010.pdf

12. Bologna Beyond 2010. Report on the Development of the European Higher Education Area. Background Paper for the Bologna Follow-up Group prepared by the Benelux Bologna Secretariat [EB/OL]. http://www.ond.vlaanderen.be/hogeronderwijs/bologna/conference/documents/Beyond_2010_report_FINAL.pdf

13. C. Paradeise. University Governance: Western European Comparative Perspectives. Springer Science+Business Media B.V. 2009.

14. Clark Kerr. The Uses of the University. Cambridge: Harvard University Press, 2001.

15. Cooperation Agreement signed by NVAO and NIAD-UE [EB/OL]. http://nvao.com/news/item/cooperation_agreement_signed_by_nvao_and_niad-ue/20.

16. Council for Higher Education Accreditation. Glossary of Key Terms in Quality Assurance and Accreditation [EB/OL]. http://www.chea.org/international/inter_glossary01.html.

17. David Billing. International Comparisons and Trends in External Quality Assurance of Higher Education: Commonality or Diversity. Higher Education, 2004（47）.

18. David D. Dill. Designing Academic Audit: Lessons Learned in Europe and Asia. Quality in Higher Education, 2000, 6（3）.

19. David D. Dill. Evaluating the "Evaluative State": Implications for Research in Higher Education. European Journal of Education, 1998, 33（3）.

20. David Woodhouse. Quality Improvement through Quality Audit. Quality in Higher Education, 2003, 9（2）.

21. Dirk Van Damme. Trends and Models in International Quality Assurance and Accreditation in Higher Education in Relation to Trade in Education Services. OECD/US Forum on Trade in Educational Services 23-24 May 2002[EB/OL]. http://www.oecd.org/dataoecd/51/29/2088479.pdf.

22. Don F. Westerheijden, Cremonini Leon, Kolster, Renze and et al. New Degrees in the Netherlands: Evaluation of the Bachelor-Master Structure and Accreditation in Dutch Higher Education. Final Report, 2008 [EB/OL]. http://doc.utwente.nl/60092/1/Westerheijden08new.pdf

23. Don F. Westerheijden & Marlies Leegwater.Working on the European Dimension of Quality [EB/OL]. http://www.jointquality.org/content/denemarken/Working EuropeanDimension.pdf .

24. Don F. Westerheijden, Eric Beerkens and ect. The First Decade of Working on the European Higher Education Area. The Bologna Process Independent Assessment, Volume 2 Case Studies and Appendices [EB/OL]. http://ec.europa.eu/education/higher-education//doc/bologna_process/independent_assessment

_2_cases_appendices.pdf. .

25. Don F. Westerheijden, John Brennan &Peter A.M Maassen. Changing Contexts of Quality Assessment: Recent Trends in West European Higher Education. GH Utrecht: The Netherlans, 1994.

26. Don F. Westerheijden. Where are the quantum jumps in quality assurance? Developments of a decade of research on a heavy particle. Higher Education, 1999（38）.

27. Egbert de Weert & Patra Boezerooy. Higher Education in the Netherlands. Country Report 2007 [EB/OL]. http://www.utwente.nl/mb/cheps/research/ higher_education_monitor/2007countryreportnl.pdf.

28. Ellen M. Immergut. Health Politics: Interests and Institutions in Western Europe. Cambridge University Press, 1992.

29. ENQA Position Paper on Quality Assurance in the EHEA in View of the Leuven and Louvain-la-Neuve Meeting of Ministers Responsible for Higher Education of 28-29 April 2009 [EB/OL]. http://www.ond.vlaanderen.be/ hogeronderwijs/bologna/conference/documents/ENQA_Position_Paper_Mar ch_2009.pdf

30. European Parliament and Council. Recommendation of the European Parliament and of the Council of 15 February 2006 on further European cooperation in quality assurance in higher education（2006/143/EC）[EB/OL]. http://eur-lex.europa.eu/LexUriServ/LexUriServ.do?uri=OJ:L:2006:064:00 60:0062:EN:PDF.

31. European Recognition for NVAO[EB/OL]. http://www.nvao.net/nieuws/ 2008/264.

32. F. A. van Vught. The New Government Strategy for Higher Education in the Netherlands: An Analysis. Higher Education Quarterly, 1989, 43（4）.

33. F.E Rourke. Bureaucracy, Politics and Public Policy. Boston: Little, Brown & Co, 1969.

34. Focus on Higher Education in Europe 2010: The impact of the Bologna

Process [EB/OL]. http://eacea.ec.europa.eu/education/eurydice/documents/ thematic_reports/122EN.pdf.

35. Frans A. Van Vught & Don F. Westerheijden. Towards a General Model of Quality Assessment in Higher Education. Higher Education, 1994（28）.

36. Frans A. van Vught. Combining planning and the market: an analysis of the Government strategy towards higher education in the Netherlands. Higher Education Policy, 1997, 10（3/4）.

37. Frans A.Van Vught & Don F. Westerheijden. Towards a general model of quality assessment in higher education. Higher Education, 1994（28）.

38. Frans A.van Vught. Governmental Strategies and Innovation in Higher Education, London：Jessica Kingsley Publishers, 1989.

39. Global University Network for Innovation. Higher Education in the World 2007. Accreditation for Quality Assurance: What is at State? New York: Palgrave Macmillan, 2007.

40. Grant Harman. Quality Assurance for Higher Education: Developing and Managing Quality Assurance in Higher Education Systems and Institutions in Asia and the Pacific. Bangkok: UNESCO, 1996.

41. Guy Neave, Frans A. van Vught. Prometheus Bound: The Changing Relationship Between Government and Higher Education in Western Europe. Pergamon press, 1991.

42. Guy Neave. On shifting sands: changing priorities and perspectives in European higher education from 1984 to 1986. European Journal of Education, 1986（21）.

43. Guy Neave. On the Cultivation of Quality, Efficiency and Enterprise: An Overview of Recent Trends in Higher Education in Western Europe 1986- 1988. European Journal of Education, 1988, 23（1/2）.

44. Guy Neave. On the Road to Silicon Valley? The Changing Relationship between Higher Education and Government in Western European. European Journal of Education, 1984,　19（2）,.

45. Guy Neave. The politics of quality: developments in higher education in Western Europe 1992-1994. European Journal of Education, 1994, 29（2）.

46. H.J.M. Van Berkel and H.A.P. Wolfhagen. The Dutch System of External Quality Assessment: Description and Experiences. Education for Health, 2002, 15（3）.

47. H.R. Kells. National Higher Education Evaluation Systems: Methods for Analysis and Some Propositions for the Research and Policy Void. Higher Education, 1999, 38（2）.

48. Hans Daalder and Edward Shils. Universities, Politicians and Bureaucrats: Europe and the United States. Cambridge: Cambridge University Press, 1982.

49. Harry Luttikholt. Universities in the Netherlands: In Search of a New Understanding. European Journal of Education, 1986, 21（1）.

50. http://news.qq.com/a/20091019/000279.htm.

51. http://www.dzwww.com/xinwen/guoneixinwen/201103/t20110316_62139 07.htm.

52. http://www.eqar.eu/register/search.html?

53. http://www.hbo-raad.nl/english.

54. http://www.legalinfo.gov.cn/index/content/2010-08/04/content_2222831.htm?node=7932.

55. http://www.springerlink.com/content/mm15476k33188743/fulltext.pdf

56. http://www.vsnu.nl/About-VSNU/What-is-the-VSNU.htm.

57. Introduction to NVAO's international activities [EB/OL]. http://www.nvao. net/international-introduction.

58. J. Brennan, L.C.J.Goedegebuure, D.F. Westerheijden, P.J.M.Weusthof & T. Shah, Towards a Methodology for Comparative Quality Assessment in European Higher Education: A Pilot Study on Economics in Germany, the Netherlands and the United Kingdom, London: CNAA. 1992.

59. Johanna Katharina, Witte. Change of Degrees and Degrees of Change: Comparing Adaptations of European Higher Education Systems in the

Context of the Bologna Process [EB/OL]. http://www.che.de/downloads/C6J W144_final.pdf.

60. Jon Haakstad. External Quality Assurance in the EHEA: Quo Vadis? Reflections on functions, legitimacy and limitations [EB/OL]. http://www. nokut.no/Documents/NOKUT/Artikkelbibliotek/Generell/Foredrag/Haaksta d_External%20Quality%20Assurance%20in%20the%20EHEA_2009.pdf.

61. Karl Dittrich, Mark Frederiks and Marc Luwel. The Implementation of 'Bologna' in Flanders and the Netherlands. European Journal of Education, 2004, 39（3）.

62. Lazăr VLĂSCEANU, Laura GRÜNBERG,and Dan PÂRLEA. Quality Assurance and Accreditation: A Glossary of Basic Terms and Definitions. UNESCO-CEPES. Bucharest, 2007.

63. Lee Harvey, Diana Green. Defining Quality. Assessment and Evaluation in Higher Education, 1993, 18（1）.

64. Lee Harvey. The Power of Accreditation: Views of Academics. Journal of Higher Education Policy and Management, 2004, 26（2）.

65. Leo C.J. Goedegebuure and Don F. Westerheijden. Changing Balances in Dutch Higher Education. Higher Education, 1991, 21（4）.

66. Leo C.J. Goedegebuure, Peter A.M.Maassen & Don F. Westerheijen. Peer Review and Performance Indicators: Quality Assessment in British and Dutch Higher Education, Utrecht: Lemma, 1990.

67. Leo C.J., Goedegebuure, F. Kaiser, Peter A.M., Maassen, V.L., Meek, F.A., Van Vught & E. De Weert. Higher Education Policy: An International Comparative Perspective. Oxford: Pergamon Press, 1994.

68. Letter of Intent for Cooperation between China Education Association for International Exchange and Accreditation Organisation of the Netherlands and Flanders [EB/OL]. http://www.nvao.net/nieuws/2010/364.

69. London Communique. Towards the European Higher Education Area: Responding to Challenges in a Globalized World [EB/OL]. http://www.bmbf.

bund.de/pub/London_Communique_Bologna_e.pdf.

70. Looking Back to Look Forward: Analyses of Higher Education after the Turn of the Millennium [EB/OL]. https://kobra.bibliothek.uni-kassel.de/bitstream/ urn:nbn:de:hebis:34-2008051321483/1/wb67.pdf.

71. M.M.H. Frederiks, D.F.Westerheijden and P.J.M. Weusthof. Effects of Quality Assessment in Dutch Higher Education. European Journal of Education, 1994, 29（2）.

72. Margarita Jeliazkova & Don F. Westerheijden. Systemic adaptation to a changing environment: Towards a next generation of quality assurance models. Higher Education, 2002（44）.

73. Memorandum of Understanding between Accreditation Organisation of the Netherlands and Flanders. The Netherlands and Flanders and National Institution for Academic Degrees and University Evaluation, Japan [EB/OL]. http://www.nvao.net/nieuws/2010/364.

74. Nordic Quality Assurance Network for Higher Education（NOQA）. Learning Outcomes: Common Framework-Different Approaches to Evaluation Learning Outcomes in the Nordic Countries. Joint Nordic Project 2007-2008 [EB/OL].
http://www.enqa.eu/files/NOQA%20report_occasional%20papers%2015.pdf

75. NVAO Accreditation Framework（The Netherlands）14 February 2003[EB/ OL].

76. NVAO Initial Accreditation Framework The Netherlands, 14 February 2003[EB/OL].

77. NVAO Protocol for Quality Assessment Agencies The Netherlands. 22 August 2005 [EB/OL].

78. Organisation for Economic Co-operation and Development. Quality and Internationalisation in Higher Education 1999 [EB/OL]. http:// OECD Quality and Internationalisation in HE [2].pdf.

79. P. Graham, R. Lyman and M.Trow. Accountability of Colleges and Universities:

An essay. New York: Columbia University, 1995.

80. P.A.M.Maassen. Quality Control in Dutch Higher Education: Internal versus External Evaluation. European Journal of Education, 1987, 22（2）.

81. Peter A. Hall. Policy Paradigms, Social Learning, and the State: The Case of Economic Policymaking in Britain. Comparative Politics, 1993, 25（3）.

82. Peter A. M. Maassen. Quality Assurance in the Netherlands. New Directions for Institutional Research, 1998（99）.

83. Peter A.M. Maassen and Frans A. van Vught. An Intriguing Janus-Head: The Two Faces of the New Governmental Strategy for Higher Education in the Netherlands. European Journal of Education, 1988, 23（1/2）.

84. Peter A.M.Maassen & Frans A. van Vught. Dutch Higher Education in Transition: Policy-issues in Higher Education in the Netherlands, Culemborg: Lemma, 1989 [EB/OL].

85. Peter Maassen. The changing roles of stakeholders in Dutch University Governance. European Journal of Education, 2000, 35（4）.

86. Prague Communique. Towards the European Higher Education Area. Communique of the meeting of European Ministers in charge of Higher Education in Prague on May 19th 2001[EB/OL]. http://www.ond.vlaanderen. be/hogeronderwijs/bologna/documents/MDC/PRAGUE_COMMUNIQUE. pdf.

87. Programme-oriented and Institutional-oriented Approaches to Quality Assurance: New Developments and Mixed Approaches [EB/OL]. http://www. enqa.eu/files/ENQA%20workshop%20report%209.pdf.

88. Quality Assurance and Qualifications Frameworks [EB/OL]. http://www.enqa. eu/files/Quality%20Assurance%20and%20Qualification%20Frameworks. pdf

89. Quality Assurance Netherlands Universities. QANU Protocol. Guide to External Quality Assessment of Bachelor's and Master's Degree Programmes in Research-oriented University [EB/OL]. http://www.uklo.edu.mk/quality/ QANUkaderEN.pdf.

90. Realising the European Higher Education Area. Communique of the Conference of Ministers responsible for Higher Education in Berlin on 19 September 2003 [EB/OL]. http://www.bologna-berlin2003.de/pdf/Communique1.pdf.

91. Report of the Committee for the Review of the Accreditation Organization of the Netherlands and Flanders（NVAO）Self-evaluation Report 2007. Part 2 NVAO Self-evaluation Report [EB/OL]. www.nvao.net/download.php%3Fid%3D505.

92. Report of the Committee for the Review of the Accreditation Organization of the Netherlands and Flanders（NVAO）Self-evaluation Report 2007. Part 1 Report of the Committee for the Review of the Accreditation Organization of The Netherlands and Flanders（NVAO）[EB/OL]. www.nvao.net/download.php%3Fid%3D505.

93. Rob de Klerk, Klaas Visser and Liesbeth van Welie. Quality Assessment and Education Policy at the Universiteit Van Amsterdam The Netherlands [EB/OL]. http://www.oecd.org/dataoecd/49/19/1871470.pdf.

94. Robert M. Pirsig. Zen and the Art of Motorcycle Maintenance: An Inquiry into Values. New York: Morrow, 1974.

95. Robert Wagenaar. Creating a Culture of Quality, Quality Assurance at the University of Groningen [EB/OL]. http://www.ihep.org/assets/files/gcfp-files/WAGENAARONQA.pdf.

96. Roger Brown, Quality Assurance in Higher Education: The UK Experience since 1992. London: Routledge, 2004.

97. Rudy B. Andeweg & Galen A. Irwin. Governance and Politics of the Netherlands. New York: Palgrave Macmillan, 2009.

98. S.Schwarz and Don F. Westerheijden. Accreditation and Evaluation in the European Higher Education Area. Dordrecht: Kluwer Academic Publishers, 2004.

99. Self-Certification of the Dutch and Flemish National Qualifications Frameworks for Higher Education Vis-à-vis the Overarching Framework for Qualifications of the European Higher Education Area. Report of the Verification Committee on The Netherlands. 2 February 2009 [EB/OL].

http://nvao.net/page/downloads/NQF_Flemish_Report_of_the_verification_committee.pdf.

100. Standards and Guidelines for Quality Assurance in the European Higher Education Area [EB/OL]. http://www.enqa.eu/files/ESG_3edition%20（2）.pdf,

101. Stephan, Van Galen, Woutersen, Mirjam and etc. Balancing Quality Enhancement and Accountability: Reforming the Dutch and Flemish Accreditation System [EB/OL]. http://lb [2].7_-_van_Galen_Woutersen_Martens_de_Jonge.pdf.

102. Stephen Adam, Learning Outcomes Current Developments in Europe: Update of the Issues and Applications of Learning Outcomes Associated with the Bologna Process [EB/OL]. http://www.ond.vlaanderen.be/hogeronderwijs/bologna/BolognaSeminars/documents/Edinburgh/Edinburgh_Feb08_Adams.pdf.

103. Sven Steinmo. Political institutions and tax policy in the United States, Sweden and Britain. World Politics, 1998, 41（4）.

104. Taina Saarinen; Timo Ala-Vähälä. Accreditation, the Bologna Process and National Reactions: Accreditation as Concept and Action. Higher Education in Europe, 32（4）.

105. The Bologna Declaration of 19 June 1999. Joint Declaration of the European Ministers of Education [EB/OL]. http://www.bologna-bergen2005.no/Docs/00-Main_doc/990719BOLOGNA_DECLARATION.PDF.

106. The Bologna Process 2020-The European Higher Education Area in the New Decade. Communique of the Conference of European Ministers Responsible for Higher Education, Leuven and Louvain-la-Neuve, 28-29 April 2009 [EB/OL].
http://www.ond.vlaanderen.be/hogeronderwijs/bologna/conference/documents/leuven_louvain-la-neuve_communiqu%C3%A9_april_2009.pdf.

107. The European Higher Education Area- Achieving the Goals. Communique of the Conference of European Ministers Responsible for Higher Education, Bergen, 19-20 May 2005 [EB/OL]. http://ec.europa.eu/education/policies/

educ/bologna/bergen.pdf.

108. The extent and impact of higher education governance reform across Europe, Final report to the Directorate-General for Education and Culture of the European Commission, Part Three: Five case studies on governance reform [EB/OL]. http://ec.europa.eu/education/pdf/doc236_en.pdf.

109. The Higher Education Qualifications Framework in the Netherlands, a Presentation for Compatibility with the Framework for Qualifications of the European Higher Education Area. Self-certification Document, 2008 [EB/OL].
http://nvao.net/page/downloads/NQF_Dutch_National_Qualifications_Fram ework.pdf.

110. Towards the European Higher Education Area: Responding to Challenges in a Globalised World. London Communique. 18 May 2007 [EB/OL]. http://www. enqa.eu/files/London%20Communique%20-%2018-05-2007.pdf.

111. Viktoria Kis. Quality Assurance in Tertiary Education: Current Practices in OECD Countries and a Literature Review on Potential Effects [EB/OL]. http://www.oecd.org/dataoecd/55/30/38006910.pdf.

112. Visser, Jelle and Anton C. Hemerijck. A Dutch Miracle: Job Growth, Welfare Reform and Corporatism in the Netherlands. Amsterdam: Amsterdam University Press, 1997.

113. Walter Kickert. Country Report. Steering at a distance: a new paradigm of public governance in Dutch Higher Education. Governance: An International Journal of Policy and Administration. 1995, 8（1）.

114. World Development Indicators. Washington, D.C.: World Bank, 2003.

附　录

附录 1：质量评估制度中评估小组对学位项目的现场检核表[1]

评估小组成员：

评估项目名称：

评估项目所在大学：

备注：对学位项目现场考察结束后，评估小组成员必须填写该检核表，并递交给评估小组秘书。

1.　宗旨和目标

1.1　目标

1.1.1　是否清楚地声明了宗旨和目标？

不满意					满　意			卓　越	
1	2	3	4	5	6	7	8	9	10

1.1.2　宗旨和目标是否体现了科学与实践二者良好的结合？

不满意					满　意			卓　越	
1	2	3	4	5	6	7	8	9	10

1　A.I. Vroeijenstijn. Improvement and Accountability: Navigating between Scylla and Charybdis. Guide for External Quality Assessment in Higher Education. London: Jessica Kingsley Publishers Ltd, 1995.142-148.

1.1.3　学术项目与职业培训项目的宗旨和目标是否明显不同？

不满意					满　意			卓　越	
1	2	3	4	5	6	7	8	9	10

1.1.4　制订的宗旨和目标是否现实可行？

不满意					满　意			卓　越	
1	2	3	4	5	6	7	8	9	10

1.1.5　这些宗旨和目标是否代表了评估委员会制定的最低要求？

不满意					满　意			卓　越	
1	2	3	4	5	6	7	8	9	10

1.1.6　教职人员和学生是否熟悉了解这些宗旨和目标？

不满意					满　意			卓　越	
1	2	3	4	5	6	7	8	9	10

1.2　把宗旨和目标转化到学位项目中

1.2.1　学位项目是否提供了发展问题解决能力所需要的足够的可能性？

不满意					满　意			卓　越	
1	2	3	4	5	6	7	8	9	10

1.2.2　学位项目是否为理解学位项目与未来职业发展之间的关系提供了足够的可能性？

不满意					满　意			卓　越	
1	2	3	4	5	6	7	8	9	10

1.2.3　学位项目是否提供了通过终身学习来发展专业能力所需要的足够的可能性？

不满意					满　意			卓　越	
1	2	3	4	5	6	7	8	9	10

1.2.4　学位项目是否能够促进独立性和批判性思考？

不满意					满　意			卓　越	
1	2	3	4	5	6	7	8	9	10

1.2.5　学位项目是否能够促进独立性学习和工作?

不满意					满　意			卓　越	
1	2	3	4	5	6	7	8	9	10

1.2.6　学位项目是连贯的吗?

不满意					满　意			卓　越	
1	2	3	4	5	6	7	8	9	10

1.2.7　学位项目是否保持在学科前沿?

不满意					满　意			卓　越	
1	2	3	4	5	6	7	8	9	10

2.　学位项目

2.1　学位项目的结构和内容

2.1.1　宗旨和目标是否以适当的方式转化到学位项目之中?

不满意					满　意			卓　越	
1	2	3	4	5	6	7	8	9	10

2.1.2　学位项目是否包含了必需的基本课程?

不满意					满　意			卓　越	
1	2	3	4	5	6	7	8	9	10

2.1.3　这些基本课程的层次是否令人满意?

不满意					满　意			卓　越	
1	2	3	4	5	6	7	8	9	10

2.1.4　提供的选修课程是否令人满意?

不满意					满　意			卓　越	
1	2	3	4	5	6	7	8	9	10

2.1.5　总的来说,学位项目是否可以被评为具有一定的学术水平?

不满意					满　意			卓　越	
1	2	3	4	5	6	7	8	9	10

2.2 教学方法

2.2.1 不同教学方法（如讲座、辅导、实践以及自学）之间的比例是否是最优的?

不满意					满 意			卓 越	
1	2	3	4	5	6	7	8	9	10

2.2.2 教育中使用计算机的可能性是否令人满意?

不满意					满 意			卓 越	
1	2	3	4	5	6	7	8	9	10

2.3 考试

2.3.1 预备考试和期末考试是否反映了课程的内容?

不满意					满 意			卓 越	
1	2	3	4	5	6	7	8	9	10

2.3.2 考试的层次是否令人满意?

不满意					满 意			卓 越	
1	2	3	4	5	6	7	8	9	10

2.3.3 预备考试的频率和次序是否是正确的?

不满意					满 意			卓 越	
1	2	3	4	5	6	7	8	9	10

2.3.4 考试的程序是正确的吗?

不满意					满 意			卓 越	
1	2	3	4	5	6	7	8	9	10

2.4 学生的技能

2.4.1 对书面交流能力的注意是否令人满意?

不满意					满 意			卓 越	
1	2	3	4	5	6	7	8	9	10

2.4.2 对口头交流能力的注意是否令人满意?

不满意					满 意			卓 越	
1	2	3	4	5	6	7	8	9	10

2.4.3　学生使用计算机的经验是否令人满意?

不满意					满　意			卓　越	
1	2	3	4	5	6	7	8	9	10

2.4.4　学生的实验室经验是否令人满意?

不满意					满　意			卓　越	
1	2	3	4	5	6	7	8	9	10

3. 学生的毕业论文、研究设计以及实践训练

3.1　学生毕业论文(如果有的话)的水平是否令人满意?

不满意					满　意			卓　越	
1	2	3	4	5	6	7	8	9	10

3.2　是否对学生毕业论文给予足够的督导?

不满意					满　意			卓　越	
1	2	3	4	5	6	7	8	9	10

3.3　学生毕业作业的要求是否反映了这部分学习的份量?

不满意					满　意			卓　越	
1	2	3	4	5	6	7	8	9	10

3.4　当有实践训练的情况下,对其的规定是否令人满意?

不满意					满　意			卓　越	
1	2	3	4	5	6	7	8	9	10

4. 学生及其教育

4.1　对新生的预备教育是否足够?

不满意					满　意			卓　越	
1	2	3	4	5	6	7	8	9	10

4.2　是否为学生提供了充足的选择?

不满意					满　意			卓　越	
1	2	3	4	5	6	7	8	9	10

4.3 第一学年学生的辍学率可以接受吗？

不满意					满 意			卓 越	
1	2	3	4	5	6	7	8	9	10

4.4 学生的整体合格率是否令人满意？

不满意					满 意			卓 越	
1	2	3	4	5	6	7	8	9	10

4.5 评估委员会对学生平均的修学年限有何意见？

不满意					满 意			卓 越	
1	2	3	4	5	6	7	8	9	10

4.6 计划中的学习负担是否与实际的学习负担相符？

不满意					满 意			卓 越	
1	2	3	4	5	6	7	8	9	10

4.7 大多数学生是否能在规定的学习期限内完成学业？

不满意					满 意			卓 越	
1	2	3	4	5	6	7	8	9	10

5. 设施

5.1 学生的教学和实验室区域是否足够？

不满意					满 意			卓 越	
1	2	3	4	5	6	7	8	9	10

5.2 用于教学上的整体设施是否足够？

不满意					满 意			卓 越	
1	2	3	4	5	6	7	8	9	10

5.3 图书馆资源对教师和学生而言是否足够？

不满意					满 意			卓 越	
1	2	3	4	5	6	7	8	9	10

5.4 提供给教师和学生的计算机设施是否足够?

				不满意		满 意		卓 越	
1	2	3	4	5	6	7	8	9	10

5.5 实验室设施是否满足了学位项目的要求?

				不满意		满 意		卓 越	
1	2	3	4	5	6	7	8	9	10

5.6 教师和学生正在使用的设施在数小时后仍然可继续使用吗?

				不满意		满 意		卓 越	
1	2	3	4	5	6	7	8	9	10

6. 毕业生

6.1 毕业生是否理应得到硕士学位?

				不满意		满 意		卓 越	
1	2	3	4	5	6	7	8	9	10

6.2 毕业生是否已经做好进入劳动力市场所需要的令人满意的准备?

				不满意		满 意		卓 越	
1	2	3	4	5	6	7	8	9	10

6.3 毕业生是否可以很容易地找到工作?

				不满意		满 意		卓 越	
1	2	3	4	5	6	7	8	9	10

7. 教师

7.1 学术人员的能力和资格是否令人满意?

				不满意		满 意		卓 越	
1	2	3	4	5	6	7	8	9	10

7.2 通过科学和专业出版物所表明的学术人员的学识水平是否令人满意?

				不满意		满 意		卓 越	
1	2	3	4	5	6	7	8	9	10

7.3 教学人员的数量规模是否可以足够涵盖所有的课程领域？

不满意　　　　　　　　　　　　　　　满　意　　　　　卓　越

1	2	3	4		5	6	7	8	9	10

7.4 学术人员的教学和科研责任是否保持平衡？

不满意　　　　　　　　　　　　　　满　意　　　　　卓　越

1	2	3	4	5	6	7	8	9	10

7.5 教师发展项目是否令人满意？

不满意　　　　　　　　　　　　　　满　意　　　　　卓　越

1	2	3	4	5	6	7	8	9	10

7.6 师生比是否令人满意？

不满意　　　　　　　　　　　　　　满　意　　　　　卓　越

1	2	3	4	5	6	7	8	9	10

7.7 承担基础课程教学的教授人数是否令人满意？

不满意　　　　　　　　　　　　　　满　意　　　　　卓　越

1	2	3	4	5	6	7	8	9	10

7.8 教学与科研是否保持良好的平衡？

不满意　　　　　　　　　　　　　　满　意　　　　　卓　越

1	2	3	4	5	6	7	8	9	10

8. 国际化

8.1 院系是否参与了伊拉斯谟（ERASMUS）和其它欧洲交流计划？

不满意　　　　　　　　　　　　　　满　意　　　　　卓　越

1	2	3	4	5	6	7	8	9	10

8.2 院系如何参与了国际化？

不满意　　　　　　　　　　　　　　满　意　　　　　卓　越

1	2	3	4	5	6	7	8	9	10

9. 内部质量保证

9.1 自评

9.1.1 自评是否是批判性和分析性的?

不满意					满 意			卓 越	
1	2	3	4	5	6	7	8	9	10

9.1.2 院系的自评对评估委员会是否有用?

不满意					满 意			卓 越	
1	2	3	4	5	6	7	8	9	10

9.2 内部质量保证

9.2.1 院系是否持有一个记载学生进展的正式和系统的记录?

不满意					满 意			卓 越	
1	2	3	4	5	6	7	8	9	10

9.2.2 院系是否持有一个记载毕业生初次就业情况的正式和系统的记录?

不满意					满 意			卓 越	
1	2	3	4	5	6	7	8	9	10

9.2.3 院系是否持有一个记载教师研究和发展补助金的正式和系统的记录?

不满意					满 意			卓 越	
1	2	3	4	5	6	7	8	9	10

9.2.4 院系是否持有一个记载教师发表出版著作情况的正式和系统的记录?

不满意					满 意			卓 越	
1	2	3	4	5	6	7	8	9	10

9.2.5 院系是否拥有一个运作良好的评价系统,其中包括对学生的评价?

不满意					满 意			卓 越	
1	2	3	4	5	6	7	8	9	10

9.2.6　院系是否存在着开展质量保证的良好气氛?

不满意					满　意			卓　越	
1	2	3	4	5	6	7	8	9	10

备注:

1-3 分表示,这一方面应该受到批评,大学董事会或学院董事会必须立即采取行动。

4-5 分表示,这一方面不能令人满意。它需要改进,但并不会直接威胁到毕业生的质量。

6-7 分表示,情况是令人满意的。学院可能感到满足,但没有理由值得骄傲。

7-8 表示,这一方面超过满意的程度,但还不是最好的。

8 分以上表示,这一方面可以被评为卓越。院系可以以此为骄傲,它是院系的强项和优势。

附录 2：新认证框架下高校质量保证系统的评估过程[2]

1. 审核小组的构成

对高校的质量保证系统进行评估的审核小组由 NVAO 负责召集、任命。审核小组至少包括四名成员，其构成必须符合以下要求：

（1）小组成员包括一名学生；

（2）小组成员掌握行政、教育和审核方面的专业知识，了解国内和国外高等教育部门的发展，并具有权威性；

（3）由一名具有行政经验的成员担任小组主席；

（4）小组具有独立性（小组成员至少在过去五年的时间里与被评高校没有任何联系）。

为了确保审核小组的独立性，NVAO 制定了一套针对审核小组成员的行为规范。在评估前及评估结束后，小组成员及秘书（不包括在审核小组之内）都必须在行为规范上签名，以确保评估过程的独立性。

2. 评估过程

（1）高校的批判性反思报告

高校首先要撰写一份自评报告，也称之为批判性反思报告。从本质上讲，批判反思报告就是要对高校如何确保其提供的学位项目的质量进行回答。批判性反思报告的格式要遵循高校质量保证评估框架中的五项标准，并且对高校优势和薄弱之处的描述要配合以显著的实例进行说明与证实。此外，报告还要包括高校及其提供的学位项目的基础数据，从而使审核小组能够对高校获得全面的了解。批判性反思报告通常不超过 50 页。

（2）现场考察

现场考察包括初次考察和第二次考察两部分，共约 2 至 5 天的时间。初次考察是探索性质的，审核小组主要掌握高校的详细情况，对高校及其内部质量保证系统的日常运作进行全面的了解，提醒高校需要注意的问题，调查学生、教学人员及其它利益相关者的满意情况。在初次考察结束后，审核小组主席要向高校反馈一份简短信息，说明审核小组对高校质量保证情况的初步印象。

2　Assessment Frameworks for the Higher Education Accreditation System 6 December 2010[EB/OL]. ttp://nvao.net/page/downloads/Assessment_frameworks_for_the_higher_education_accreditation_system_6_Dec_2010.pdf, 2011-2-18.

二至四个星期以后，审核小组对高校进行第二次现场考察。在第二次现场考察期间，审核小组与高校代表就初次考察期间研究的文件和需要注意的问题进行进一步的讨论。这种讨论有助于审核小组确定其对高校的初步印象是否正确。重要的是，审核小组要用审核跟踪（audit trails）的方法来证实高校的质量保证系统是否运作良好。荷兰"审核跟踪"的灵感受到德国和英国院校审核方法的启发。审核跟踪主要用来收集高校采用的质量保证方法有效性的证据、在实践中应用的政策和程序。审核跟踪的主题和地点通常由审核小组来决定。为了使高校的行政负担降到最低，审核小组会就审核跟踪需要研究的文件和座谈的人员向高校做出具体的指示。

（3）咨询报告

现场考察结束后，审核小组的秘书起草一份长达 20-30 页的咨询报告。报告的主要内容是审核小组根据评估框架中所有的标准对高校做出的判断，其中也包括一些显著和有代表性的实例作为对这些判断的支撑。任何对高校提出的关于质量改进的措施要单独作为一个段落。此外，审核小组还要对现场考察的组织方式以及选择的座谈人员及文件进行解释说明。

在审核小组全体成员对咨询报告的内容达成一致意见后，咨询报告会送到高校的董事会，给出两个星期的时间以核对报告中是否存在事实性的错误。最后，经审核小组主席和秘书签字后，咨询报告递交给 NVAO。

（4）NVAO 的认证决策

NVAO 在咨询报告的基础上对高校做出决策。如果 NVAO 发现咨询报告存在问题或是高校有不同的意见，NVAO 会敦请高校和审核小组之间做进一步的磋商。

NVAO 对高校的决策分为肯定、有条件肯定和否定三种。肯定的有效期为六年。如果高校质量保证评估的结果为肯定，那么高校提供的所有学位项目只需向 NVAO 申请有限认证。如果高校的质量保证评估结果为有条件肯定，那么高校必须在一年的时间内设法满足高校质量保证评估标准设定的条件，以获得肯定的评估结果。NVAO 会委任一个审核小组对"有条件肯定"的高校进行额外评估。评估的程序基本上按照正规的高校质量保证评估程序进行。如果高校的质量保证评估结果为否定，那么 NVAO 在最低三年的时间内不会对高校做出肯定的评估决定。同时，高校提供的所有学位项目必须向 NVAO 申请广泛认证。

附录 3：新认证框架下学位项目的有限认证过程[3]

1. 评估小组的构成

学位项目由同行组成的评估小组进行外部评估。评估小组成员的初步选择由高校自身负责，然后提交 NVAO 进行审批，由 NVAO 正式任命。高校也可以委托外部质量评估机构负责召集小组成员，但也必须提交 NVAO 审批通过。此外，NVAO 要求所有的小组成员必须签署独立性声明和行为准则。评估小组由一名外部秘书进行协助。小组秘书需由 NVAO 进行培训并颁发鉴定证书。NVAO 每年都会公布一批经 NVAO 认可的秘书名单。

评估小组至少包括四名成员，其中必须包括至少两位学科权威专家、一位拥有相关教学经验的专家及一名学生。小组成员要了解该学科领域的国际最新发展动态，拥有教学、教育发展以及评估或审计方面的专业知识。小组成员必须独立于被评学位项目及学位项目所属高校，小组成员在过去至少 5 年时间内与学位项目所属高校没有任何关系。

2. NVAO 对学位项目的认证过程

（1）批判性反思报告

学位项目需要撰写一份批判性反思报告。批判性反思报告要遵循有限项目评估框架中的标准，对学位项目的优势和薄弱之处进行描述。此外，报告还要指明为提高学位项目质量所采取的措施。批判性反思报告包括附录在内通常不超过 25 页。

（2）评估小组的实地考察

原则上，项目有限评估的实地考察时间为一天。在进行考察之前，评估小组要对学位项目的学生毕业设计进行研究，从而对学位项目的出口水平获得深刻了解。在实地考察期间，小组成员要与学位项目的管理人员、考试委员会成员、教师、学生、毕业生以及相关专业实践领域的代表进行座谈。评估小组选择会谈的教师和学生，决定需要仔细检查的文件。在考察结束后，评估小组主席向被评项目反馈一份简短信息，说明对该项目的总体判断。

---

3 Assessment Frameworks for the Higher Education Accreditation System 6 December 2010[EB/OL]. ttp://nvao.net/page/downloads/Assessment_frameworks_for_the_higher _education_accreditation_system_6_Dec_2010.pdf, 2011-2-18.

（3）评估报告

现场考察结束后，评估小组秘书负责拟定一份大约 20 页的评估报告。报告的主要内容是评估小组根据评估框架中的标准对学位项目进行的判断，也包括一些显著和有代表性的实例作为对这些判断的支撑。任何对学位项目提出的关于质量改进的措施要单独作为一个段落。此外，评估小组还要对其现场考察的组织方式以及选择的座谈人员和文件进行解释说明。

在评估报告中，评估小组要对项目的总体质量做出一个证实的结论，结论分为不满意、满意、良好和卓越四个等级。在评估小组全体成员对评估报告的内容达成一致意见后，评估报告要送回高校以核对报告中是否存在事实上的错误。最后，小组主席和秘书在评估报告上签字。

（4）NVAO 认证决策

高校向 NVAO 递交评估报告，提出认证申请。根据评估小组的评估报告，NVAO 的认证决定有三种，即是、否或给予学位项目一定的改进期限。《荷兰高等教育与研究法案认证法令》（Accreditation Decree of the Dutch Higher Education and Research Act）中详细规定了在什么样的情况下，以何种理由 NVAO 可以给予学位项目一个改进期限。有限学位项目认证的有效期为六年。

附录 4：新认证框架下学位项目的综合认证过程[4]

1. 评估小组的构成

学位项目由同行组成的评估小组进行外部评估。评估小组成员的初步选择由高校自身负责，然后提交 NVAO 进行审批，由 NVAO 正式任命。高校也可以委托外部质量评估机构负责召集小组成员，但也必须提交 NVAO 审批通过。此外，NVAO 要求所有的小组成员必须签署独立性声明和行为准则。评估小组由一名外部秘书进行协助。小组秘书需由 NVAO 进行培训并颁发鉴定证书。NVAO 每年都会公布一批经 NVAO 认可的秘书名单。

评估小组至少包括四名成员，其中必须包括至少两位学科权威专家、一位拥有相关教学经验的专家及一名学生。小组成员要了解该学科领域的国际最新发展动态，拥有教学、教育发展以及评估或审计方面的专业知识。小组成员必须独立于被评学位项目及学位项目所属高校，小组成员在过去至少 5年时间内与学位项目所属高校没有任何关系。

2. NVAO 对学位项目的综合认证过程

（1）批判性反思报告

学位项目需要起草一份批判性反思报告。报告要遵循广泛项目评估框架中的标准对学位项目的优势和薄弱之处进行说明。同时，报告还要包括如何对该学位项目的学生和教学人员的满意度进行调查以及满意度调查结果。此外，报告还要指明为提高学位项目质量采取的措施。批判性反思报告包括附录在内通常不超过 40 页。

（2）评估小组的实地考察

学位项目综合评估的实地考察时间为二天。在进行考察之前，评估小组要对该学位项目的学生毕业设计进行研究，从而对出口水平获得深刻了解。在实地考察期间，小组成员要与学位项目的管理人员、考试委员会成员、教师、学生、毕业生以及相关专业实践领域的代表进行座谈。一般情况下，座谈人员不超过 6 名。评估小组选择座谈的教师和学生，决定哪些文件需要仔细检查。在考察结束后，评估小组主席向被评项目反馈一份简短信息，说明

---

4 Assessment Frameworks for the Higher Education Accreditation System 6 December 2010[EB/OL]. ttp://nvao.net/page/downloads/Assessment_frameworks_for_the_higher _education_accreditation_system_6_Dec_2010.pdf, 2011-2-18.

对该项目的总体判断。

（3）评估报告

现场考察结束后，评估小组秘书负责拟定一份大约 30 页的评估报告。报告的主要内容是评估小组根据综合评估框架中的标准对学位项目进行的判断。报告中也要包括一些显著和有代表性的实例作为对这些判断的支撑。任何对学位项目提出的关于质量改进的措施都要单独作为一个段落。此外，评估小组还要对其现场考察的组织方式以及选择的座谈人员和文件进行解释说明。

在评估报告中，评估小组要对项目的总体质量做出一个证实的结论，结论分为不满意、满意、良好和卓越四个等级。在评估小组全体成员对评估报告的内容达成一致意见后，评估报告要送回高校以核对报告中是否存在事实上的错误。最后，小组主席和秘书在评估报告上签字。

（4）NVAO 认证决策

高校向 NVAO 递交评估报告，提出认证申请。根据评估小组做出的评估报告，NVAO 的认证决定有三种，即是、否或给予学位项目一定的改进期限。《荷兰高等教育与研究法案认证法令》（Accreditation Decree of the Dutch Higher Education and Research Act）中详细规定了在什么样的情况下，以何种理由 NVAO 可以给予学位项目一个改进期限。认证的有效期为六年。

附录 5：新认证框架下的评估尺度和规则说明[5]

一、学位项目评估尺度

学位项目评估尺度基于以下定义：

通用质量：是指从一个学士或硕士学位项目的国际视野来看可以合理期望的质量。

1. **不合格**：学位项目不符合当前通用的质量标准，并在几个领域显示出严重的薄弱之处。

①学习结果的层次和定位与国家资格框架不符。

②总的课程、教学人员、服务、设施不能形成有利的学习环境。

③学位项目不具备透明、连贯的评估政策。

④预期的学习结果没有实现。

⑤学位项目没有实施系统地质量保证，没有建立相关的质量改进政策。

2. **合格**：学位项目符合当前通用的质量标准，总体上达到了可接受的水平。

①学习结果的层次和定位与国家资格框架相符，并具体表现为学科要求的水平。

②总的课程、教学人员、服务、设施形成了有利的学习环境，使学生能够实现学习结果。

③学位项目拥有透明、连贯的评估政策，但利益相关者没有全部投入其中。

④实现了预期的学习结果。

⑤学位项目实施了系统地质量保证，且具备连贯的质量改进政策。

3. **良好**：学位项目整体上优于当前通用的质量标准。

①学习结果的层次和定位与国家资格框架相符，并具体表现为学科要求水平。

②总的课程、教学人员、服务、设施形成了富有挑战性的学习环境。

③学位项目具备透明、连贯的评估政策，所有的利益相关者都参与其中。

④取得的学习结果整体上优于平均水平。

5　Assessment Frameworks for the Higher Education Accreditation System 6 December 2010[EB/OL]. ttp://nvao.net/page/downloads/Assessment_frameworks_for_the_higher _education_accreditation_system_6_Dec_2010.pdf, 2011-2-18.

⑤学位项目实施了系统地质量保证，且具备连贯的质量改进政策，反映了不断增长的质量文化。

4. **卓越**：学位项目整体上远远优于当前通用的质量标准，可以视为国家或国际上的一个成功范例。

①学习结果的层次和定位与国家资格框架相符，具体表现为学科要求的水平。该学位项目是国内和国际上的一个成功范例。

②总的课程、教学人员、服务、设施形成了富有创新性的学习环境。

③取得的学习结果显示出卓著的质量，并受到奖励，并在国内及国际层面上发表出版。

④学位项目实施了系统地质量保证，并转化为连贯的质量改进政策和强劲的自我反思能力，反映出强有力的质量文化。

二、学位项目评估规则

1. 高校的质量保证评估

如果评估标准的 1 至 4 判断为不满足标准，那么高校质量保证评估的最后结论为否定。

2. 学位项目有限评估

（1）如果标准 3 判断为不合格，那么学位项目的最后结论则为不合格；

（2）只有当至少两个标准判断为合格，其中一个必须是标准 3，那么学位项目的最后结论才能为合格；

（3）只有当至少两个标准判断为良好，其中一个必须是标准 3，那么学位项目的最后结论才能为良好；

（4）只有当至少两个标准判断为卓越，其中一个必须是标准 3，那么学位项目的最后结论才能为卓越；

3. 学位项目综合评估

（1）如果标准 16 判断为不合格，那么学位项目的最后结论则为不合格；

（2）只有当至少标准 1、3、6、9、13、14、15 和 16 判断为合格，那么学位项目的最后结论才能为合格；

（3）只有当至少标准 1、3、6、9、13、14、15 和 16 判断为良好，那么学位项目的最后结论才能为良好；

（4）只有当至少标准 1、3、6、9、13、14、15 和 16 判断为卓著，那么学位项目的最后结论才能为卓著；

4. 初始学位项目的有限认证

如果标准 3 判断为不合格，那么学位项目的最后结论则为不合格。

5. 初始学位项目的综合认证

如果标准 15 判断为不合格，那么学位项目的最后结论则为不合格。

附录 6：欧洲高等教育区总体资格框架[6]

周　期	学　习　结　果	ECTS 学分
第一周期资格	完成第一周期的学生具有如下资格： · 在基于普通中等教育之上的学习领域拥有已经证明的知识和理解。通常情况下在这一层次，知识和理解是从高级教科书中获得的，也包括一些对该学习领域最前沿知识的掌握。 · 能够以一种专业的方法在他们的工作或职业领域运用知识和理解；通过在学习领域设计、利用论据，解决问题来典型地证明他们的能力。 · 拥有收集、解释相关数据（通常在他们的学习领域）以做出判断的能力，其中包括对相关的社会、科学和伦理道德问题进行反思。 · 能够与专家或非专家观众交流沟通信息、思想、问题以及问题解决方法。 · 已经发展了从事进一步更高程度的自主学习所必需的学习能力。	通常包括 180-240ECTS 学分
第二周期资格	完成了第二周期的学生具有如下资格： · 拥有已经证明的知识和理解。这些知识和理解建立在第一周期之上，并通常是对第一周期的扩展和提高。在研究背景下这些知识和理解为形成或应用思想提供了原创性的基础或机会。 · 在与他们学习领域相关的广泛或多学科的背景里，在崭新的或不熟悉的环境下，拥有能够运用他们的知识和理解，以解决问题的能力。 · 拥有整合知识、处理复杂性和利用不完全或有限信息做出判断的能力，其中包括对与他们的知识和判断应用相关的社会和道德责任进行反思的能力。 · 能够向专家或非专家观众清晰而明确地表达他们的结论、知识以及支持结论的基本原理。 · 拥有很大程度上在自我指导或自治情况下继续学习所需的学习能力。	通常情况下，90-120ECTS 学分。 最低要求为60ECTS 学分

6 The Framework of Qualifications for the European Higher Education Area [EB/OL]. http://www.bologna-bergen2005.no/EN/BASIC/050520_Framework_qualifications. pdf, 2011-1-18.欧洲高等教育区采纳了通用的都柏林描述符作为欧洲高等教育区总体资格框架每一周期的资格描述。

| 第三周期资格 | 完成了第三周期的学生具有如下资格：
·拥有已经证明的、对某一学习领域系统的理解，并掌握了与该领域相关的研究方法和技能。
·拥有以学术诚信的方式，对一个实质性的研究过程进行设想、设计、执行和改编的能力。
·通过扩展学科知识前沿的原创性研究为学科发展做出贡献。这些原创性研究形成了重要的知识体，其中一些值得国内甚至国际上的审阅出版。
·具有对新奇和复杂的思想观念进行批判性分析、评价和综合的能力。
·能够对同龄人、较大规模的学术共同体以及整个社会表达他们的专业知识。
·在知识社会里，可以预计他们能够利用自己的学术和专业背景促进技术、社会和文化的进步。 | 学分不做要求。 |

附录 7：都柏林描述符（Dublin Descriptors）[7]

	短周期资格（在第一周期内或与第一周期相联）	第一周期资格学士学位	第二周期资格硕士学位	第三周期资格博士学位
知识和理解	在基于普通中等教育之上的学习领域拥有已经证明的知识和理解。通常情况下在这一层次，知识和理解是从高级教科书中获得的，也包括一些对该学习领域最前沿知识的掌握。	在基于普通中等教育之上的学习领域拥有已经证明的知识和理解。通常情况下在这一层次，知识和理解是从高级教科书中获得的，也包括一些对该学习领域最前沿知识的掌握。	拥有已经证明的知识和理解。这些知识和理解建立在第一周期之上，并通常是对第一周期的扩展和提高。在研究背景下这些知识和理解为形成或应用思想提供了原创性的基础或机会。	拥有已经证明的、对某一学习领域系统的理解，并掌握了与该领域相关的研究方法和技能。有
应用知识和理解	能够在职业领域运用他们的知识和理解；	在与能够以一种专业的方法在他们的工作或职业领域运用知识和理解；通过在学习领域设计、利用论据，解决问题来典型地证明他们的能力。	在与在与他们学习领域相关的广泛或多学科的背景里，在崭新的或不熟悉的环境下，能够运用他们的知识和理解，以及解决问题的能力。	拥 拥有以学术诚信的方式，对一个实质性的研究过程进行设想、设计、执行和改编的能力。
做出判断	能够对具体和抽象的问题利用识别和 使用数据的方法做出反应；	拥有收集、解释相关数据（通常在他们的学习领域）以做出判断的能力，其中包括对相关的社会、科学和伦理道德问题进行反思。	拥有整合知识、处理复杂性和利用不完全或有限信息做出判断的能力，其中包括对与他们的知识和判断应用相关的社会和道德责任进行反思的能力。	通过扩展学科知识前沿的原创性研究为学科发展做出贡献。这些研究形成了重要的知识体，其中一些值得国内甚至国际上的审阅出版。
交流沟通	能够与同龄人、导师和客户交流沟通他们的理解、技能和行动；	能够与专家或非专家观众交流沟通信息、思想、问题以及问题解决方法。	能够向专家或非专家观众清晰而明确地表达他们的结论、知识以及支持结论的基本原理。	能够对同龄人、较大规模的学术共同体以及整个社会表达他们的专业知识。

---

7 The Bologna Framework and National Qualifications Frameworks-An Introduction [EB/OL]. http://www.ond.vlaanderen.be/hogeronderwijs/bologna/qf/documents/Bologna _Framework_and_Certification_revised_29_02_08.pdf, 2011-1-18.

学习技能	具有从事进一步自主学习所需要的学习能力。	已经发展了从事进一步更高程度的自主学习所必需的学习能力。	拥有很大程度上在自我指导或自治情况下继续学习所需的学习能力。	在知识社会里，可以预计他们能够利用自己的学术和专业背景促进技术、社会和文化的进步。
学分要求	大约 120ECTS 学分。	通常包括 180-240ECTS 学分	通常情况下，90-120ECTS 学分。最低要求为 60ECTS 学分	对学分不做要求。

附录 8：都柏林描述符与荷兰大学博士学位项目出口资格对比[8]

都柏林描述符： 博士学位项目出口资格	荷兰大学： 博士学位项目出口资格
拥有已经证明的、对某一学习领域系统的理解，并掌握了与该领域相关的研究方法和技能。	成功的博士侯选人已经掌握了大量的知识，并利用这些知识开展工作。这些大量的知识体，在最低程度上要包括国际学术实践的基本原理、方法及相关学科的理论、方法论和研究。
拥有以学术诚信的方式，对一个实质性的研究过程进行设想、设计、执行和改编的能力。	成功的博士侯选人能够在开展、应用以及利用他们的研究时行使自己的社会责任。
通过扩展学科知识前沿的原创性研究为学科发展做出贡献。这些原创性研究形成了具有实质性的知识体，其中一些值得国内甚至国际上的审阅出版。	成功的博士侯选人已经对学术研究做出了原创性的贡献。这种原创性贡献经得往荷兰同行的评审。
具有对新奇和复杂的思想观念进行批判性分析、评价和综合的能力。	成功的博士侯选人具有设计和执行为了开发新知识而进行的一项实质性研究的能力。
能够对同龄人、较大规模的学术共同体以及整个社会表达他们的专业知识。	成功的博士侯选人能够以有效的方式交流与其学科或专业相关的知识和方法。
在知识社会中，可以预计他们能够在其学术和专业背景下促进技术、社会和文化的进步与提高。	成功的博士侯选人已经具有把相关学科使用的学术方法应用到开发、解释新知识并把新知识投入到实践的能力。

8　The Higher Education Qualifications Framework in the Netherlands, a Presentation for Compatibility with the Framework for Qualifications of the European Higher Education Area. Self-certification Document, 15 December 2008 [EB/OL]. http://nvao.net/page/downloads/NQF_Dutch_National_Qualifications_Framework.pdf, 2011-1-18. P.10-11.

附录 9：《欧洲高等教育质量保证标准与准则》[9]

　　欧洲高等教育区质量保证领域取得的重要成就之一就是 2005 年建立的《欧洲高等教育质量保证标准与准则》（European Standards and Guidelines for Quality Assurance in European Higher Education Area，ESG）。在 2003 年的《柏林公报》中，博洛尼亚进程成员国教育部长们强调制定相互共享的质量保证标准和方法的必要性，并敦请欧洲高等教育质量保证协会与欧洲大学协会、欧洲学生联盟以及欧洲高等教育机构协会进行合作，协商制定一套欧洲层面质量保证的标准、程序和准则，并由后续工作小组向 2005 年的博洛尼亚进程卑尔根部长会议做出汇报。在随后发布的《卑尔根公报》中，部长们采纳了由欧洲高等教育质量保证协会提议的《欧洲高等教育质量保证标准与准则》。《标准与准则》包括欧洲高等教育机构内部质量保证的标准与准则、欧洲高等教育外部质量保证的标准和准则以及欧洲外部质量保证机构的标准与准则三部分。作为出发点，《标准与准则》秉承了欧洲大学协会 2003 年格拉茨宣言（Graz Declaration）倡导的精神——欧洲维度质量保证的目的就是要促进相互信任和提高透明度，并同时尊重国家背景和学科领域的多样性。考虑到博洛尼亚进程成员国多样的高等教育系统和传统，《标准与准则》的重点放在实施原则而非规定程序的细节上，"这些标准和准则旨在适用于欧洲范围内所有高等教育机构和质量保证机构，不论其结构、功能、规模以及其所在的国家制度……在报告（指《标准与准则》）的建议中包含详细的'程序'是不恰当的，因为高校和质量保证机构实施的程序是他们自治的重要组成部分。这将由高等教育机构和质量保证机构自身结合具体的情境，来决定采用本报告所包含标准程序上产生的后果。"

　　《欧洲高等教育质量保证标准和准则》的目的旨在为欧洲高等教育区高等教育机构和质量保证机构提供帮助和指导，并有助于形成一个共同的参照框架，促进欧洲高等教育质量保证的合作和透明度。到 2009 年，博洛尼亚进程 48 个成员国和地区中有 16 个国家的高等教育系统内部和外部质量保证是按照《欧洲高等教育质量保证标准和准则》运行，且其影响正在欧洲及以外不断蔓延扩大。

9　Standards and Guidelines for Quality Assurance in the European Higher Education Area [EB/OL]. http://www.enqa.eu/files/ESG_3edition%20（2）.pdf, 2011-2-16.

第一部分：欧洲高等教育质量保证标准与准则之高等教育机构内部质量保证

1.1 质量保证的政策与程序

标准

高等教育机构应该制订政策和相关程序，以确保其学位项目和授予学位的质量和标准。他们也应该明确地致力于发展一种文化，这种文化认可质量和质量保证在他们工作中的重要性。要做到这一点，高等教育机构应该制订和实施一种能够促进质量持续提高的战略。

战略、政策和程序应该享有正式的地位，并对外公开。这些战略、政策和程序中应该包括学生和其他利益相关者的作用。

准则

这些正式的政策和程序为高等教育机构提供了一个参照框架，使其能够监督质量保证系统的有效性。他们也有助于提高公众对高校自治的信心。这些政策应该包含目标声明以及实现这些目标的主要措施。程序指南应该提供更多关于政策实施方式的详细信息，并为那些需要掌握了解执行程序实践的人们提供一个有用的参照点。

政策声明应该包括以下几点：

- 高等教育机构中教学和科研的关系；
- 高等教育机构为质量和标准制订的战略；
- 质量保证系统的组织；
- 院系、其他部门和个人确保质量的责任；
- 学生参与质量保证；
- 政策实施、监督和修订的方式；

欧洲高等教育区的实现关键取决于高等教育机构中各个层面的承诺，这些承诺要确保学位项目制订了清晰而明确的预期学习结果；教学人员愿意且已准备好为帮助学生取得预期的学习结果提供教学上的支持；对那些具有专业知识和奉献精神的优秀教学人员所做的贡献给予充分、及时和物质上的认可。所有的高等教育机构应该致力于改进和提高他们向学生提供的教育质量。

1.2　对学位项目和学位授予的批准、监督和定期评估

标准

高等教育机构应该建立正式的机制，从而对学位项目和学位授予进行批准、定期评审和监督。

准则

学生和其他利益相关者对高等教育信心的建立和保持在很大程度上是通过高校有效地开展质量保证活动而取得的。这些质量保证活动要确保学位项目精心设计、定期监测和周期性评估，这从而使学位项目获得了持续的相关性。

学位项目和学位授予的质量保证应该包括：

- 制订并公开明确的预期学习结果；
- 密切注意课程、学位项目的设计和内容；
- 不同教学形式（如全日制、部分时间制、远程教育、网络学习）和不同高等教育类型（学术型、职业型、专业型）的特殊需要；
- 适当学习资源的；
- 由一个组织机构负责实施的正式的学位项目批准程序；
- 监督学生的学习进展和成就；
- 对学位项目进行定期评审（包括外部评审小组成员）；
- 雇主、劳工市场代表和其他相关组织的定期反馈；
- 学生参与质量保证活动。

1.3　对学习的评估

标准

贯彻应用公开的标准、规则和程序对学生进行评估。

准则

对学生进行评估是高等教育最重要的元素之一。评估结果对学生未来职业生涯有着深远的影响。因此，对学生进行专业性的评估是非常重要的。评估也能为高校提供关于教学和对学习者支持有效性的宝贵信息。

对学生的评估程序应该包括以下内容：

- 评估程序要能够测量学生取得的预期学习结果和其它项目目标；
- 评估程序的目的是恰当的，不管目的是诊断性、形成性或总结性；

- 拥有明确、公开的评分标准；
- 由那些理解评估在学生朝着与预期学习结果相关的知识和技能方向发展中所起作用的人员实施；
- 在可能的情况下，不要依靠单个审查员的判断；
- 考虑考试规则所有可能产生的后果；
- 拥有涵盖学生旷课、生病及其它情况的明确规定；
- 确保评估按照高校声明的程序进行；
- 接受高校行政上的核实检查，以确保程序的准确性。

此外，学生应该清晰地了解高校使用的评估战略，他们必须经历的考试和其他评估方法，对他们的期望是什么，评估中使用的标准。

1.4 教学人员的质量保证

标准

高等教育机构应该拥有令自己满意的方法，以确保由有资格、能胜任工作的教师承担教学。这些方法应该交由外部评审员进行评估，并在评估报告中予以评论。

准则

教师是大多数学生能够得到的最重要的学习资源。所以，教师必须在其所教学科领域掌握充分的知识和理解，具备必要的技能和经验，能够在一系列的教学情境中向学生有效地传授他们的知识和理解，并能够获得自己表现的反馈。这些是非常重要的。高校的教师招聘和任命程序应该确保所有新教师必须达到一定最低能力要求。应该提供教学人员机会，发展和扩充他们的教学能力，鼓励他们重视教学技能。高校应该给表现不良的教师提供机会，以改进他们的教学技能，使其达到一定可要接受的水平。如果他们的教学表现还是不能令人满意，高校应该把其从教学岗位上予以撤离。

1.5 学习资源和学生支持

标准

高等教育机构应该确保用于支持学生学习的资源是充分足够的，并且提供的资源对每个学位项目而言是恰当的。

准则

除了教师以外，学生还依赖其它一系列资源协助学习。这些资源既包括诸如图书馆、计算机设备这类的物质资源，也包括导师、辅导员、顾问这类的人力资源。学生应该能够很容易地获得学习资源以及其它支持设施。高校在设计这些资源时要考虑学生的需要，并对使用者的反馈做出回应。高校应定期监测、检查和改进向学生提供的支持性服务的有效性。

1.6 信息系统

标准

为了对学位项目和其他活动实施有效的管理，高等教育机构应该确保他们对相关信息进行了收集、分析和使用。

准则

高等教育机构的自觉（self-knowledge）是开展有效质量保证的起点。高等教育机构应该拥有一定的措施和方法，收集和分析与其活动相关的信息。如果不掌握这些信息，那么高校将无从知道自己哪些方面运作良好，哪些方面需要注意以及创新性实践的结果怎样。

在一定程度上，每个高等教育机构所要求的与质量相关的信息取决于当地的情况，但它应该包括以下几个方面：

- 学生的进展和成功率；
- 毕业生的就业率；
- 学生对学位项目的满意程度；
- 教师的有效性（effectiveness）；
- 学生数量规模简介；
- 可获得的学习资源以及它们的成本；
- 高等教育机构自身关键的绩效指标。

1.7 公开信息

标准

高等教育机构应该定期公布其学位项目和授予学位情况的信息。这些信息既包括定量的也包括定性的，应该是最新、客观和公正的。

准则

为了履行其公众角色，高等教育机构有责任向公众提供信息。这些信息涉及高校提供的学位项目、这些项目预期的学习结果、授予的资格、教学情况、使用的教学评估程序、学生可获得的学习机会等。公开的信息还要包括以往学生的意见、就业情况以及当前在校生的规模介绍。这些信息应该做到准确、公正、客观、容易获取，而不应该简单地视为一个自我推销的机会。高校应证实信息的公正性和客观性。

第二部分：欧洲高等教育质量保证标准与准则之高等教育外部质量保证

2.1　使用内部质量保证程序

标准

外部质量保证程序应该考虑内部质量保证程序的有效性。

准则

内部质量保证程序的标准为外部质量评估过程提供了一个宝贵的基础。外部质量保证对高等教育机构自身内部的质量保证政策和程序进行仔细评估，以判断这些标准符合的程度。

如果高等教育机构能够证明其内部质量保证过程的有效性，并且这些过程能够恰当地确保高校的质量和标准，那么外部质量保证程序的强度可以相对减轻。

2.2　外部质量保证程序的开发

标准

在外部质量保证程序开发以前，其宗旨和目标必须由所有负责方（包括高等教育机构）来决定，并连同质量保证程序一起对外公布。

准则

为了确保质量保证程序的透明度和目的的清晰性，外部质量保证程序的设计和开发要通过一个涉及所有关键利益相关者的过程。高等教育机构包括在内。最后协商通过的外部质量保证程序要对外公开。公开的内容涵盖质量保证程序的描述和对宗旨与目标的明确声明。

在对高等教育机构提出外部质量评估要求时，首先要进行初步的影响评估，以确保采纳的质量保证程序是恰当的，不会对高等教育机构的正常运行产生不必要的干预。

2.3　决策的标准

标准

外部质量保证活动做出的正式决策应该以明确公开的标准为基础，并且该标准要始终如一地贯彻执行。

准则

质量保证机构做出的正式决策对高等教育机构和学位项目发挥着重要的影响。为了公平性和可靠性，决策应该以公开的标准为基础，并且要始终如一地贯彻执行。质量保证机构做出的结论要以证据为基础，在必要的情况下，质量保证机构拥有对结论进行调和的恰当方式。

2.4　过程适合于目的

标准

所有的外部质量保证过程应该专门进行设计，从而确保过程适合于设定的宗旨与目标。

准则

欧洲高等教育区内的质量保证机构以不同的目的、不同的方式实施外部质量保证活动。质量保证机构运作的外部质量保证程序应该适合于其定义和公开发表的目的。这是非常重要的。经验表明，外部质量保证过程中一些广泛使用元素不仅有助于确保有效性、可靠性和实用性，它们也为建立欧洲维度的质量保证提供了基础。

在外部质量保证过程中，以下这些元素尤其值得注意：

- 承担外部质量保证活动的专家具备适当的技能，能胜任工作；
- 谨慎挑选专家；
- 为专家提供适当的情况介绍或培训；
- 使用国际专家；
- 学生参与；
- 确保使用的质量保证程序能够提供充分的证据，以支持得出的结论。
- 外部质量保证程序使用院校自评、现场考察、起草报告、公开报告、后续行动模式
- 高等教育机构的质量改进和提高政策是确保质量的基本元素，对此要认识其重要性。

2.5　报告

标准

评估报告要公开发表，并以一种清晰、易于让预期读者群体接受的风格撰写。报告中的决策、表扬和建议应该易于读者发现。

准则

为了确保从外部质量保证过程中获得最大的收益，报告要符合预期读者群体的需求。这是非常重要的一点。有时，报告面向不同的读者群体，这时就要求特别注意报告的结构、内容、风格和基调。

一般情况下，报告结构要涵盖描述、分析（包括相关证据）、结论、表扬和建议几部分。报告中应该提供足够的初步解释，从而使外行的读者能够理解外部质量保证的目的、形式以及决策中使用的标准。关键的调查结果、结论和建议应该易于读者找到。

报告应该以易于获取的形式公开发布，并给读者和报告的使用者提供评论其有效性的机会。

2.6　后续程序

标准

质量保证过程应该包括一个预定的后续程序，以提出后续行动建议或行动计划。后续程序要始终如一地贯彻执行。

准则

在根本上，质量保证不是个别的外部检查活动：它是关于持续不断地努力把工作做得更好。评估报告的发布不是外部质量保证活动的终点，它还应该包括一个结构性的后续程序，以确保有关建议、要求的行动计划得以恰当的执行实施。这可能涉及与高等教育机构或学位项目代表举行的进一步多次会议。其目的旨在确保提出改进的领域能够迅速得以处理，并鼓励进一步的质量提高。

2.7　定期评估

标准

高等教育机构或学位项目的外部质量保证应该以一定的周期为基础。评估周期和评估程序要事先清晰的定义，并对外公布。

准则

质量保证是一个动态而非静态的过程。它应该持续不断地进行，而不是一劳永逸。第一次外部评估和后续程序的完成不是质量保证活动的结束。质量保证必须周期性的开展。随后进行的外部评估要考虑前一次评估后取得的进展。外部质量保证机构要明确地阐述外部评估程序。外部评估程序对高等教育机构的要求不应超出实现目标所必需的程度。

2.8　全系统范围的分析

标准

质量保证机构应该时常发表总结性报告，对他们审查、评估等活动的调查结果进行阐述和分析。

准则

外部质量保证机构收集了大量关于高等教育机构或学位项目的信息，这为对整个高等教育系统进行结构性的分析提供了基础。这种分析能够为高等教育的发展、趋势、正在出现的良好做法、持久存在的问题或薄弱之处提供非常有用的信息。同时，它也可以成为高等教育政策发展和质量提高的有用工具。质量保证机构应考虑在质量保证活动中纳入研究和发展功能，从而帮助他们从其质量保证活动中获得最大的收益。

第三部分：欧洲高等教育质量保证标准与准则之外部质量保证机构

3.1　使用高等教育外部质量保证程序

标准

质量保证机构的外部质量保证应该考虑外部质量保证程序的存在和有效性。外部质量保证程序在《欧洲高等教育质量保证标准与准则》的第二部分进行了规定。

准则

外部质量保证的标准为外部质量评估过程提供了一个宝贵的基础。这些标准反映了自 20 世纪 90 年代初以来欧洲外部质量保证发展的最好实践和经验。因此，把这些标准纳入外部质量保证机构实施的外部质量保证活动是非常重要的。

这些外部质量保证的标准连同外部质量保证机构的标准共同构成了对高等教育机构开展专业、可靠的外部质量保证的基础。

3.2　正式地位

标准

质量保证机构应该得到欧洲高等教育区内国家政府主管部门的正式认可，获得正式的法律地位，负责高等教育机构的外部质量保证。质量保证机构要遵守其运行的司法管辖区内的任何法律要求。

3.3　活动

标准

质量保证机构周期性的开展外部质量保证活动（在院校层面或学位项目层面）。

准则

这些质量保证活动可能涉及评估（evaluation）、审查（review）、审计（audit）、认证（accreditation）或其它类似的活动。它们应该是质量保证机构核心职能的一部分。

3.4　资源

标准

质量保证机构应该拥有足够、相称的人力和财政资源，使其能够以有效的方式组织和运行外部质量保证过程，并能够为这些外部质量保证过程和程序的发展提供适当的准备。

3.5　使命声明

标准

质量保证机构应该在公开发表的声明中清晰、明确地阐述其工作的目标和目的。

准则

公开发表的声明中要阐述质量保证机构开展外部质量保证活动的目标和目的、高等教育相关利益者之间的分工，特别是高等教育机构承担的工作，以及他们（指质量保证机构）工作的文化和历史背景。声明应明确指出，外部质量保证是质量保证机构的主要活动，并以系统化的方法实现其目标和目的。同时，还要有文件证明，这些声明是如何转化成一个清晰的政策和管理计划。

3.6 独立性

标准

质量保证机构应该保持一定程度的独立性，这既包括他们能够自主地运作，也包括评估报告中的结论和建议不受包括高等教育机构、政府部门或其它利益相关者在内的第三方的影响。

准则

质量保证机构需要通过一些措施来证明其独立性，例如：

- 通过正式的文件确保它的运行独立于高等教育机构和政府；
- 外部质量保证程序和方法的界定与运行、外部评估专家的提名和任命以及外部质量保证的结论都是自主、独立决定的，不受政府、高等教育机构和其它政治组织的影响。
- 尽管外部质量保证过程咨询了高等教育利益相关者，特别是学生/学习者的意见，但是外部质量保证过程的最后结果仍然是质量保证机构的责任。

3.7 质量保证机构使用的外部质量保证标准与过程

标准

质量保证机构使用的过程、标准和程序应该是预先已经制定的，且对外公开。这些过程通常包括以下几方面：

- 院校或学科进行的自我评估或相似过程；
- 专家小组进行的外部评估和由质量保证机构决定的现场考察。在适当的情况下，专业小组成员包括一名或多名学生。
- 评估报告的公开发表，其中包括决定、建议或其它正式结果。
- 根据评估报告中的建议，被评院校或专业采纳的后续行动。

准则

为了特定的目的，质量保证机构可以开发和使用其它的外部质量保证过程和程序。

质量保证机构在任何时候都应密切关注他们声明的原则，一方面要确保这些要求和过程是以专业化的方式进行管理，另一方面要确保最后的结论和决定是以一致性的方式达成的，尽管这些结论和决定由不同群体共同形成。

质量保证机构应该建立申诉程序。申诉程序的本质和形式应由质量保证机构决定。

3.8　绩效问责程序

标准

质量保证机构应建立适当的自身绩效问责程序。

准则

这些绩效问责程序应该包括以下几个方面：

- 质量保证机构要建立确保自身质量的政策，并在其网站上公布；一些证明的文件包括：
- 质量保证机构的外部质量保证过程和结果反映了它的使命和目标；
- 质量保证机构具备并在外部评估专家的工作中强制实施确保非利益冲突的适当机制；
- 在质量保证程序中的部分或所有元素分包给其他方时，质量保证机构要具备可靠的机制，以确保由分包商提供的资料或开展的任何活动的质量。
- 为了掌握信息并支持自身的发展与改进，质量保证机构要具备适当的内部质量保证程序。这包括内部反馈机制（意味着从其内部工作人员和董事会/理事会收集反馈信息）、内部反应机制（对内部和外部提出的改进建议做出回应）、外部反馈机制（从外部专家和被评机构收集反馈信息以促进提高）
- 对质量保证机构开展的活动实施强制性外部评审，评审的周期至少为五年。

致　谢

多年前的那个初夏，我到北京理工大学高等教育研究所进行硕士生入学复试，我依然清晰地记得那个考了第一名的女同学从复试办公室走出来，神采扬溢地对等候在门外的我们说，"老师问我硕士毕业后的理想是什么，我说我要到北京师范大学攻读博士学位……"北京师范大学、博士这些名词对于那时的我很陌生也很遥远……三年后，我幸运地从沈阳师范大学来到北京师范大学继续我的学习……

感谢我的导师周满生教授接纳我这个很普通的学生，感谢导师四年来对我的关心与指导、感谢导师深夜给我批改博士论文……老师您为我所做的事情我都记在心里！

感谢刘宝存教授四年来对我学习上的关心和指导，感谢老师在很多事情上给我提出中肯的建议。老师，谢谢您！感谢师母杨秀治女士对我的关心，杨老师的气度、处事风格总是影响着我朝着成熟知识女性的方向努力。感谢王英杰教授、谷贤林教授在我博士论文开题过程中给我提出的许多宝贵意见。感谢北京大学陈洪捷教授、施晓光教授对我博士论文提出的宝贵意见。感谢我的班主任冯炳强老师。谢谢您们！

我最幸福的博士学习时光之一是在多伦多大学安大略教育研究院度过的。我所收获的不仅仅是开阔的学术视野，更重要的是对学术未来的思考。在这里，我要感谢世界著名比较教育学家许美德教授（Ruth Hayhoe）同意做我国外访学期间的导师，并有机会亲听了许美德教授开设的两门经典课程——比较教育和比较高等教育；感谢 OISE 的院长 Jones 教授，在我给他写信关于申请 OISE 的博士学位项目时，其回复"I am certainly supportive of your application"给了我很大的鼓励。谢谢！感谢 Julia Pan 博士对我的关爱，一起开车到尼亚加拉大瀑布、到英国风格的加拿大小镇，听音乐会，并多次荣幸地被邀请在她的家中吃午饭。Julia 的家中通常只招待来自中国的大学校长，而我只是一名普通的学生，所以倍感幸福。感谢 Rosenberg 博士对我如母亲般的关爱，在我难过的时候总是给我最温暖的拥抱，也正是由于几乎每天晚上和她一起从 OISE 出发回家路上的广泛交流，让我的英语几乎达到和说汉语一样的流利。Rosenberg 博士五十多岁的时候重返大学，六十岁获得博士学位，七十多岁仍然充满活力地给 OISE 的研究生上课的精神总是鼓励着我继续前进……感谢的人还有很多，OISE 的 Waterdrinking 博士、Tamtik 博士、Perris 博士，宾夕法尼亚大学的 Jian 博士、香港浸会大学的 Xiaoyan 博士，英属哥伦比亚大学的 Schuetze 教授、荷兰特文特大学的 Westerheijden 教授……谢谢您们给予我的帮助！

感谢史明洁博士，无论给我修改英文论文、帮我准备国外教授面试的各种问题，还是生活中点滴小事都让我感受到了朋友间最真挚的友谊！谢谢史姐！感谢王保平博士，因你的成熟、理性与真诚，各种事情我总想听听你的意见！还要感谢我的同班同学熊万羲、信息科学与技术学院的博士研究生杨栋……谢谢您们！北师大的生活因你们而变得更快乐！还有很多给予我帮助的老师和同学，谢谢您们！

我最要感谢的是我的父母、爱人以及家人对我这么多年来的关爱。亲爱的父亲、母亲，谢谢您们！亲爱的段警官，谢谢你这些年对我学习的支持！你是我生命中最重要的人，你不仅仅是我的爱人，还是我最好的朋友！

在学术的道路上，我需要继续努力，以感恩、大气、优雅和平和的心态继续努力……

褚艾晶

2011 年 5 月于北师大励耘学苑